传习录

全解

姜杰华◎主编

团结出版社
UNITY PRESS

图书在版编目（CIP）数据

传习录全解 / 姜杰华主编 . —北京 ：团结出版社，
2018. 8

ISBN 978-7-5126-6637-5

Ⅰ . ①传… Ⅱ . ①姜… Ⅲ . ①心学－中国－明代②《
传习录》－研究 Ⅳ . ①B248. 24

中国版本图书馆 CIP 数据核字（2018）第 216656 号

出　版：团结出版社
　　　　（北京市东城区东皇根南街 84 号　　邮编：100006）

电　话：(010) 65228880　65244790（出版社）
　　　　(010) 65238766　85113874　65133603（发行部）
　　　　(010) 65133603　　（邮购）

网　址：http：//www. tipress. com
E－mail：65244790@163. com（出版社）
　　　　fx65133603@163. com（发行部邮购）

经　销：全国新华书店
印　刷：北京中振源印务有限公司

开　本：165 毫米×235 毫米　16 开
印　张：20
印　数：5000 册
字　数：270 千
版　次：2018 年 8 月第 1 版
印　次：2018 年 8 月第 1 次印刷
书　号：978-7-5126-6637-5
定　价：59. 00 元

前　言

　　《传习录》一书是王阳明与其弟子、友人的对话、书信汇集体，包含了王阳明的主要哲学思想，是研究阳明心学及其发展的重要资料。王阳明（1472年～1529），幼名云，后改名守仁，字伯安，号阳明，谥文成，世称阳明先生，汉族，浙江承宣布政使司绍兴府余姚县（今浙江省余姚市）人。明代著名的思想家、教育家、文学家、书法家、哲学家和军事家，阳明先生是陆王心学之集大成者，不仅精通儒、释、道三教，而且能够统军征战，是中国历史上罕见的全能大儒。其学术思想在中国、日本、朝鲜半岛以及东南亚国家乃至全球都有重要而深远的影响，因此，王阳明和孔子、孟子、朱熹并称为孔、孟、朱、王。

　　王阳明的学说在朱学衰颓之际，倡导"心即是理"、"知行合一"，把儒家的内圣之道发展到了极致，其思想冲破了数百年来中国思想界为程朱理学所垄断的沉闷局面，风靡晚明，启迪近代，即使到了现代社会，它依然历久弥新，闪现着美妙的光芒。这正是经典与众不同的魅力所在。

　　阳明学不仅影响了中国，而且享誉海外。在日本，阳明学被一大批幕府末期的思想家所接受，推动了日本的明治维新运动。在朝鲜，阳明学也暗中流传，并影响了不少思想家。在经济腾飞期的韩国，阳明学被奉为精神的范本。后来，其影响又逐渐深入到东南亚诸国、北美洲和欧洲，可见其思想的价值和魅力。

　　《传习录》不但全面阐述了王阳明学说的主要哲学思想，也体现了他辩证的授课方法，以及生动活泼、善于用譬、常带机锋的语言艺术，同时也是一部简明而有代表性的儒家哲学著作，堪称王门之圣书，心学之经典。

　　《传习录》是在王阳明生前及死后陆续编录和刊行的，明正德十三年（1517）八月，门人薛侃刊刻《初刻传习录》于江西赣州，即今本之上卷；嘉靖三年（1524）十月，门人南大吉又命其弟校刻《续刻传习录》于绍兴，分上下两册，增加部分即今本之中卷；嘉靖三十四年（1555），门人钱德洪在其同年曾才汉先刊刻于荆州的《遗言》的基础上进行删定，于宁国水西精舍刊刻为《传习续录》，此即今本之下卷。次年，钱德洪统前三次刊行再付黄梅尹张君刻于蕲（湖北蕲春）之崇正书院，分上、中、下三卷。至此，该书始成规模，并开始在社会上广泛流传。《传习录》分为上、中、下三卷，载于《王文成公全书》，为一至三卷，亦有单行本。卷上是王阳明讲学的语录，内容包括他早期讲学时主要讨论的"格物论"、"心即理"以及有关经学本质与心性问题；卷中主要是王守仁写给时人及门生的七封信，实际上是七封论学书，此外还有《社会教条》等。在卷中最有影响的是《答顾东桥书》（又名《答人论学书》）和《训蒙大意示教读刘伯颂等》，着重阐述了"知行合一"和"致良知"理论；卷下一部分是讲学语录，另一部分是《朱子晚年定论》。《朱子晚年定论》包括王阳明写的序和由他辑录的朱熹遗文中三十四条"大悟旧说之非"的自责文字，旨在让朱熹作自我批评与自我否定，证明朱熹晚年确有"返本求真"的"心学"倾向。卷下收录的王阳明讲学语录主要是讨论"良知"与"致良知"。

　　该书本着忠于原著的原则，对《传习录》进行了全面而深入的解读，从多个视角出发，阐发蕴藏其中的哲理和智慧，以便读者更加透彻地解读本书，从中获得熏陶和启迪。

目 录

上卷

中 卷

下卷

上卷

徐 爱 录

门人徐爱①书

【原文】

先生于《大学》"格物"诸说，悉以旧本为正，盖先儒②所谓误本者也。爱始闻而骇，既而疑，已而殚精竭思，参互错综，以质于先生，然后知先生之说若水之寒，若火之热，断断乎"百世以俟圣人而不惑"者也③。先生明睿天授，然和乐坦易，不事边幅。人见其少时豪迈不羁，又尝泛滥于词章，出入二氏之学，骤闻是说，皆目以为立异好奇，漫不省究。不知先生居夷三载④，处困养静，精一之功⑤固已超入圣域，粹然大中至正之归矣。

爱朝夕炙门下，但见先生之道，即之若易而仰之愈高，见之若粗而探之愈精，就之若近而造之愈益无穷。十余年来，竟未能窥其藩篱。世之君子，或与先生仅交一面，或犹未闻其謦欬，或先怀忽易忿激之心，而遽欲于立谈之间，传闻之说，臆断悬度。如之何其可得也？从游之士，闻先生之教，往往得一而遗二，见其牝牡骊黄，而弃其所谓千里者。故爱备录平日之所闻，私以示夫同志，相与考正之，庶无负先生之教云。

门人徐爱书

【注释】

①徐爱（1488～1518）：字曰仁，号横山，浙江余杭人，是王阳明最得意的也是第一位门生。他还是王阳明的妹夫，有"王门颜回"之称，曾任工部郎中。下文的"爱"即徐爱的自称。

②先儒：指程颢、程颐和朱熹。

③"断断乎"句：意为等到百代以后圣人出世也不会有疑惑。语出《礼记·中庸》。

④居夷三载：正德元年（1506 年），王阳明因上疏抗辩，获罪下狱，后贬谪到贵州龙场（今修文县）前后三年。龙场当时尚未开化，所以称"夷"。

⑤精一之功：为精纯的功夫的意思。语出《尚书·大禹谟》"人心惟危，道心惟微，惟精惟一，允执厥中。"

【译文】

王阳明先生对于《大学》当中"格物"等观点，全以郑玄作注、孔颖达作疏的《礼记·大学》为准，即朱熹等大儒们认为是误本的那一版本。开始听说时我感到十分惊讶并且对先生的学说抱有怀疑。后来，我用尽心力，综合起来后进行参照对比，再向先生本人请教。最后我才明白先生的学说像水之寒冷，又像火之热烈。正如《中庸》中所说的，后世出现的圣人也不会怀疑它的正确。先生的睿智与生俱来，并且他为人和蔼、坦荡、平易近人、不修边幅。人们只知道先生年轻时豪迈不羁，曾经热衷于诗词文章的修习，受过佛、道两家学说的熏陶，乍一听到他的学说，都把它视为标新立异、荒诞不经的言论，不再深加探究。孰知先生在贬居贵州的三年当中，经历了艰难困苦的环境，修身静虑，精纯的功夫已经超凡入圣，进入了绝妙的境界，归入中正之旨。

我日夜在先生门下修习，聆听他的教诲，认为先生的学说刚接触时会感觉浅易，而越是深入研究越觉得十分高深。表面粗疏，但认真探究就越发感到精妙。接近时好像浅近，但深造时就觉得无穷无尽。修习十几年来，我自己觉得还没能窥探到它的边缘。当下的学者，有的与先生仅仅有过一面之缘，从没听过先生的学说，一开始就先入为主地怀着轻视、偏激的心理，还没有仔细交谈便根据传闻草率地妄加揣度，做下了臆断。这样怎么可能真正理解先生的学说呢？跟随先生的学生们，听了先生的教诲，也是大都遗漏得多而学到的少。就好比相马的时候，仅仅看到了马的性别、颜色等表面情况，却漏掉了识别千里马的关键特征。因此，我把先生平日里的教诲尽悉记录了下来，给同学们传阅，然后共同考核订正，以免辜负先生的谆谆教诲。

学生徐爱记

【经典导读】

此篇为全文的开篇之作，介绍了王阳明先生的概貌及其思想的大致内涵。

关于王阳明，大多数人对他的认识仅仅来源于教科书，也正因为如此，很多人认为他的思想只是单纯的唯心主义思想，而忽略其思想的真正价值。其实王阳明的一生充满了传奇色彩。

王阳明是儒家的代表性人物，心学先河的开创者。其"致良知""知行合一""心即理"等思想理论可以说影响了整个明朝后期的国家政治。

总而言之，王阳明称得上是一个有君子之德的大儒、醇儒，他的很多东西都值得我们学习领悟。时至今日，杰出的军事家和睿智的文学家在历史上并不少见，但鲜有像王阳明这样集军事与文学才干于一身，且都取得卓越功绩的人！作为思想家，他开创了儒学的新天地，成为一代"心学"宗师；作为军事家和政治家，他立下了不世之功，彪炳史册。这些都是激励和启发现代人最好的范本。

正如梁启超对王阳明的评价："他在近代学术界中，极其伟大，军事上政治上，亦有很大的勋业。"王阳明不仅注重修炼自身，还非常注重对门人的培养，他希望对世人有所帮助，将自己的思想传于世间，

事实上，即使是在王阳明生活的时代，其心学思想也被很多人怀疑、轻蔑、甚至诋毁。就连他的弟子徐爱在刚接触心学的时候也持有惊讶、怀疑的态度，不过在拜读之后，他发现了王学的博大精深，意味深长，进而加入了学习、宣扬王学的行列。然而，在跟随王阳明的众多学生中，很少有人能学到其思想的真谛。

其实我们在日常的生活学习中，不能在没有深入了解一件事、认识一个人之前轻易下结论。人生犹如浩瀚无边的海洋，我们需要学习的东西永无止境。因此每个人都不应该把有限的时间和精力用在琢磨那些对自己毫无增益的事情上，而要多多阅读滋养身心的典籍，让古人的智慧照亮未知的行程。

【点睛之笔】

王阳明的"心学"思想融合了儒释道三家之精髓，是浮躁人心的一剂良药。拜读王阳明，领略心学之精妙，关注自己的心灵，修炼一颗强大的内心，有助于我们在浮躁的社会中独享一份宁静，获得内心的充实与幸福。

1. 处处有仁爱

【原文】

爱问："'在亲民'，朱子谓当作'新民'，后章'作新民'之文似亦有据。先生以为宜从旧本作'亲民'，亦有所据否？"

先生曰："'作新民'之'新'，是自新之民，与'在新民'之'新'不同，此岂足为据？'作'字却与'亲'字相对，然非'亲'字义。下面'治国平天下'处，皆于'新'字无发明。如云'君子贤其贤而亲其亲，小人乐其乐而利其利'，'如保赤子'，'民之所好好之，民之所恶恶之，此之谓民之父

母'之类，①皆是'亲'字意。'亲民'犹《孟子》'亲亲仁民'②之谓，'亲之'即'仁之'也。'百姓不亲'，舜使契为司徒，'敬敷五教'，③所以亲之也。《尧典》'克明峻德'便是'明明德'，④'以亲九族'至'平章'、'协和'，⑤便是'亲民'，便是'明明德于天下'。又如孔子言'修己以安百姓'⑥，'修己'便是'明明德'，'安百姓'便是'亲民'。说'亲民'便是兼教养意，说'新民'便觉偏了。"

【注释】

①"如云"之后所引之语皆出自《大学》。

②亲亲仁民：语出《孟子·尽心上》"亲亲而仁民，仁民而爱物"。

③"舜使契"二句：舜，传说中的五帝之一。契，商族的始祖，帝喾之子，曾助禹治水有功，被舜封为司徒，掌管教化之职。敷，布、施。五教，五种伦理道德，即父义、母慈、兄友、弟恭、子孝。

④"《尧典》"句：克明俊德，语出《尚书·尧典》"克明俊德，以亲九族"。俊，通"峻"，高大。明明德，语出《大学》，意为弘扬善良的德行。

⑤"以亲"句：语出《尚书·尧典》"克明俊德，以亲九族。九族既睦，平章百姓。百姓昭明，协和万邦，黎民于变时雍"。

⑥修己以安百姓：语出《论语·宪问》"修己以安百姓，尧舜其犹病诸！"

【译文】

徐爱问："《大学》中'在亲民'一词，朱熹认为应当写作'新民'，并且后面的文章有'作新民'的词句，可以作为他的凭证。先生却认为应当依照旧本作'亲民'，您这样认为也有什么依据吗？"

先生说："'作新民'的'新'，意思是自新之民，自我更新，与'在新民'中的'新'含义不尽相同，怎么能用这作为依据呢？'作'和'亲'相对应，但不是'亲'的意思。下面所讲的'治国'、'平天下'等地方，都没有对'新'字发表阐述。如：'君子贤其贤而亲其亲，小人乐其乐而利其利'，'如保赤子'，'民之所好好之，民之所恶恶之，此之谓民之父母'等等，这些都有'亲'的意思。'亲民'就像《孟子》中的'亲亲仁民'所说，'亲之'也就是'仁之'，对他们'亲'也就是对他们'仁'。百姓缺少亲情，舜命契担任司徒，'敬敷五教'，教化百姓父子有亲、君臣有义、夫妇有别、长幼有序、朋友有信，使他们相互亲近。《尧典》中说的'克明峻德'就是'明明德'，'以亲九族'到'平章'、'协和'就是'亲民'，就是'明明德于天下'。又比如孔子所说'修己以安百姓'一句，'修己'就是'明明德'，'安百姓'

就是'亲民'。说'亲民'就兼有教化和养育两个意思，朱熹说成'新民'，意思就显得偏僻而狭窄了。"

【经典导读】

对他人之爱即为仁，仁包涵了义、智、礼、信；对民众之亲即为仁政。孔子"仁爱"思想的核心就是"爱人""亲民"。而"亲亲仁民"施仁政让百姓得到切实的利益，也早已是治理国家的不二法宝。王阳明在这里纠正朱熹的"新民"，让儒家大义回归到"亲民"，以仁政治理天下上。现代社会以人为本，也是对亲民的最好诠释，因为人的主体地位和价值应得到充分的尊重。

古往今来，仁政兴国，得道多助，失道寡助的例子不计其数。

楚汉战争中刘邦胜项羽的例子就是一个典型。反秦战争中，项羽坑杀秦降兵，尽失三秦民心，刘邦则收之；项羽尽毁秦公室，而刘邦却散之；项羽压制反秦诸侯，刘邦却许之以好；楚汉战争爆发后，项羽所到之处皆屠城，刘邦却抚之。最后刘邦成就了统一大业，项羽只落得乌江自刎的下场。

国因仁政而兴，国家让人民群众得到切实的利益，过上幸福安定的生活，人民居乐业，国家的兴旺昌盛也就不会远了。其实，"仁爱"在任何地方都是需要的，国家如此，企业也是如此。一个企业的"仁"，对企业的发展也是至关重要的。

许多有远见的企业家都深知仁爱的重要，他们明白企业的生命在于人力，企业的最大资产是人才，只有爱员工，让员工感受到企业的温暖，员工才会更爱自己的企业。企业的仁爱政策体现在其采取人性化的管理办法，进行感情投资，在整个企业管理过程中充分注意人性要素，以充分发掘人的潜能；尊重人、给人充分的物质激励和精神激励，给人提供各种成长与发展机会，等等。这样的管理模式往往能取得比狼性管理更好的效果。

美国通用电气公司是一家集团公司。1981年杰克·威尔士接任总裁后，认为公司管理太多，而领导得太少，"工人们对自己的工作比老板清楚得多，经理们最好不要横加干涉"。为此，他实行了"全员决策"制度，使那些平时没有机会互相交流的职工、中层管理人员都能出席决策讨论会，让员工得以更好地维护自身利益。"全员决策"的开展，打击了公司中官僚主义的弊端，减少了繁琐程序，让员工得到了真正的实惠。

一个企业只有施行"仁政"，即采取人性化的管理，做到尊重人、信任人、爱护人和激励人，才能更好地培养员工的归属感、荣誉感、凝聚力和创造力。"仁爱"的管理能够让员工充分挖掘自身的潜能，奉献自己的热情和汗水，为企业的振兴、发展，做出尽可能多的贡献！

对于家庭而言，"仁爱之政"同样必不可少。只有让仁爱常驻，家庭才能够和睦幸福，每一个家庭成员都应该怀有一颗"仁爱"之心。家长作为一个家庭的管理者，仁爱之心更不可缺。

家长心怀仁爱，就是要求家长爱自己的子女，而且还要教会孩子如何去爱。每个父母对自己孩子的爱是不言而喻的，这里不必细说。重要的是怎样培养孩子的爱人之心呢？父母是孩子的榜样，这就要求父母平时就要注意自己的言行举止，做到孝敬老人、关心孩子、关爱他人、乐于助人等，让孩子觉着父母是富有爱心的人，自己也要做一个富有爱心的人。另外还应培养孩子感受他人情感、设身处地地为他人着想的能力。比如说当看到别人生病疼痛时，要让孩子结合自己的疼痛经验而能感受到并体谅他人的痛苦，从而为他人提供力所能及的物质或精神上的帮助。

家庭的仁政还需要夫妻之间的互敬互爱，互帮互助，和睦相处。摆脱男尊女卑的陈旧思想，树立男女平等的现代观念，遇事善于协商，化解矛盾，坚决反对家庭暴力。当然尊敬老人孝敬父母也是不容忽略的。只有让"仁政"之爱充满整个家庭，每个人未来的生活也才能更加幸福而安详。

"仁政"是一个亘古的话题，在当今社会，国家、企业、家庭都可以通过施行"仁政"而更加兴盛。因为，不论社会怎样发展，发展到什么样的程度，爱都是维系人与人之间关系的最通用、最实在、最有效的纽带。从"仁爱"精神的现代意义上讲，它依然会在人类社会文明进步的历史长河中起着协调人际关系，缓和社会矛盾，维持社会秩序的积极作用。

【点睛之笔】

仁，作为一种品德生发于心，它的基础就是良知，它的精髓就是爱。仁，并不是说只爱家人和亲朋好友，仁爱是广泛博大的。

2. 善乃心之本体

【原文】

爱问："'知止而后有定'，朱子以为'事事物物皆有定理'，①似与先生之说相戾？"

先生曰："于事事物物上求至善，却是义外②也。至善是心之本体，只是'明明德'到至精至一处便是，然亦未尝离却事物。本注③所谓'尽夫天理之极，而无一毫人欲之私'者得之。"

【注释】

①知止而后有定：语出《大学》。事事物物皆有定理：这是朱熹对"知止而后有定"的解释。语出朱熹《大学·或问》"能知所止，则方寸之间，事事物物皆有定理矣"。

②义外：语出《孟子·告子上》"告子曰：'食、色，性也；仁，内也，非外也。义，外也，非内也。'"孟子反对告子义在心外的观点，认为仁和义都在人心之中。

③本注：即朱熹《大学章句》第一章注，"明明德新民，皆当止于至善之地而不迁。盖必其有以尽夫天理之极，而无一毫人欲之私也。"

【译文】

徐爱问："《大学》中的'知止而后有定'，朱熹认为是说事物都有特定的道理，这好像和您的学说有抵触。"

先生说："要在具体的万事万物上寻求至善，就是把'义'当作外在的东西了。至善是心的本体，只需'明明德'达到了精一的程度，那便是至善了。显然这并没有脱离客观事物。那种像朱熹在《大学章句》中所说的穷尽天理，而心中没有丝毫私欲的人，就能够达到这种至善的境界。"

【经典导读】

什么是至善？简单地说，就是好的、对的、应该做的，也就是我们平时所说的天理、道理，等等。至善在何处？我们应该如何追求至善呢？王阳明认为人是天地万物的心，人性的本体是无善无恶的，而心的本体即性，所以心之本体也是至善的。即所谓"至善乃心之本体"，本体即根本，至善是心的根本。至善既然是心的根本，那么我们要求至善，当然是到心上去求，但也不能离开事物去求，"在万事万物上求至善"就把义理看成外在的了。

有人可能会问：至善只求诸心，真能求得至善吗？王阳明曾说：心即理。天下没有心外之事、心外之理。既然事和理都不外于心，所以至善只求诸心。另外，求至善一定要做到此心纯乎天理之极，这里主要讲究的是人的内心修为，如果仅仅是在仪节上求得适当，就不能叫作至善。

王阳明说穷尽天理，而心中没有丝毫私欲的人，就能够达到这种至善的境界。的确"无欲则刚"，这才是无求的至善境界。一个人只有抛开名利缰锁和低级趣味的困扰，去追求高尚的事业和完美的人生，才能胸怀磊落、大展宏图，有所作为，向着人生的至善之境前行。

南宋爱国诗人陆游对待有求与无求的人生态度，堪称典范。他为官一贯坚持"忧民怀凛凛，谋己耻营营"的高洁操守，出仕三十年"不殖一金产"，辞官引退后"身杂老农间"，生活贫困，囊中羞涩，仍然"足迹不踏权门"，不因自己的私事有求于人。仅仅无求于人还不够，他还时常教导当时为吉州吏（现为江西省吉安）的儿子，要有求于己，有所贡献。他对儿子有四条要求：一为政要清廉："汝为吉州吏，但饮吉州水，一钱亦分明，谁能肆谗毁？"二要为人正直："岂为能文辞？实亦坚操履。"三治学要勤勉："相从勉讲学，事业在积累。"四办事要仁义："仁义本何常？蹈之则君子。"这就是一个父亲对儿子的耿耿"有求"。从陆游身上，我们可以看到有求与无求的和谐统一。

这无疑对今天的人们有很大的启迪意义。每个人的能力都是有限的，但这并不妨碍我们去追求人生的至善之美，像陆游一样正确对待人生，心存追求至善的念头，才能风波不起，广施"善行"，实现自己的价值。

"人之初，性本善。"是人所共知的《三字经》的开篇语，但是长大后的我们心中是否还留有这一份善呢？也许我们有，也可能我们的心里早就被不良诱惑挤满了，不再有善的踪迹。然而，善良依然是这个世界最感人的力量，它让人充满勇气与动力，从而赢得尊重与支持，推动着人们一步步走向成功。

生活中充斥着浮躁和膨胀的私欲，或许现实生活让很多人感觉达到至善是不可能的事情，但这并不妨碍我们追求心中的至善，我们每个人都应该明白，只要从自身做起，一点一滴，即使离至善还有很远的距离，但也是在做着至善的事了。这就要求我们关注自己的内心。在内心中寻找，求天理，求至善，人们之所以会抱怨生活浮躁、善良流失以及渴望在纷繁复杂的万事万物中找到似乎已经久违的善心，很大程度上是因为我们忽略了"每个人的心中的有善"。既然"善在人心"，我们又何必舍近求远求"至善"呢？"至善"就在我们心中，到事物中寻找至善反而会让自己越来越迷失。

每个人心中都存有一颗善的种子，只需在日常点滴之间释放心中善念，就是向"至善"靠拢，又何苦千辛万苦地专程寻找呢？这样的舍近求远，反而会让我们迷失了心中的善。

【点睛之笔】

正如王阳明所言，心中无私，就能达到至善。做人做事，第一关就是要在内心去人欲存天理，再以此心纯乎天理之极去做事，自然就能成功。

3. 万事求心之理

【原文】

爱问："至善只求诸心，恐于天下事理有不能尽？"

先生曰："心即理①也，天下又有心外之事、心外之理乎？"

爱曰："如事父之孝，事君之忠，交友之信，治民之仁，其间有许多理在。恐亦不可不察。"

先生叹曰："此说之蔽久矣。岂一语所能悟？今姑就所问者言之。且如事父，不成去父上求个孝的理？事君，不成去君上求个忠的理？交友、治民，不成去友上、民上求个信与仁的理？都只在此心，心即理也。此心无私欲之蔽，即是天理，不须外面添一分。以此纯乎天理之心，发之事父便是孝，发之事君便是忠，发之交友治民便是信与仁。只在此心去人欲、存天理上用功便是。"

爱曰："闻先生如此说，爱已觉有省悟处。但旧说缠于胸中，尚有未脱然者。如事父一事，其间温清定省②之类，有许多节目。不亦须讲求否？"

先生曰："如何不讲求？只是有个头脑。只是就此心去人欲存天理上讲求。就如讲求冬温，也只是要尽此心之孝，恐怕有一毫人欲间杂。讲求夏清，也只是要尽此心之孝，恐怕有一毫人欲间杂。只是讲求得此心。此心若无人欲，纯是天理，是个诚于孝亲的心，冬时自然思量父母的寒，便自要去求个温的道理。夏时自然思量父母的热，便自要去求个清的道理。这都是那诚孝的心发出来的条件。却是须有这诚孝的心，然后有这条件发出来。譬之树木，这诚孝的心便是根。许多条件便枝叶。须先有根，然后有枝叶。不是先寻了枝叶，然后去种根。《礼记》言'孝子之有深爱者，必有和气。有和气者，必有愉色。有愉色者，必有婉容'③。须是有个深爱做根，便自然如此。"

【注释】

①心即理：王阳明学说的核心命题。

②温清定省：语出《礼记·曲礼上》。温，冬天让父母温暖；清（qìng），夏天让父母凉快；定，夜里让父母睡得安稳；省，早上向父母问安。

③"孝子"句：语出《礼记·祭义》。

【译文】

徐爱问："世上有万事万物的道理，而只在心里去追求至善的境界，恐怕难以去探究完吧？"

先生说："心就是理，难道天下有什么事物和道理是在人心之外的吗？"

徐爱说："比如侍奉父亲的孝道，辅佐君王的忠心，结交朋友的诚信，治理百姓的仁义等等，这当中有很多的道理存在，恐怕也不能不去考察的。"

先生慨叹说："这不是一句话就能解释清楚的，因为此种说法蒙蔽人们很长时间了。姑且就你问的这些来说，侍奉父亲，不能从你父亲身上找个孝的理；辅助君王，不能从君主身上找个忠的理；结交朋友、治理百姓，也不能从朋友或者百姓的身体上探寻到信和仁的道理。这些孝、忠、信、仁的道理都只存在于人的心中，所以说心就是理。当人心还没有被个人私欲所蒙蔽，那不需要从外面添加一丝一毫，人的内心就是天理。凭着这种合乎天理的心，用心侍奉父亲便是孝，用心辅佐君王便是忠，用心交友、治民便是信和仁。只需要用功去除心中的私欲、存养天理就行了。"

徐爱说："听了先生的教诲，我已经觉得有些明白了。但是以前的学说还在我的心里面，让我有纠结不清的地方。譬如说侍奉父亲这件事，有让父亲冬暖夏凉、白天请安、晚上请定等等许多细节，这些不需要讲求吗？"

先生说："怎么不讲求呢？只是有个核心，就是先要摒除私欲，保存天理，然后在这上面去讲求。就比如讲求父母冬天暖和，不过是要尽一尽自己单纯的孝心，唯恐有点滴的私心杂念存在其中；讲求父母夏天凉快，也只是想尽尽孝心，唯恐丝毫私欲夹杂其中，为的只是讲求这份心而已。自己的心如果没有任何私欲，纯属天理，是一颗虔诚孝敬的心，那到了冬天自然会记挂父母的寒冷，夏天记挂父母的暑热，也自然会讲求'冬温'、'夏清'的道理。这些具体的事情，都是人那颗虔诚孝敬的心发出来。只有存在这颗虔诚孝顺的心，然后才有具体的事发生。以树木作比喻，虔诚孝顺的心是树根，具体的事情就是树的枝叶。绝对不是先找到枝叶，然后才去种树根，而必须是先有树根然后有枝叶。《礼记》有言：'深爱父母的孝子，对待双亲一定很和气；有和气的态度，定会有愉悦的气色；有了愉悦的气色，人就会有美好的表情了。'所以有一颗深爱的心做树根，就自然而然会有'冬温'、'夏清'等一系列细节了。"

【经典导读】

王阳明曾在很长一段时间中困惑于朱子辩思的学说中，在他 37 岁那年终于开悟，创造了自己的理论体系——心学。心学核心之一的"心即理"学说，主要就是讲求"天下又有心外之事、心外之理乎？"

心即理，是王阳明心学的核心之一。王阳明所说的"心"不是指生理上的血肉之物，而是指主体的个体意识，即"心"既是人的身体主宰，又是天地万物的主宰，"理"不是外在的东西，而源于人的本心。心与理的统一是阳明心学思想鲜明的思维路径。

王阳明的"心即理"直承于陆九渊，这一思想的明显体现在于他的一个论断："心外无物"。也正是因为这个论断此语，王阳明被认为是中国主观唯心主义的代表人物。"心外无物"一说，颇近似于一个很多人都有所耳闻的佛家故事：

有风吹幡动，一僧曰风动，一僧曰幡动，议论不已。惠能进曰："不是风动，不是幡动，仁者心动。"

这个故事佛教界广为流传，被推为经典的一句禅语，其思想深邃，包罗万象。

有人会问，到底是什么动了呢？其实这并不重要，重要的是我们自己的心，一切力量的来源就在我们的内心。

人的内心力量是无穷的，但一般只有在极其艰难的条件下才能被激发出来，例如你在撒哈拉沙漠中迷失了方向，陷入困境，在这个时候你只能相信你自己的内心以及你自己的良知，并且依靠心灵带给你的意志力坚持下去才能走出困境。同样地当你在南极的时候，也可能遇到困难，在这个时候，你也只能依赖你自己的内心，按照自己的内心良知行事。

心是一切的源头，心就是理。每个人心中都有一个标准。只要在自己的心中下工夫，摒弃私欲、存天理就行了。王阳明认为没有被私欲迷惑的心，就是天理，不用到心外强加一点一滴。这颗最热的心，表现在侍父上就是孝，表现在事君上就是忠，表现在交友和治理百姓上就是信和仁。

心就是理，求理只能从心上去求。这就是王阳明思想的闪光之处。在任何时代，这一思想都将发挥巨大的作用。时至今日，我们已跨入了 21 世纪，人们对内心的关注越来越少，道德似乎离我们越来越远，人们纷纷去注重去追求外在的东西，对于内在的本质的东西则多有忽视，思想和内心一片荒芜，失去了信仰，只遇到一点困难就难以撑持下去。

在私欲膨胀的时代，我们要解决自身的问题要懂得从内心入手。首先要求理，要求至善，只能在内心中去找。而内心要保持一种什么样的状态呢？

就是要去人欲，存天理。莫让心中纷繁复杂的欲望扰乱了我们行进的路。对于我们来说，以此纯乎天理之心去做事，怎能不无往而不利呢？相反，很多人办事情，不讲求内心的修为，莽莽撞撞去做事，心里很多事情都没有弄明白，私心杂念太多，又怎么能把事情做成功呢？

【点睛之笔】

做人做事情，首先要关注自己的内心，万事先修心。

4. 人心之孝

【原文】

郑朝朔①问："至善亦须有从事物上求者？"

先生曰："至善只是此心纯乎天理之极便是，更于事物上怎生求？且试说几件看。"

朝朔曰："且如事亲，如何而为温清之节，如何而为奉养之宜，须求个是当，方是至善。所以有学问思辨②之功。"

先生曰："若只是温清之节、奉养之宜，可一日二日讲之而尽，用得甚学问思辨？惟于温清时，也只要此心纯乎天理之极；奉养时，也只要此心纯乎天理之极。此则非有学问思辨之功，将不免于毫厘千里之缪。所以虽在圣人，犹加'精一'之训。若只是那些仪节求得是当，便谓至善，即如今扮戏子，扮得许多温清奉养的礼节是当，亦可谓之至善矣！"

爱于是日又有省。

【注释】

①郑朝朔：名一初，广东揭阳人，官至监察御史。王阳明任吏部主事时，朝朔为御史，曾向阳明问学。

②学问思辨：语出《中庸》"博学之，审问之，慎思之，明辨之，笃行之"。

【译文】

郑朝朔问："至善也需要从具体的事物上探求吗？"

先生说："只要使自己的心达到纯然天理的状态，那就是至善，在事物上怎么探求呢？你暂且举几个例子出来谈一谈。"

朝朔说："以孝顺父母为例，怎样合理地进行防寒降暑适度，怎样做到得当地侍奉，都必须处理得恰到好处，找一个合适的标准才算是至善。所以我觉得这里面就有了一个学习、询问、思考、辨别的功夫。"

先生说："如果只是防寒降暑、奉养适宜的问题，一两天就可以学习完，根本无需什么学问思辨的功夫。在这些问题上，只要讲求自己的心达到至纯天理的境界。要做到自己的心至纯天理，就必须有学问思辨的功夫了，否则将难免差之毫厘、谬以千里。所以，即便是圣人，仍要有'精一'的规范。如果只讲求把那些礼节琐事完成适当，就认为是至善，那现在的演员在台上，他们恰当表演了许多对父母奉养得当的礼节，那他们也可以看作是至善了。"

这一天，徐爱又明白了许多。

【经典导读】

王阳明所说的心即理，是指人的意识是通过实践所赋予事和物的，这里的心是以理作为道德法则的。在他看来，人只要在心上下工夫，使自己具有真正的道德意识和道德情感，他就能根据事情的具体情况选择适宜的行为方式，王阳明拿侍养父母来说明"此心纯乎天理之极"。凡事都需要向自己的心中求，真正的孝并不只是嘴上说说，或者说做了某些孝敬的事。真正的孝，是把父母放在自己的心上，只有这样才能在正确的时间、合适的地点，给予父母真正需要的东西。

阳明先生说孝敬父母的具体行为要在道德原则的引领下，因时而行，也就说我们的孝应是父母所需求的孝。而不是仅仅心中有父母，就算尽孝了。孝敬不是放在嘴上的艺术，一个心中有父母的人，会尽自己的最大能力为父母尽孝。

有这样一则故事：

兄弟两人都立志修道远游，怎奈父母年迈，弟妹年幼，老大还有病妻弱子，所以一直未能如愿。一天一高僧路过，兄弟俩便将家中难处诉说一遍，并想拜他为师。高僧双手合十，微闭双目，喃喃自语："舍得，舍得。没有舍哪来得？你俩悟性皆不够，十年后我会再来。"说完，飘然而去。哥哥顿悟，背负经书决然离家。弟弟望望父母，看看病嫂幼侄，终不能舍弃。

十年后，哥哥归来，口诵经文，念念有词，仙风道骨，卓尔不凡。再看弟弟弯腰弓背，面容苍老，神情呆滞，反应缓慢。高僧如期而至，问他们各自的收获。

哥哥说："十年内游遍高山大川，走遍寺庙道观，背诵真经千卷，感悟万万千千。"

弟弟说："十年内送走老父老母，病嫂身体康复，幼侄成家立业。但因劳累无暇诵读经书，恐与大师无缘。"

高僧微微一笑，决定收弟弟为徒。

哥哥不解，追问缘由。

高僧道："佛在心中不在名山大川；心中有善，胜读真经千卷；父母尚且不爱，谈何普度众生？舍本逐末，终致与佛无缘。"哥哥默然。

"父母尚且不爱，谈何普度众生。"高僧的开示，一语直指人心。高僧所说的"舍得，舍得，没有舍哪来得"，哥哥以为是要放弃家庭，放弃亲情，成就自我；而弟弟则选择了守孝敬亲，即便因此与佛无缘，也无怨无悔。

心中有善才是真行善。一个连何为真善，何为孝道都分不清的人，又怎能悟道修道呢？

从事事物物上去追求的孝心，就像无根之树，时间久了定会变成枯枝败叶，毫无一点生气。真正的孝心发自心性的本源，根深叶茂，可有四季长青之景，可得天长地久之形，即使寒冬季节，也可给人温暖如春的浓浓暖意。

任何人都应该孝敬父母，不仅仅因为他们把我们带到这个世界上来，更因为他们给了我们道德教训。孝敬父母，重要的不是做了什么而是怎么做。

孝是每个人发自内心的自然的尊敬与敬爱，对父母不仅要实实在在地孝敬，而且孝敬的行为必须出于正确的心态。真正的孝不是随口的想念，也不是时不时的电话，而发自内心的能让父母感受到的爱。

父母在哪里，家就在哪里。孝敬双亲，是做人最基本的要求。现代社会的快节奏生活给了许多人无法陪伴父母左右尽孝的理由。放眼望去，我们的身边有多少人寒窗苦读离开故土，在异地他乡成就自己的辉煌事业。然而，此时有多少人能抽出时间去看望远在故乡的父母呢？代替他们陪伴给父母的只是冰凉的电话问候，或者是自己寄给父母的生活费。虽然，现实的种种原因让我们远离父母，但只要心怀纯心之孝，总能找到解决问题的办法。因为只要秉承对父母的纯真孝心，我们就会时时把父母牵挂心头。我们仍然可以以我们的实际行动去孝敬我们的父母。例如，在条件允许的情况下我们可以把父母接过来和自己一起住；假如条件不允许的话，我们也可以抽时间常回家看看。

【点睛之笔】

孝，唯从心纯中来。冰凉的电话无法代替我们陪伴父母，再放慢脚步，用那颗纯孝的心，我们总能找出时间回到父母身边。孰轻孰重心知道。

5. 重视知行合一

【原文】

爱因未会先生"知行合一"之训，与宗贤①、惟贤②往复辩论，未能决。以问于先生。

先生曰："试举看。"

爱曰："如今人尽有知得父当孝、兄当弟者，却不能孝不能悌，便是知与行分明是两件。"

先生曰："此已被私欲隔断，不是知行的本体了。未有知而不行者，知而不行只是未知。圣贤教人知行，正是要复那本体，不是着你只恁的便罢。故《大学》指个真知行与人看，说'如好好色，如恶恶臭'③。见好色属知，好好色属行。只见那好色时已自好了，不是见了后又立个心去好；闻恶臭属知，恶恶臭属行。只闻那恶臭时已自恶了，不是闻了后别立个心去恶。如鼻塞人虽见恶臭在前，鼻中不曾闻得，便亦不甚恶，亦只是不曾知臭。就如称某人知孝、某人知悌。必是其人已曾行孝、行悌，方可称他知孝、知悌。不成只是晓得说些孝、悌的话，便可称为知孝、知悌？又如知痛，必已自痛了方知痛；知寒，必已自寒了；知饥，必已自饥了。知行如何分得开？此便是知行的本体，不曾有私意隔断的。圣人教人必要是如此，方可谓之知。不然，只是不曾知，此却是何等紧切着实的功夫！如今苦苦定要说知行做两个是什么意？某要说做一个是什么意？若不知立言宗旨，只管说一个两个，亦有甚用？"

爱曰："古人说知行做两个，亦是要人见个分晓，一行做知的功夫，一行做行的功夫，即功夫始有下落。"

先生曰："此却失了古人宗旨也。某尝说，知是行的主意，行是知的功夫；知是行之始，行是知之成。若会得时，只说一个知，已自有行在；只说一个行，已自有知在。古人所以既说一个知，又说一个行者，只为世间有一种人，懵懵懂懂的任意去做，全不解思惟省察，也只是个冥行妄作，所以必说个知，方才行得是。又有一种人，茫茫荡荡，悬空去思索，全不肯着实躬行，也只是个揣摸影响，所以必说一个行，方才知得真。此是古人不得已补偏救弊的说话，若见得这个意时，即一言而足。今人却就将知行分作两件去做，以为必先知了然后能行。我如今且去讲习讨论做知的功夫，待知得真了，方去做行的功夫，故遂终身不行，亦遂终身不知。此不是小病痛，其来已非一日矣。某今说个知行合一，正是对病的药，又不是某凿空杜撰。知行本体原是如此。今若知得宗旨时，即说两个亦不妨，亦只是一个；若不会宗旨，便说一个，亦济得甚事？只是闲说话。"

【注释】

　①宗贤：黄绾（1477～1551），字宗贤，号久庵，浙江黄岩人。官至礼部尚书，王阳明的学生。

　②惟贤：顾应祥（1483～1565），字惟贤，号箬溪，浙江长兴人。官至兵部侍郎，王阳明的学生。

　③如好好色，如恶恶臭：语出《大学》"所谓诚其意者，毋自欺也。如恶恶臭，如好好色，此之谓自谦"。

【译文】

　　徐爱因为还没有领会先生知行合一的教导，和宗贤、惟贤反复争辩后，仍旧不能了然于胸，于是请教先生。

　　先生说："举个例子说说你的看法。"

　　徐爱说："现在孝顺父母、尊敬兄长的道理，人人都明白，但事实上却没有办法完全做到，由此可见，知与行分明是两件事。"

　　先生说："这并不是知行的本来面目，因为私欲已经隔断了这种人的知行。没有知而不行的，知而不行是因为没有真知。圣贤们教育人们知行，并不是简单地教人们如何认识、如何实践，其目的是要恢复知行的本体。因此，《大学》举出了一个真正知行的例子，说'如好好色，如恶恶臭'，意即喜爱美色，厌恶腐臭。懂得美色是知，喜欢美色是行。人们在看见美色的时候就自然喜欢上了，并不是看见美色之后才立马生个心去喜欢；闻到腐臭是知，厌恶腐臭是行，人也是一闻到腐臭就自然厌恶了，并非闻到之后而又另生出个心去讨厌它。如果那个人鼻子不通，那就算是看到腐臭的东西摆在面前，他的鼻子闻不到，也不会太厌恶，因为根本没有认识到臭。再比如，我们说某人知道孝顺父母、尊敬兄长，一定是这个人已经做了一些孝顺、尊敬的行为，才可以说他知道孝顺、尊敬的道理。难不成，只因为他会说些孝顺、尊敬的话，我们就认为他孝顺、尊敬吗？再如，一个人知道痛，一定是自己已经经历了或者正在经历痛，才知道痛；知寒、知饥，一定是已经经历了寒冷和饥饿。由此可见，知行如何能够分得开？这些例子就是知与行的本体，还不曾被私欲隔开的。圣人一定是这样教育学生，才能算作知。不然就并非真知，可见这是多么紧要切实的功夫呀！现在硬要将知行分开算作两件事情，有什么意思呢？而我要把知行看作一个整体，又有什么意思呢？如果这番话的宗旨都不知道，只管在这里争论知与行是一件事还是两件事，又有什么用处呢？"

徐爱说："古人把知行分成两回事，也只是为了让人们能够有一个分别，好弄明白。一边对知下工夫，一边对实践下工夫，这样才能更好地落到实处。"

先生说："但是，这样说反而丢失了古人的本意了。我曾经说过，知是行的宗旨，行是知的实践；知是行的开始，行是知的成果。如果领会了这一点，就应该明白，只说一个知，已经自然有行存在；只说一个行，知也自然存在了，知行一同存在。古人之所以将行与知分开，说一个知又说一个行，是因为社会上有一种人，他们完全不会认真思考观察，只是懵懵懂懂地随意做事情，一个劲儿胡行妄作，因此必须跟他讲'知'的道理，他才能够清醒地做事。还有一种人，不切实际，漫天空想，又完全不愿意有所行动，只是靠主观猜测、捕风捉影，因此必须教他'行'的道理，这样他才能正确地知。古人为了补偏救弊不得已才将知行分开说的，如果真正领会了其中的含义，只要一个知或行就够了。今人非要将知行分开，以为必须要先认识才能实践。自己先去讨论如何做到知，等到真正知了才去做行的功夫，最后终身无法实践，也终身一无所知。这个问题由来已久，不再是一个小毛病。现在我提出知行合一，就是对症下药。而且这并非我凭空杜撰，知行的本体原本是这样的。如果我们把知行合一的宗旨掌握了，即使将知行分开说，两者仍然是一回事，是一个整体；如果没领会知行合一的宗旨，即便说二者是一回事，那又何济于事呢？不过是说些无用的话而已。"

【经典导读】

论语云："三思而后行"，而阳明先生则这样看待思与行的关系：知是行之始，行是知之成。其意强调知与行的统一。所谓知，便是对事情各方面的思考与了解，只有思考明白、了解清楚了才能开始行动；所谓行，便是将那些思考明白、了解清楚的东西付诸实践，如此才能有所成就。王阳明指出，圣人之学乃身心之学，其要领在于体悟实行，不可将其当做纯粹的知识，仅仅流于口耳之间。以上便是心学的"知行合一"主张。

那么何为知行合一呢？知行合一是指客体顺应主体，知与行的合一，既不是以知来吞并行，认为知便是行，也不是以行来吞并知，认为行便是知。因为认识事物的道理与在现实中运用此道理，是密不可分的一回事。

在现实生活中，人们深信，决定一件事情需经过深思熟虑，让自己"知"自己所要做的，只有经过反复思量的行动才能顺利地进行。但也正是由于这样，社会上形成了一种重思考而轻行动，甚至只思不行的风气。因此我们重视知的同时也不能忽略了行，只有知行合一，才能获得成功的青睐。

在盛唐时代，中原有一片山脉盛产灵蛇，蛇胆和蛇心都是很好的药材，虽然蛇毒剧烈，见血封喉，可是为了赚钱，很多人不惜冒着生命危险去捕蛇。有一天，三个年轻人从南方远道而来，他们住进附近的村子，希望能进山捕蛇获得收获。

第一个年轻人只在村里住了一天，第二天清晨便匆匆忙忙收拾行装进山捕蛇，但时间过去很久后都不见他回来。原来他既不懂得蛇的习性也不懂得如何捕蛇，在山里乱闯，惊动灵蛇；最终因捕蛇而丧命。

第二个年轻人看到这种情况，不禁心生畏惧，再三思虑要不要去山里捕蛇，他每天都站在村口，望向大山，在村子与蛇山之间踱步，终日惶惶不安，无法做出行动。

第三个年轻人则充分考虑了捕蛇的一系列问题，诸如怎样找蛇穴、捕蛇、解毒等问题，他都一一向村里人讨教，并掌握了寻找蛇穴、引蛇出洞等捕蛇的技术，学习制作解毒的药剂。经过半个多月的准备，他带着工具上山了。七天过去了，人们本以为他已丧命深山，但第三个年轻人竟然背着沉重的箩筐回到了村里。他捕到了上百条灵蛇，赚了不少的钱财，之后他还做起了药材生意，成为著名的捕蛇能手。

三个年轻人一起捕蛇，一个毫不思考、盲目行动；一个沉溺于思索、迟迟不动；一个经过深思熟虑之后付诸行动。由于他们不同的思行态度，他们的际遇必然不同。这也告诉我们，任何时候，思考与行动都是相辅相成的。事实上，这里的思就是指要让人们知，知与行必须合一，无论哪一方缺少了，都难成事。像那些胡乱猜测就侥幸蒙对、想发财就中彩票等碰巧之事，只不过是极少数人的特殊情况而已，不知不行者很难成就自己的人生。

其实，我们的身边并不缺乏知行合一的故事。在古代"黄香温席"、"孔融让梨"这是知行合一；陶渊明宁食不饱、穿不暖也不愿涉入浑浊的官场也是知行合一。古人这种知行合一的高尚精神和良好的思想道德值得现在的每个人学习。

知行合一作为一种做人的基准，在每个时代都很重要，它可以作为一种思想工具规范社会秩序。而且每个社会成员不仅自己要做到知行合一，还应用自己的"知行合一"来影响身边的人，假如社会能形成知行合一的氛围，那么人人"知行合一"便将不再遥远。

【点睛之笔】

如人饮水，冷暖自知。每一种食物是什么味道，只有用自己的舌头去品尝，才能知道它真实的味道。凡事都是如此，不知便不懂，不亲身经历，便无法体悟，知行须合一。

6. 格物致知

【原文】

爱问："昨闻先生'止至善'①之教，已觉功夫有用力处，但与朱子'格物'之训②，思之终不能合。"

先生曰："'格物'是'止至善'之功，既知'至善'，即知'格物'矣。"

爱曰："昨以先生之教，推之'格物'之说，似亦见得大略。但朱子之训，其于《书》之'精一'，《论语》之'博约'③，《孟子》之'尽心知性'，皆有所证据，以是未能释然。"

先生曰："子夏笃信圣人。曾子反求诸己。④笃信固亦是，然不如反求之切。今既不得于心，安可狃于旧闻，不求是当？就如朱子亦尊信程子，至其不得于心处，亦何尝苟从？'精一'、'博约'、'尽心'，本自与吾说吻合，但未之思耳。朱子'格物'之训，未免牵合附会，非其本旨。'精'是'一'之功，'博'是'约'之功。曰仁既明知行合一之说，此可一言而喻。'尽心知性知天'，是'生知安行'事；'存心养性事天'，是'学知利行'事；'夭寿不贰，修身以俟'，是'困知勉行'事⑤。朱子错训'格物'。只为倒看了此意，以'尽心知性'为'物格知至'，要初学便去做'生知安行'事。如何做得"？

爱问："'尽心知性'何以为'生知安行'？"

先生曰："性是心之体，天是性之原，尽心即是尽性。惟天下至诚为能尽其性，知天地之化育⑥。'存心'者，心有未尽也。'知天'，如知州、知县之'知'，是自己分上事，己与天为一。'事天'，如子之事父、臣之事君，须是恭敬奉承，然后能无失，尚与天为二。此便是圣贤之别。至于'夭寿不贰'其心，乃是教学者一心为善，不可以穷通夭寿之故，便把为善的心变动了，只去修身以俟命。见得穷通寿夭有个命在，我亦不必以此动心。'事天'虽与天为二，已自见得个天在面前；'俟命'便是未曾见面，在此等候相似。此便是初学立心之始，有个困勉的意在。今却倒做了，所以使学者无下手处。"

爱曰："昨闻先生之教。亦影影见得功夫须是如此。今闻此说，益无可疑。爱昨晓思，格物的'物'字，即是'事'字。皆从心上说。"

先生曰："然。身之主宰便是心。心之所发便是意。意之本体便是知。意之所在便是物。如意在于事亲，即事亲便是一物。意在于事君，即事君便是一物。意在于仁民爱物，即仁民爱物便是一物。意在于视听言动，即视听言动便是一物。所以某说无心外之理，无心外之物。《中庸》言'不诚无物'，《大学》'明明德'之功，只是个'诚意'。'诚意'之功，只是个'格物'。"

先生又曰："'格物'如孟子'大人格君心'⑦之'格'，是去其心之不正，以全其本体之正。但意念所在，即要去其不正以全其正，即无时无处不是'存天理'，即是'穷理'。'天理'即是明德。'穷理'即是'明明德'。"

又曰："知是心之本体，心自然会知。见父自然知孝，见兄自然知弟，见孺子⑧入井自然知恻隐。此便是良知，不假外求。若良知之发，更无私意障碍。即所谓'充其恻隐之心，而仁不可胜用矣'。然在常人不能无私意障碍，所以须用'致知''格物'之功，胜私复理。即心之良知更无障碍，得以充塞流行，便是致其知，知致则意诚。"

【注释】

① "止至善"句：达到最高的境界。语出《礼记·大学》。

② 朱子'格物'之训：语出朱熹《大学章句》。

③ 博约：语出《论语·雍也》。

④ 子夏：姓卜，名商，孔子的学生。曾子：名参，字子舆，孔子的学生。

⑤ "尽心知性知天"、"存心养性事天"、"夭寿不贰，修身以俟"：语出《孟子·尽心上》。

⑥ "惟天下"句：语出《中庸》。

⑦ 大人格君心：语出《孟子·离娄上》"惟大人为能格君心之非"。格，正、纠正。

⑧孺子：幼童。

【译文】

徐爱问："昨天听先生讲'止至善'，觉得有了用功的方向，但细想起来总觉得和朱熹'格物'的观点有不一样的地方。"

先生说："'格物'是为'止至善'下的工夫，既然明白了'至善'，也就明白了'格物'。"

徐爱说："昨天用先生的学说来推究朱熹的'格物'学说，大致上理解了。但是朱熹的观点有许多依据，例如《尚书》中的'精一'，《论语》中的'博约'，《孟子》中的'尽心知性'，因而对您的学说我才不能坦然接受。"

先生说："子夏十分相信圣人的言论，相反曾子则选择相信自己。相信圣人固然不错，但远不如自己反省探求来得深入。在心里还没有弄清楚的时候，你怎么可以选择因循守旧，而不自己想办法去探究正确的答案呢？朱熹同样尊崇和相信程颢，但是当他心里不明白的时候，又何曾盲目信从？'精一'、'博约'、'尽心'，这些与我的学说本来是相互吻合的，只是你还没有想明白罢了。至于朱熹'格物'的观点，未免有些牵强附会，并不是真正'格物'的宗旨。求精是达到根本的功夫，博览多学是达到简洁的功夫。既然你已经明白了知行合一的道理，一句话就可以把它说清楚了。'尽心知性知天'是'生知安行'的人能够做的事；'存心养性事天'是'学知利行'的人能够做的事；'夭寿不贰，修身以俟'是'困知勉行'的人能够做的事。朱熹会错误地解释'格物'，是因为他颠倒了前后的因果关系，认为'尽心知性'就是'格物知至'，要求初学者去做'生知安行'的事，怎么可能会做得来呢？"

徐爱问："'尽心知性'怎么会是'生知安行'者才能够做的事呢？"

先生说："心的本体是人的本性，天理是人性的本源，因而把人的本心尽力发扬就是把人性彻底地发挥。《中庸》说过：'只有天下最真诚的人才能把人性发挥彻底，领悟到天地万物的变化发展。'所谓'存心'，反过来是说还没有做到'尽心'。'知天'中的'知'就像知州、知府中的'知'，知州、知府"知"，意即治理州、县是他们分内的事，两者合而为一体。所以'知天'也就是说人知晓天理，与天合为一体。'事天'，就好像儿子对待父亲、大臣侍奉君王，需要毕恭毕敬地小心奉承，不要有所闪失，'事天'也就是仍然还没有与天合二为一。圣人区别于贤人就在这里。至于'夭寿不贰'其心，是指教育学生一心向善，不管处境好坏、寿命长短，绝不动摇行善的心，而只去修养身体，听天由命。当看到穷困通达、寿命长短都是由上天注定的，自己也不必因此而动摇了行善的心。'事天'，虽然心与天没有合而为一，是两回事，但是自己已经看清楚天命就在面前了；'俟命'就是还不曾与天命相近，只在此等候它的到来。这就是初学者开始确立志向的时候，有困而知之、努力自勉的意思。而今朱熹却把这样一个循序渐进的过程颠倒了，让初学的人感到无从下手。"

徐爱说："昨天听先生的教诲，也隐隐约约觉得应该这样下工夫。今天又听了您的解释，更加没有什么怀疑了。我昨天早上想，'格物'的'物'字，就是'事'字的意思，都是从心上来讲的。"

先生说："对了。身体的主宰就是心，心发出来的就是意念，意念的本源就是感知，意念存在于事物之上。比如意念在侍奉双亲之上，那么侍奉双亲就是一件事；意念在辅佐国君上，那么辅佐国君就是一件事；意念在仁爱百姓、爱护万物上，那么关心百姓、爱护万物就是一件事；意念在看、听、说、动上，那么看、听、说、动就是一件事。所以我说：'没有天理存在于心外，也没有事物存在于心外。'《中庸》中说'心不诚就没有万事万物'，《大学》中说'弘扬崇高德行'的功夫就是要心诚，而心诚的功夫就是'格物'，探究事物的原理。"

先生又说："'格物'的'格'就像孟子所说'大人格君心'中的'格'，指去掉内心的邪术，从而使全体的纯正得以保持。一旦有意念萌生，就要去掉其中的邪念，时时处处都存养天理，就是穷尽天理。'天理'就是'明德'，崇高德行。'穷尽天理'就是'明明德'，弘扬崇高德行。"

先生又说："心自然会感知，因为知是心的本体。见到父亲自然而然会有孝敬之心，见到兄长也自然知道尊敬，见到小孩落井恻隐之心会自然产生。这就是良知，全凭本心，不需要从心外的东西求得。如果良知出现，也没有私心杂念阻碍，就会像孟子所说的'充分发挥恻隐之心，那么仁爱的感情就会取之不尽用之不竭'。但是一般人都会有私心阻碍，所以就需要用'致知'、'格物'的功夫，克服私心、恢复天理。心里的良知再没有什么障碍，充满心田，就会自如地发挥，充分地发扬流传，这就是'致知'。良知得到了，思想也就能够真诚专一。"

【经典导读】

王阳明对格物的解释是："格物者，格其心之物也，格其意之物也，知者，致其物之知也。此岂有内外彼此之分哉？"在阳明先生看来，格物是没有内外彼此之分的，因此"格物"便是格心之物，是去其心之不正，以本体之正。由此可见，王阳明的格物不同于朱熹"即物穷理"式的求知方法，而是偏重于内心涵养方面为善去恶的功夫，从而使格物与良知完全吻合起来。这种打破常规的格物说，包括了王阳明心学观点中的三大思想：心即理、知行合一以及致良知。阳明先生说，要达到至善就必须格物，所谓格物是止至善之功。就如同学习时想要取得好成绩，就必须努力学习，不断探究书本中的知识，在这里好成绩就是至善，努力学习就是格物。既知至善，即知格物矣。如果你弄清楚了什么是至善，那么你同时也就弄清楚了什么是格物。文中所讲的至善与格物是同一个意思。

在王阳明看来一个人所接触的任何理论、学说乃至传闻等，都需要自己用"心"去体会和领悟。我们已经知道要达到至善的境界就必须先格物，格物方能致知，只有格物我们才不应会像无头苍蝇一样，从来不用心考虑琢磨，只知道横冲乱撞，稀里糊涂地做事情。当然也不能只顾海阔天空漫无边际地思考而不去做。要想达到至善之美，就必须有格物之心，不断地探究事物的道理，直到弄明白。

那究竟什么是格物。根据阳明先生知行合一的思想，欲知须行，要从内心去人欲存天理，也需要行，既须行，就必须通过事情。因此就需要格物，在物上格。因为深知人的天赋和能力不同，王阳明将格物致知分为三个层次，从高到低依次是：一，尽心知性知天，是生知安行事；二，存心养天，是学知利行事；三，"夭寿不贰，修身以俟"，是困知勉行事。这里的尽心知性知天是指己与天为一，也就是古人所说的天人合一。存心养天是指己与天为二，但知"天"就在眼前，知道了自己需要努力的方向。夭寿不贰是指不管是否知道自己短寿还是长寿，即便是知道自己在一年后将离开人世，也不改变向善之心。修身以俟是指修身养性，等待天命。初学者只能从低到高做起。不能一开始就从尽心知性知天做起，这样会不得其门，也使人觉得格物致知难于上青天。

王阳明所讲的致知即致良知，王阳明说：知是心之本体。心自然会知。见父自然知孝，见兄自然知悌，见孺子入井，自然知恻隐。此便是良知。不假外求。若良知之发，更无私意障碍。即所谓"充其恻隐之心，而仁不可胜用矣"。然而常人不能无私意障碍，所以须用致知格物之功，胜私复理。即心之良知更无障碍，得以充塞流行，便是致其知，知致则意诚。这段话告诉我们良知是人人内心都所具有的，不需要到外面去求。不管贵族还是平民，甚至乞丐，都是有良知的。只是很多人的良知被蒙蔽了，所以需要格物，恢复良知的本来面目。

格物致知告诉人们做任何事情都与内心有着密切的关系，比如贪心有可能会加速消沉甚至灭亡等。只有我们把内心的问题解决了，才能做好外在的事情，而要解决内心的问题就要格物。在这一层面上看，致知是我们所要达到的目标，格物则是达到目标的一种手段。古人说：修身、齐家、治国、平天下。"平天下"是我们追求的最高境界，要做到这一点就要从最初的修身做起，而修身就必须要格物。

常言道"一事不知，学者之耻"，这句话的真正意义在于勉励求索者不断思考，不断进取，不断地去格物致知，提升自己各方面的修养。天下万事万物的道理无穷尽，而人的认识是有限的；天下道德修养何其高，而每个人能达到的水平不一。因此，每个人都不能满足于已有的，而要利用现有的，去研究新领域以及新事物，长此以往，就能达到"豁然贯通"的地步，自己的人生境界也必然会得到相应的提高。

【点睛之笔】

应有格物致知精神。

7. 博闻与约礼的功夫

【原文】

爱问："先生以'博文'为'约礼'功夫①，深思之未能得，略请开示。"

先生曰："'礼'字即是'理'字。'理'之发见可见者谓之'文'，'文'之隐微不可见者谓之'理'，只是一物。'约礼'只是要此心纯是一个天理。要此心纯是天理，须就'理'之发见处用功。如发见于事亲时，就在事亲上学存此天理；发见于事君时，就在事君上学存此天理；发见于处富贵贫贱时，就在处富贵贫贱上学存此天理；发见于处患难、夷狄时，就在处患难、夷狄上学存此天理。至于作止、语默，无处不然，随他发见处，即就那上面学个存天理。这便是'博学之于文'，便是'约礼'的功夫。'博文'即是'惟精'。'约礼'即是'惟一'。"

【注释】

①博文、约礼：语出《论语·雍也》"君子博学于文，约之以礼，亦可以弗畔矣夫！"

畔，通"叛"。

【译文】

徐爱问："先生将'博文'当作是'约礼'的功夫，对此我加以深思但还不是很明白，因此向先生请教，请您帮我讲一讲。"

先生说："'礼'即是'理'，'理'表现出来就是'文'，'文'中隐藏看不见的就是'理'，'礼'、'理'其实是一回事。所谓'约礼'便是让心精纯地符合天理。而要做到让心纯然符合天理，就须要把功夫下在'理'表现出来的地方。比如表现在侍奉双亲上，就要在侍奉双亲上学着存养天理；表现在侍奉君王上，就要在侍奉君王上学着存养天理；表现在身处富贵贫贱上时，就在富贵贫贱上学着存养天理；表现在身陷患难夷狄时，就在患难夷狄的处境中学习存养天理。至于是行动还是静止、说话还是沉默，随时随地都不能忘了存养天理，无不如此。这就是'博学之于文'，在'文'中求'博'，也就是'约礼'的功夫。'博文'就是'惟精'，就是要在万事万物上广泛地学习存养天理，而目的就是求得至精至纯。'约礼'就是'惟一'，就是用礼来约束人与天理的统一，而天理只有一个。"

【经典导读】

王阳明所说的"博文约礼"并非我们通常理解的广求学问、恪守礼法。王阳明曾经说过：一天做好事并不难，难的是天天做好事。他告诉我们约礼就是要博文，或者说要去人欲存天理，就必须在事情上磨炼。如在事亲上、在事君上学习存此天理，在富贵的时候，在贫贱的时候，在安逸的时候，在患难的时候，都要学习存此天理。无论行动或是休息的时候，还是说话或者沉默的时候，都要学习存此天理。总而言之，就是要时时、处处、事事学习存此天理。在阳明先生看来，博文和约礼是不可分割的一物，就像知与行是一物那样。

王阳明认为人要想提高道德修养就需要约礼，约礼就是要去人欲存天理，这就要求人们"此心纯乎天理"。而要达到此心纯乎天理的境界，就必须要在事情上用功，在事情上磨炼，在事情上存此天理。宝剑锋从磨砺出，梅花香自苦寒来，不经历风雨怎么见彩虹，这些都是内心修炼的极好例证。

按照王阳明的说法：博文是约礼的功夫。那么要提升道德的修养，就必须在日常生活中发生的事情上磨炼，比如当我们遭遇失败、挫折，伤心痛苦的时候就是需要我们用功的时候，的确，越是在这样的情况下，我们越要坚定自己的心志，磨炼自己坚毅的品格。历史上很多伟大人物他们面临危险，仍能镇定沉着，这便是平时磨炼的结果。这些平时的磨炼修炼了他们的内心，锻造了他们的精神，让他们在人生最落魄、最困难的时候，仍能东山再起、卷土重来。这便是内心修炼的结果。对于我们来说，要学会的就是进行自我磨炼。

王阳明十一二岁在京师念书时，问塾师："何谓第一等事？"老师说："只有读书获取科举名第。"他当时说："第一等事恐怕不是读书登第，应该是读书学做圣贤。"尽管如此，他从年少时代起就从不循规蹈矩，所有记载都说他自少"豪迈不羁"。如十三岁丧母后，继母待他不好，他竟买通巫婆捉弄其继母，使得继母从此善待他。他学习并非十分用功，常常率同伴做军事游戏。年轻时他出游边关，练习骑马射箭，博览各种兵法秘籍，遇到宾客常用果核摆列阵法作为游戏。

去私欲、存天理，其实包含整个的心理状态，而这也通常因人而异、因事而异，以此心理状态就能妥当地应对所有的事情，但很多时候个人的修养是从所应对事情的成效来检验的，比如你固然可以认为自己已经去了私欲，但处理起事情来还是不行，就只能说你的心里还是存在私欲。虽然要在事情上去磨炼，但并不是经历越多，能力越强，事情办得越好。关键的是我们内心的改变有多大，提升有多大。博文和约礼实际上就是同一个事情。

徐醒民教授著的《儒学简说》中，精妙地解释了"博文约礼"：

文是诗书易礼等诸经的文字，是道德仁义的详细说明。其中有理论，有事实，总原则是教人学做圣贤，以及办理圣贤的事业。分开说，各经有各经的教化功能，诗经教人温柔敦厚，书经教人疏通知远，乐经教人广博易良，易经教人洁静精微，礼经教人恭俭庄敬，春秋之教则为属辞比事。十三经以外，尚有很多其他载道之文以及各种知识，学者随其能力所及，都要博学，然后方能把事理看得明白，而不至于固蔽不通，所以学文要博。

礼是实行，《白虎通·礼乐篇》说："礼之为言履也，可履践而行。"这是字义解释，若就功用解释，则礼就是讲做人做事的规矩，这规矩不是随意制定的，而是圣人取法于自然的秩序。所以《礼记·乐记篇》说："礼者天地之序也。"人类行为效法天地自然秩序，处人则有五伦十义，办事则有条理，修道则不杂乱无章。行为既须合乎秩序，那就要约束，愈约束愈精一，愈精一愈能行之有效。《论语·里仁篇》里，孔子曾告诉曾子："吾道一以贯之。"《卫灵公篇》里，孔子告诉子贡："予一以贯之。"《礼记·中庸篇》："知仁勇三者，天下之达德也，所以行之者一也。"由此知，非一不能修道，真正想修大道，必须选定一种方法才能用得上功夫。如果认为一种方法不够用，必欲兼用两种，那就无异于脚踏两只船，只待两船一开动，一条船也踏不住，失足落水之灾自不待言。所以修道只需一法，不需二法。

【点睛之笔】

良知与心的功夫，要想提高修养必须在道德上下工夫。

8. 真"心"本惟一

【原文】

爱问："'道心常为一心之主，而人心每听命'①，以先生'精一'之训推之，此语似有弊。"

先生曰："然。心一也，未杂于人谓之道心，杂以人伪谓之人心。人心之得其正者即道心，道心之失其正者即人心，初非有二心也。程子谓：'人心即人欲，道心即天理。'②语若分析，而意实得之。今曰'道心为主而人心听命'，是二心也。'天理'、'人欲'不并立，安有'天理'为主，'人欲'又从而听命者？"

【注释】

①道心、人心：语出《尚书·大禹谟》"人心惟危，道心惟微"。朱熹《中庸章句·序》云："必使道心常为一身之主宰，而人心每听命焉。"道心，指合乎天理的心；人心，指私欲之心。

②人心即人欲，道心即天理：语出《河南程氏遗书》"人心，私欲也；道心，正心也"。

【译文】

徐爱问："拿先生对'精一'的理解来推敲朱熹的'道心常为一身之主，而人心每听命'，这句话似乎有弊病。"

先生说："对。心只有一个。'道心'是指没有染上私心杂念的心，被私欲限制了的便称之为人心。同样，如果人心能够去除私欲也可成为道心，道心失去了纯正便变成了人心，原本就并不是说有两个心。程颐说：'人心即人欲，道心即天理'，这句话看似把人心和道心分开成两个，但实际上是把二者当作一体。而朱熹说'道心为主而人心听命'，这样就把心一分为二成为两个并存的概念了。'天理'、'人欲'根本上是不可能并存的，又怎会有'天理'为主，'人欲'服从'天理'的道理呢？"

【经典导读】

在王阳明看来，人只有一颗心，即支配行动的只有一个主导意识。所谓主导，即是决定支配的作用，即荀子所说："自禁也，自使也，自夺也，自取也，自行也，自止也。"心首先是一种主宰性。"天没有我们的灵明，谁去仰它高？地没有我们的灵明，谁去俯它深？"根据这种说法，一切感性认识和理性思维认识，都是由这种灵明主宰而升华。世间一切学问道理、心性智慧、经营灵感都是由心性中浓缩迸发出来的。心理思想的培养，要有独立主宰的精神，去伪存精前人的学术，发挥个体劳动的功能，人心智慧的成果才能显示出来。

很多人可能会疑问："人有很多心啊，比如理想之心、孝心、爱心、生存之心，等等，又怎么会只有一颗心呢？"实际上，我们平常所说的这些心都是在那唯一的一颗主导之心下产生的做事的动机，阳明的"一个心"是从支配行动的意志说的，但是在它的形成过程中也会因具体情况产生不同的行为动机的。

在现实生活中，人们对自己命运的把握，往往采取顺其自然的态度。心存宿命之类的意念，这本身就说明了人们对于个人意志的怀疑与不自信，同时也反映了试图逃避意志自由，以及由此带来的不确定和不安定感的心理倾向。

灵明和主宰是最纯朴的人性真、善、美，灵明和主宰高于一切、创造一切。心性灵明和主宰的恢复，对认识真理、获得智慧，发展精神文明，完善道德，经营人生事业等，具有决定性的作用。心无所用，便是放心；心有所用，便是灵心。放心使人昏散愚昧外驰，用心使人活泼灵敏中敛。我们常常说增强自觉性，避免盲目性。其实所谓自觉性，相当于心理学家说的灵明和主宰；所谓盲目性，相当于我们所说的放心，即丢失本心。其实真理或智慧就在平凡之中，百姓日用而不知，久闻而不悟其真义，久感而不觉其理，究其根源都是"放心"麻醉了我们的心灵。

面对人生的种种诱惑，在做出人生的选择时，我们都会很容易放弃我们原本的本心理想，因为那种诱惑力已经掩盖了来自心里底层的理想呼唤的声音。

前几年，许多大学生觉得学习出来未必能找到一份好工作，不如像比尔·盖茨那样，中途辍学，出去创业，然后创造出属于自己的一片天地。可是，很多大学生的创业思想不够成熟，把创业想象的很简单，以至于最终创业以失败而告终。

并不是所有的人都有比尔·盖茨那样的才能，并不是所有的人通过创业就能致富，盲目地追随只会导致自己迷失方向。此时的自己应该追随本心去追求自己的理想，因为那才是真正符合你的，并且是你想要做的事，即使自己在这个过程中经历许多风险和挫折，最终自己也不会觉得后悔。就像李开复那样，为了到谷歌中国工作，想通过谷歌中国那个平台来帮助中国更多的青年，实现自己的理想——"世界因你而不同"，不惜辞掉微软的那份好工作，来到IT界的新生力量谷歌中。可是这个过程并没有十分顺利，反而相当的曲折。面对微软公司的法律诉讼，李开复在辞职微软后的两个月中都是经历着地狱般的磨炼，经常要取证，接受谷歌聘请的律师的庭前审讯练习，以及在法庭上接受微软律师的刁钻问题。更加痛苦的是，自己的所有隐私权被微软在媒体面前暴露出来，家人都受到各方面的压力，很多人都劝说他放弃。可是他依然追随本心，相信自己的坚持会能达到自己的理想国——帮助更多的中国青年走向成功。最终，他如愿以偿，帮助更多有才能的中国青年发挥自己的才能。

人的精神活动有一基本特征，即具有惰性和滞留性倾向，它一旦接触到一个对象或者形成一个意念、一种情感，往往会陷于其中而不能自拔，受其蒙蔽和支配，丢失活力和创造性。人的这种盲目性具体表现极多，诸如形成一种经验和观念后，看重一种理论、学说，并且将它凝固化、绝对化，排斥别的理论和学说，形成一种自围思维模式。即以它为框框，画地为牢，不敢越雷池半步。或者产生一种情感，即成为情感的俘虏，受其控制。由于这种人性的惰性和滞留性，人们往往表现为各种各样的片面性，见小不见大，见近不见远，好古而非今；或重今而弃古，见物不见人；见人不见物，对人爱之不见其短，恨之否认其长，等等。

所有这些现象产生的主观根源，归根结底都是人的心性灵明和主宰没有感悟，没有通达。面对这种情况，我们够做的就是追随自己的本心，本心指引着我们前进的方向，寻觅心中最真的自己，用真心引领自己往前走。拿人的理想来说，每个人心中都有自己的理想，找到自己本心的理想，不为外物所动，坚持下去，终能到达成功的彼岸。

心性智慧理应成为现代人的生存智慧。人生的谋略离开人性的灵明和主宰，就像那些身不由己、跳向蛇口的青蛙一样，在稀里糊涂的情况下栽了跟头。把命运牢牢掌握在自己手心，要时刻警惕自己的惟一"真心"被势利丑恶的垃圾所污染，经常审视自己，叩问心灵，打扫思想之屋，保持清新洁净，让真理和美德扎根在心灵的土壤，让真理和美德的阳光照彻我们的思想，我们就会感受到心灵的自由和生活的快乐。

【点睛之笔】

心本为一体，人心只唯一，浮世之人理应追随本心，千万不要"放心"，要时时刻刻"用心"。打造自己，经营"真心"的方舟，"不管风吹浪打，胜似闲庭信步"。

9. "抄袭"人生无新意

【原文】

爱问文中子、韩退之。[1]

先生曰："退之，文人之雄耳。文中子，贤儒也。后人徒以文词之故，推尊退之，其实退之去文中子远甚。"

爱问："何以有拟经之失？"

先生曰："拟经恐未可尽非。且说后世儒者著述之意，与拟经如何？"

爱曰："世儒著述，近名之意不无，然期以明道；拟经纯若为名。"

先生曰："著述以明道，亦何所效法？"

曰："孔子删述《六经》[2]，以明道也。"

先生曰："然则拟经独非效法孔子乎？"

爱曰："著述即于道有所发明，拟经似徒拟其迹，恐于道无补。"

先生曰："子以明道者，使其反朴还淳而见诸行事之实乎，抑将美其言辞而徒以诳诳于世也？天下之大乱，由虚文胜而实行衰也。使道明于天下则《六经》不必述，删述《六经》，孔子不得已也。自伏羲画卦至于文王、周公，其间言《易》如《连山》、《归藏》[3]之属，纷纷籍籍，不知其几，《易》道大乱。孔子以天下好文之风日盛，知其说之将无纪极，于是取文王、周公之说而赞之，以为惟此为得其宗。于是纷纷之说尽废，而天下之言《易》者始一。《书》、《诗》、《礼》、《乐》、《春秋》皆然。《书》自《典》、《谟》④以后，《诗》自《二南》⑤以降，如《九丘》、《八索》⑥，一切淫哇逸荡之词，盖不知其几千百篇《礼》、《乐》之名物度数，至是亦不可胜穷，孔子皆删削而述正之，然后其说始废。如《书》、《诗》、《礼》、《乐》中，孔子何尝加一语？今之《礼记》诸说，皆后儒附会而成，已非孔子之旧。至于《春秋》，虽称孔子作之，其实皆鲁史旧文；所谓'笔'者，笔其书，所谓'削'者，削其繁，是有减无增。孔子述《六经》，惧繁文之乱天下，惟简之而不得，使天下务去其文以求其实，非以文教之也。《春秋》以后繁文益盛，天下益乱。始皇焚书得罪，是出于私意，又不合焚《六经》，若当时志在明道，其诸反经叛理之说悉取而焚之，亦正暗合删述之意。自秦汉以降，文又日盛，若欲尽去之，断不能去，只宜取法孔子，录其近是者而表章之，则其诸怪悖之说亦宜渐渐自废。不知文中子当时拟经之意如何，某切深有取于其事，以为圣人复起不能易也。天下所以不治，只因文盛实衰，人出己见，新奇相高，以眩俗取誉，徒以乱天下之聪明，涂天下之耳目，使天下靡然，争务修饰文词以求知于世，而不复知有敦本尚实、反朴还淳之行。是皆著述者有以启之。"

【注释】

①文中子：王通（584～618），字仲淹，隋朝绛州龙门（今山西河津）人。曾仿《春秋》、《论语》著《元经》、《中说》等，主张儒、佛、道三教合一，以儒为主。韩退之：韩愈（768～824），字退之，唐朝河阳（今河南孟县）人，倡导儒学，排斥佛、道。著有《韩昌黎集》。

②孔子删述《六经》：孔子晚年编修删改《诗经》、《尚书》、《礼记》、《乐经》、《易经》和《春秋》六种经典，即后世所谓《六经》。

③《连山》、《归藏》：《连山》相传为夏朝的《易》，《归藏》相传为商朝的《易》，后都失传。

④《典》、《谟》：指《尚书》中的《尧典》、《舜典》、《大禹谟》、《皋陶谟》和《益稷谟》，共称为二典三谟。谟，计谋、谋略。

⑤《二南》：即《诗经》中的《周南》、《召南》两篇。

⑥《九丘》、《八索》：远古时代的书名。孔安国《古文尚书序》："八卦之说，谓之《八索》，九州之志，谓之《九丘》。"

【译文】

徐爱问先生对王通和韩愈两个人的看法。

先生说："韩愈是文人学士中出类拔萃的人，王通则是贤明鸿儒。因为文章诗词的缘故，后人相对更加推崇韩愈，但实际上韩愈比王通差很远。"

徐爱问："那么如何解释王通仿作经书这种过失呢？"

先生说："也不能够全盘否定仿作经书的事。后世儒生们著书立说、阐经述曲的用意和仿作经书有什么不同呢？"

徐爱说："后世儒生们著书讲经虽不无邀名之嫌，有追求名声的私心，但其主要目的还是在于阐明圣道，仿作经书纯粹是为了个人的名利。"

先生说："为了阐明圣道而著书讲经，效仿的是谁呢？"

徐爱说："孔子删改过《六经》以阐明圣道，效仿的是他。"

先生说："那么仿作经书不也是效法孔子吗？"

徐爱说："著书论经会使圣经有所发挥，并让之通晓，但仿作经书似乎只是模仿圣人的学说，对圣道恐怕并没有什么好处。"

先生说："那你认为阐明圣道，是使天理返璞归真使之付诸于实事呢，还是利用华美的言辞招摇过市呢？之所以会天下大乱，就是因为虚文兴盛而缺少实践。假如圣道大白于天下，那么《六经》也不必删改了。孔子也是不得已而删改《六经》。从伏羲画八卦到周文王、周公，期间解释过《易经》的有《连山》、《归藏》等，林林总总，数不胜数。使得《易经》的圣道弄得极其混乱。孔子觉得天下喜好文藻的风气每日剧增，知道《易经》将会被歪曲，于是倡导文王、周公的学说，把他们的学说视为《易经》的正宗。从此其他的学说都被废止，天下对于《易经》的阐述得以统一。《书》、《诗》、《礼》、《乐》、《春秋》也都是这样统一的。《书》自《典》、《谟》以后，《诗》自《周南》、《召南》以后，像《九丘》、《八索》等，所有淫秽逸荡的词句共有成百上千篇。《礼》、《乐》中的名物制度也是数不胜数。孔子作出了正确的阐释，把之前一一删除，废止了其他乱七八糟的学说。《书》、《诗》、《礼》、《乐》等书中，孔子删除时并没有增加过自己的言论。如今《礼记》中的众多阐述，并非孔子删改的原本，大都是后世儒生的附会。至于《春秋》，虽然后人认为作者是孔子，但实际上是鲁国旧史书中的文字，只是经过孔子的整理削述。摘录原文、去掉繁杂，只有减少而无增加。孔子把《六经》删减到不能再减了，以免纷华浮逸的文辞扰乱天下人心，使天下人从此抛弃华丽的文饰注重文章的实质，而不是用虚逸淫荡的文辞来教化天下。《春秋》以后，各种华而不实的文辞日益兴盛，天下大乱。秦始皇焚书留下千古罪名，是因为他这样做是出于控制天下的私心，把《六经》也焚毁了。如果当时他旨在阐明圣道，将那些离经叛道的学说悉数焚毁，就会暗合了孔子删改《六经》的本意。自秦汉之后，繁文又一天天兴盛起来，如果想要除尽此风是不可能的，因此只能效法孔子，摘录那些接近真理的阐释加以宣传表彰，那些怪理悖论也就会慢慢地自行消亡了。虽然我不知道王通当初仿作经书的本意何在，但我深切地体会到，他的做法是有可取之处的。我想即使圣人复活，是不会阻止他的。天下纷乱的原因，正在于盛行浮华的文风，求实之风却日渐衰败。人们标新立异，各抒己见，为了取得功名不惜哗众取宠，扰乱天下人的思绪，混淆大家的视听。使得天下人争着崇尚虚文浮词，在社会上争名夺利，忘记敦厚实在、返璞归真的品性。这些都是那些阐述经典的人所开启的。"

【经典导读】

在本段文字中阳明先生通过评判韩愈和王通，流露出对王通的欣赏。他欣赏王通的理由很简单，就是因为王通能在繁文盛行之时，以"拟经"之法倡导"真实返淳"，即自我作古，不依傍他人，凭借自己的真才实学著书立说。这与王阳明提倡精神独立，写文章应拿出自己的真学问，而不是一味的抄袭名人名著的思想不谋而合。就当今社会而言，浮躁气息益盛不衰，实干之人渐次减少，学者的著书立说亦是一片混乱状态，学术不端正问题日益显现，抄袭者更是屡见不鲜。

人们之所以不快乐，是因为他们适应不了社会，或者说随波逐流于社会的负面浪潮中。其实，在疲于奔命的过程中，我们往往忽略了原创自己的生活，抄袭可能给我们带来一时的"方便"，却让我们的心背上了不安的包袱。只有原创自己的生活，创新自己的人生，我们才能心安理得地享受追求的快乐。

一位名人曾说过：一个人只有拥有了他人不可替代的能力，才会使自己永远立于不败之地。让自己的地位坚不可摧，就需要让自己具有不可替代性。对于我们来说，就是挥舞创新之剑，用创意全面展现自己的才华，成为不可替代的人。

世界著名物理学家李政道，在一次听完演讲后，知道非线性方程有一种叫孤子的解。他为了彻底弄清这个问题，几乎找遍了所有关于孤子理论的资料，然后这位大名鼎鼎的物理学家关起门来，专心致志地研究了一个多星期，寻找别人在这方面的研究中存在的缺陷和弱点。

后来他发现，所有的文献都只是研究一维空间中的孤子。而在他所熟知的物理学中，意义更广泛的是三维空间，这是一个不小的缺陷和漏洞。

对此，他经过几个月的深入研究，提出了一种新的孤子理论，并用这套理论处理三维空间的某些亚原子过程，终于取得了丰硕的成果。

一个人要想让自己的生活充满新意，就需要有创新意识，有自己的判断取向，不随人俯仰，不与世沉浮，不抄袭他人的人生，这样才有可能为人所称道。

抄袭别人不可取，抄袭自己同样是一种错误的行为。在美国学术界，自己抄自己也会被定义为抄袭。美国政治科学协会（APSA）、美国公共管理协会（ASPA）、美国计算机协会（ACM）、美国心理学学会（APA）等专业协会以及各类学术期刊都专门发表过学术道德规范反对自我抄袭，要求如有引用本人之前所出版过的言论都必须注明出处，否则即为抄袭。如果是正式出版物出现这样的问题，则不仅是行业内的声誉问题，更有可能面临版权方面的法律纠纷——出版商会收回之前的出版品并追究其法律责任。

创新是生命的灵魂，是使人保持旺盛生命力的基础，是取得竞争优势、立于不败之地的法宝。时刻虚心学习、永远大胆创新，是每一个有志之士必须具备的精神。现实生活中充斥着各种各样的抄袭事件不得不让我们深思：我们该怎么看待抄袭与创新？

正确的看待抄袭与创新是勇于创新的关键之一。我们必须正确看待抄袭与在继承基础上的创新。纵观历史，我们可以发现现在许多简洁方便的设备都是在"抄袭"与创新的过程中一步步成长起来的。人类历史上第一台电子计算机是由美国的宾西法尼亚大学创造的，可是它的机身笨重，有好几间房子那么大，而且内存少、速度慢，于是聪明的人类对其创新改造，于是电脑便一代比一代好，一代比一代强，直到今天，笔记本电脑应运而生。电脑的发展，经历了一个不断创新，不断改造的过程。而这个改造的过程正是后人在前人的基础上勇于突破的结果。如果我们一味地抄袭，没有新的突破，我们的社会永远不会进步，人类得益于科技，科技得益于创新，而创新不就像牛顿所说的那样站在巨人的肩膀上从而超越巨人吗？

因此，我们需要仔细辨别，反对真正的抄袭；区别对待站在巨人肩膀上的创新，切勿因为反对抄袭而抹杀了创新的火花。我们生活在一个日新月异的时代，每个人都应该多动动脑子来创新，我们可以经常动脑子想一想，今天的创新是什么，而不是被动地"为生活所迫，抄袭昨天的生活"。

【点睛之笔】

抄袭的人生是要不得的，人生还要靠创新来为其注入新的真意。

10. 莫持功利之心

【原文】

爱曰："著述亦有不可缺者，如《春秋》一经，若无《左传》，恐亦难晓。"

先生曰："《春秋》必待《传》①而后明，是歇后谜语矣，圣人何苦为此艰深隐晦之词？《左传》多是鲁史旧文，若《春秋》须此而后明，孔子何必削之？"

爱曰："伊川亦云：'《传》是案，《经》是断。'如书弑某君，伐某国，若不明其事，恐亦难断。"

先生曰："伊川此言恐亦是相沿世儒之说，未得圣人作经之意。如书'弑君'，即弑君便是罪，何必更问其弑君之详？征伐当自天子出②，书'伐国'，即伐国便是罪，何必更问其伐国之详？圣人述《六经》，只是要正人心，只是要存天理去人欲，于存天理去人欲之事，则尝言之，或因人请问，各随分量而说，亦不肯多道，恐人专求之言语，故曰'予欲无言'。若是一切纵人欲、灭天理的事，又安肯详以示人？是长乱导奸也。故孟子云：'仲尼之门，无道桓、文之事者。是以后世无传焉。'此便是孔门家法。世儒只讲得一个伯者的学问，所以要知得许多阴谋诡计，纯是一片功利的心，与圣人作经的意思正相反，如何思量得通！"因叹曰："此非达天德③者，未易与言此也！"

又曰："孔子云：'吾犹及史之阙文也。'④孟子云：'尽信书，不如无书。吾于《武成》取二三策而已。'⑤孔子删书，于唐虞夏四五百年间，不过数篇。岂更无一事，而所述止此？圣人之意可知矣。圣人只是要删去繁文，后儒却只要添上。"

【注释】

①《传》：指解释《春秋》的三传《左传》、《公羊传》、《谷梁传》。

②征伐当自天子出：语出《论语·季氏》"孔子曰：天下有道，则礼乐征伐自天子出；天下无道，则礼乐征伐自诸侯出"。

③天德：与天同德，意为道德极其高尚。语出《中庸》"苟不固聪明圣知达天德者，其孰能知之"。

④吾犹及史之阙文也：语出《论语·卫灵公》"吾犹及史之阙文也，有马者借人乘之。今亡矣夫！"

⑤尽信书不如无书，吾于《武成》取二三策而已：语出《孟子·尽心下》。《武成》为《尚书》中篇名，记载武王灭商后，与大臣商量怎样治理商地等。

【译文】

徐爱说："后世文人的一些著书阐述也是必要的，以《春秋》为例，假如没有《左传》作为它的注解，后人恐怕难以读懂。"

先生说："如果必须有《左传》为《春秋》注解，众人才会明晓，那岂不是像歇后语一样了。圣人为什么要写如此隐晦难懂的文章呢？《左传》的文章大多来自鲁国旧史书，如果《春秋》必须有《左传》作注才能看得明白，那么孔子又何苦费神将鲁史删改为《春秋》呢？"

徐爱说："程颐先生也曾说过：'《传》是案，《经》是断。'比如《春秋》中记载弑某君、伐某国，如果不明白整件事的来龙去脉，恐怕对这件事也难以判断。"

先生说："程颐先生说这句话，恐怕也是沿袭了世俗儒生的说法，而没有明白圣人作这些经书的本意。既然《春秋》记载了'弑君'，就是说弑君本身就是大罪，他杀害国君的细节又何足多言？征讨本就应该由天子授权，书中写伐国，那伐国本来就是犯罪，便无需多言伐国的详细情况。圣人阐述《六经》，只是为了正人心，存天理、去人欲。关于这些，孔子也是在有人请教的情况下才因人因时酌情作些解说，但也绝不会说太多，害怕人们会拘泥于辞藻。因此他对子贡说'我不想说什么了'。圣人绝不肯把一些放纵私欲、毁灭天理的事详细地告诉人们，因为那会助长混乱、引导奸邪的。所以孟子说'仲尼之门，无道桓、文之事者'，这是孔门的家法。后世儒生只研究霸道的学问，所以他们就要懂得许多阴谋诡计，这纯粹是功利之心，与圣人作出经书的目的正好相反，怎么可能理解《春秋》一书呢？"说到这里，先生慨叹道："如果不是通达天理的人，和他们也很难谈到这个！"

先生又说："孔子说：'我还遇到过史书里有疑点的地方。'孟子说：'全然相信《尚书》，倒不如没有《尚书》。《武成》这篇文章里我只取两三节罢了。'孔子删改《尚书》，即使是尧、舜、夏朝四五百年的历史，也存留不过仅有的几篇。难道再没有一件事可写了吗？但他就阐述了仅有的这几篇，圣人的用意显而易见了。实际上圣人是要去繁就简，但是后世儒生却硬要往里添加繁文。"

【经典导读】

在这里王阳明进一步阐明"理"是心之本体，"文"是显现于外的形体，用文辞教化天下，必然使人舍本逐末，忘却天理，失去本心而扰乱天下。这里面深涵着他的独特见解，在阳明先生看来圣人是诚达天德的人，他们著述的六经，是为了教化民众，淳朴人心，反归天理的。孔子删略"六经"，也是防止后人只注意一些细微末节（功名利禄），而忽视了禹、汤、文王三代治理天下的根本。究其根本，王阳明是要告诉我们不论做什么，都不应将功利之心放在首位。

舍利而取义的人，不只赢得对手的敬佩，更能赢得世人的尊重。在金钱与权力面前，良好的本心与正直的价值观越来越受到冲击和质疑。

在追逐成功的人生道路上，获得一定的社会地位是成功的一个重要方面。然而，地位有两层涵义。一是外在的权位高低，一是在众人心目中的位置。有远见之人看重"赢得生前身后名"，鼠目寸光之人只见眼前的风光而听不到背后的骂名。道德败坏之人，无不因其外在的权位而一时风光，然而背负着世人的唾骂却不自知。王阳明忠君爱国，体恤百姓，鞠躬尽瘁，死而后已，因此流芳百世；而与王阳明同时代的刘瑾，狡诈得权，肆意贪污，在世人心中留下了骂名。

俗语有云："阎王好惹，小鬼难缠。"意思是，有一定身份地位的人，因其注重道德高尚而比较容易与人相处，即使产生矛盾也可以通过讲道理来化解；那些无足轻重的小鬼，道德品质败坏，喜欢通过恃强凌弱来满足私欲，因而不好对付。生活中的确存在这样的鲜明对比，例如大人物会因顾及名誉声望等原因，在为人处世方面表现得彬彬有礼，较为宽宏大量；而市井流氓则蛮不讲理，通过撒泼斗殴来解决事端。

只有在看到利益的情况下才会付出行动的做法就是功利行为，功利偏重于唯利是图。当今社会，激烈的竞争使得人们不停地追赶利益。然而，极具功利心的人，很难享受到生活的乐趣。这是由于在他们的心中始终有一个狭隘的目标牵着他们，无法预知的结果左右着他们的生活，让他们惶惶不可终日。面对功利的诱惑，人需要保持一份清醒与理智、平和与淡然。

现代著名作家钱钟书可谓无功利之心的典范。钱钟书先生不抱功利之心，远离虚名，他不愿意当"焦点"，谢绝出镜，一门心思著书立说，人淡如菊，心静若水。如此为人为文，自然为学界所称道。

老作家孙犁，曾经烽火戎马，从不居功自傲，宁静自处，春兰气韵，秋水文章，领自然清丽的荷花淀派风骚。赵朴初先生《宽心谣》云："日出东海落西山，愁也一天，喜也一天；少荤多素日三餐，粗也香甜，细也香甜；新旧衣服不挑拣，好也御寒，赖也御寒；常与知己聊聊天，古也谈谈，今也谈谈……"

曹操说：不得慕虚名而处实祸也。意思是不能因为名声或面子，从而为自己带来祸患，这就是一种远离功利的态度。无功利之心是人生的大智慧，功利之人，往往肤浅无知，寂寞无依。他们的灵魂只能随风飘荡，因为他们无法找到灵魂的栖息之所，他们缺少精神的家园。他们忙于追名逐利，被排斥在人群之外。即使暂时获得了肉体之欢，精神之悦，但那注定短暂，围绕他们的是永久的孤独。

【点睛之笔】

放开自己所持的功利之心，自己才能有暇思索生活、规划人生。看淡功利，是以一个纯真的灵魂和一颗平常心对待生活和人生。行于世间，我们应该学会清理自己的思路、享受生活、感悟生命。

11. 贵在朴实无华

【原文】

爱曰："圣人作经，只是要去人欲、存天理。如五伯以下事，圣人不欲详以示人，则诚然矣，至如尧舜以前事，如何略不少见？"

先生曰："羲黄之世，其事阔疏，传之者鲜矣。此亦可以想见，其时全是淳庞朴素，略无文采的气象，此便是太古之治，非后世可及。"

爱曰："如《三坟》①之类，亦有传者，孔子何以删之？"

先生曰："纵有传者，亦于世变渐非所宜。风气益开，文采日盛，至于周末，虽欲变以夏商之俗，已不可挽，况唐虞乎？又况羲黄之世乎？然其治不同，其道则一。孔子于尧舜则祖述之，于文武则宪章之。②文武之法即是尧舜之道，但因时致治，其设施政令已自不同。即夏商事业施之于周，已有不合，故'周公思兼三王，其有不合，仰而思之，夜以继日'③，况太古之治，岂复能行？斯固圣人之所可略也。"

又曰："专事无为，不能如三王之因时致治，而必欲行以太古之俗，即是佛老的学术；因时致治，不能如三王之一本于道，而以功利之心行之，即是伯者以下事业。后世儒者许多讲来讲去，只是讲得个伯术。"

又曰："唐虞以上之治，后世不可复也，略之可也。三代④以下之治，后世不可法也，削之可也。惟三代之治可行，然而世之论三代者，不明其本而徒事其末，则亦不可复矣。"

【注释】

①《三坟》：相传为伏羲、神农、黄帝之书。

②祖述、宪章：借为效法、遵循前人的行为或学说。

③"周公"四句：语出《孟子·离娄下》"周公思兼三王，以施四事。其有不合者，仰而思之，夜以继日；幸而得之，坐以待旦"。

④三代：夏、商、周谓之三代。

【译文】

徐爱说："孔子作《六经》，目的是要去人欲、存天理。因此孔子不想将春秋五霸之后的事详细地展示给世人，这是自然的。但尧舜以前的事，为什么也略而不论呢？"

先生说："一来，伏羲、黄帝，时代已经久远，事迹零散，可以想象流传下来的很少。而且那时世风淳朴，不会有注重行式、喜好华文的风气，这就是太古时期的社会状况，是后世不能相比的。"

徐爱说："也有流传下来《三坟》之类的书，但是孔子为什么把它们都删掉了呢？"

先生说："那些书即使有些流传下来，也会因时代的变化逐渐不合时宜。社会风气日益开放，文采日渐兴盛，世道沧桑，周朝末年的时候，要恢复夏商时期的淳朴风俗，已经不可能了，何况尧舜时的世风呢？太古时期的伏羲、黄帝的世风就更不可能挽回了。各国治理国家的具体方法尽管各不相同，他们遵循的天道准则都是一样的。孔子效法尧、舜和周文王、周武王。周文王、周武王实行的制度其实也就是尧、舜时的法则。但是他们都因时施政，因此制度政令会有所分别。夏、商的制度政令在周朝施行，就已经是不合时宜的了。所以周公对大禹、商汤及文王的制度吸收并举的同时，遇到有不合适的地方，就会反复琢磨，经过深思熟虑。更何况太古时的制度政令，更不可能再直接沿用？这些本然就是孔子可以略而不举的。"

先生又说："固执地想要恢复施行太古时的典章制度，只一味提倡采取无为而治的政策措施，而不能像三王那样因时施治，是佛教和老庄学派所宣扬的观点。春秋五霸以后的因时施治，不像三王一样遵循圣道，用道来一以贯之，而是存有功利之心来施政。后世儒生讲了很多，不过讲了些施行霸道之术而已。"

先生又说："后世不能再恢复唐尧、虞舜以前的治世了，因此可以删略。夏、商、周三代以后的治理方法，后世不能纯然效法，也可以删略。只有三代的治国方法是效法推行的，但是后世人们研究三代，并没有弄清楚其本质，而仅仅是探讨一些细枝末节，所以三代之治也不能恢复了！"

【经典导读】

王阳明提倡反朴还淳，崇尚先圣经典，他主张将"理"落实到日常生活中去。每个时代应有每个时代不同的治术，不过王阳明更加看重伏羲、黄帝时代的"民风淳朴"，他认为那是后世无法比拟的。王阳明认为，淳朴之风对国家，对社会来讲都极为重要。

一般来说，涉世不深的人，阅历不多，沾染的不良习惯也少；而阅历丰富的人，其恶习权计与其阅历也是成正比的。所以，人生于世，与其精明老练，熟悉人情世故，不如朴实淳厚；坦荡无华。

写文章讲究舍繁就简，其实不仅写文章如此，做人也是如此，褪去繁华外表，我们应该寻找的是心灵的那份宁静和生命本原的朴实。

隋炀帝期间，各周边附属国来朝见，隋炀帝为了显示天朝的恢弘气势，在东都洛阳的宫殿正门外，为他们演出各种散乐和杂技，整整坚持了一个月，仅此项开支，耗资达万计。为了显示天朝的物资丰富，命令沿街的住户都装饰成店铺，并指令各酒肆饭庄，外国人从门前经过，必须都要让进屋里，吃饱喝足后，不必付钱，并骗他们说，中国太富饶了，喝酒吃饭历来不要钱。用丝织品将树缠上，用意是说，中国富得连树都要穿绫罗绸缎。

众所周知，隋炀帝是我国古代有名的奢侈之君。他的穷奢极欲使他尽失民心，众叛亲离。

人生的真谛在于朴实的生活，繁华褪尽，到头来一切终为空明。朴实是生活的一种境界，它不但不会让你的生活乏味和苍白，反而会丰富你的内心，让你的内心的秩序井然；朴实也是一种对自我的自觉控制，它让你不为外在一时的荣辱或喜或悲，提高做人的境界！

"一个人要想引起他人的注意，不是靠你伸长脖子，瞪大眼睛，张大嘴巴，通常情况下，在喧哗的世界里一个不说一句话坐在那里的人，往往能吸引他人的注意"在这里不说一句话坐在那里就能引起别人注意的，靠的就是朴实的力量，这便是朴实无华对人的穿透和吸引。

曾国藩来自一个勤俭孝廉的淳朴的大家庭。他自结婚后，虽任侍郎，任总督，任大学士，直到封侯拜相，但他的家庭生活，仍然和青少年时期当农民一样，克勤克俭，戒骄戒躁，未有丝毫奢侈，处处都显示朴实无华的风采。

曾国藩的日常饮食只是以一荤为主。不是客到，绝不增加一荤。时人称之为"一品宰相"。其穿戴更是简朴，一件青缎马褂一穿就是三十年。曾国藩出将入相，每天日理万机，自晨至晚，勤奋工作，从不懈怠。主要公文，均自批自拟，很少让他人帮忙。晚年右目失明，仍然天天坚持不懈。他直到临死之前一日才停止坚持写日记的习惯。

在同治二年十二月十四日的家书中，曾国藩写道："吾家累世以来，孝弟勤俭……今家中境地虽渐宽裕，伍与诸昆弟切不可忘却先世之艰难，有福不可享尽，有势不可使尽。勤字工夫，第一贵早起，第二资有恒。俭字工夫，第一莫着华丽衣服，第二莫多用仆婢雇工。凡将相无种，圣贤豪杰亦无种，只要肯立志，都可以做得到的。伍等处最顺之境，当最富之年，明年又从最贤之师，但须立定志向，何事不可成？何人不可作？愿寻吾伍早勉之也。"

有道是"做官要学曾国藩"，现在看来，其崇朴尚实之风更是值得现在的每个人学习。

朴实是"度"，平朴实淡才不会迷醉，朴实的人处世坦坦荡荡，做人明明白白。懂得生活真谛的人是那些有机会贪而不贪，聪明智慧却不要阴谋、不玩花招的人，他们懂得质朴对一个人的重要性，因为一个人能朴实地生活，实属不易。一个人若能做到内心朴实就更为难得。每个人都有权利追求自己想要的生活和属于自己的外在物质，当然也可以通过自己的努力去获得更多的财富。可是，当外在的物质财富达到一定程度时，或者说获得的超越了自己所需的程度时，我们要做的就不应再是一味地追求和索取了。因为，如果只顾一味盲目地追求和索取，那么我们最终只会被表面的浮华所拖累。人人都有权利追求较好的物质生活，但不能以贪图享受、满足物欲为最终目标，任何时候朴实都是我们最珍贵的财富。

人心原本纯真无私、正直光明，随着年龄与阅历的增长，渐渐发现周围的许多人都是心有城府、尔虞我诈、钩心斗角、自欺欺人，便不由自主地随波逐流，放弃了自己的直心道场，让自己脱离了本心的同时，增加了生活的负担。因此，人不要刻意雕琢自己本性的棱角，要保持住生命中最朴素的东西。大浪淘沙沙去尽，沙尽之时见真金，大多数人都在浮华过后才意识到本色的可贵。既然如此，不如质本洁来还洁去，不要让尘世浮华沾染了原本纯洁的心灵。

用一颗朴实平和的心去面对一路的风景，把心灵都灌注到大自然中去，我们需要用好人生的减法，使自己达到返璞归真的另一重境界。如此才是犒劳自己的最佳方式。因为选择了朴实的人生，就等于选择了生活的安宁。

【点睛之笔】

务本当实，一颗质朴的心是这个世界的原始本色，没有一点功利色彩。就像花儿的绽放，树枝的摇曳，风儿的低鸣，蟋蟀的轻唱。它们听凭内心的召唤，是本性使然，没有特别的理由。

12. 传承中华文明

【原文】

爱曰："先儒论《六经》，以《春秋》为史。史专记事，恐与《五经》①事体终或稍异。"

先生曰："以事言谓之史，以道言谓之经。事即道，道即事。《春秋》亦经，《五经》亦史。《易》是包牺氏之史，《书》是尧舜以下史，《礼》、《乐》是三代史。其事同，其道同，安有所谓异！"

又曰："《五经》亦只是史，史以明善恶、示训戒。善可为训者，特存其迹以示法。恶可为戒者，存其戒而削其事以杜奸。"

爱曰："存其迹以示法，亦是存天理之本然，削其事以杜奸，亦是遏人欲于将萌否？"

先生曰："圣人作经，固无非是此意，然又不必泥着文句。"

爱又问："恶可为戒者，存其戒而削其事以杜奸，何独于《诗》而不删郑卫？先儒谓'恶者可以惩创人之逸志'②，然否？"

先生曰："《诗》非孔门之旧本矣。孔子云：'放郑声，郑声淫。'③又曰：'恶郑声之乱雅乐也。'④'郑卫之音，亡国之音也。'⑤此是孔门家法。孔子所定三百篇，皆所谓雅乐，皆可奏之郊庙，奏之乡党，皆所以宣畅和平，涵泳德性，移风易俗，安得有此？是长淫导奸矣。此必秦火之后，世儒附会，以足三百篇之数。盖淫泆之词，世俗多所喜传，如今闾巷皆然。'恶者可以惩创人之逸志'，是求其说而不得，从而为之辞。"

【注释】

①《五经》：指《诗》、《书》、《礼》、《易》、《春秋》，六经中《乐》已佚失，故称五经。

②恶者可以惩创人之逸志：语出朱熹《论语集注·为政篇》，意为记录历史上丑恶的事可以惩戒人们贪求安逸的思想。

③放郑声，郑声淫：意为禁绝郑国的音乐，郑国的音乐淫靡放荡。语出《论语·卫灵公》。

④恶郑声之乱雅乐也：意为厌恶郑国的音乐扰乱了高雅的音乐。语出《论语·阳货》。

⑤郑卫之音，亡国之音也：意为郑国、卫国的音乐淫靡放荡，足以亡国。语出《礼记·乐记》。

【译文】

徐爱说："朱熹论述《六经》时，把《春秋》算作史书一类。史书是专门记载具体的历史事件的，这恐怕和《五经》的体例宗旨有点差别。"

先生说："记事的角度看是史书，载道的角度看是经典。事实是天理的表现，所以天理就是事实。因此《春秋》也是经典，其余四经也可以看作是史书。《易》是伏羲氏时的史书，《尚书》是尧、舜之后的史书，《礼》、《乐》是夏、商、周三代时的史书。它们记载的事件是相类的，所遵循的天理也一样，差异从何而来呢？"

先生又说："《五经》也是史。明辨善恶、总结历史经验教训是史书的作用。善行可以供后世效法，因此特意保存具体而又典型的善事。而用来训诫的恶事，则保留可以警戒世人的部分而略去具体的恶行，以此杜绝后世模仿。"

徐爱说："保存善行供后人效法，是存天理的根本；而省略恶行以防止后世模仿，是为了把人的私欲遏止在萌芽状态吗？"

先生说："孔子作六经的本意无非就是这样，但读者要掌握其宗旨，而不是拘泥于文章中的词句。"

徐爱问："用来训诫的恶事，保留可以警戒世人的部分而略去具体的恶行，以杜绝后世模仿。那为何不删除《诗经》中的《郑风》、《卫风》呢？真的像朱熹所说'记录历史上丑恶的事可以惩戒人们贪图安逸的思想'？"

先生说："现在的《诗经》并非孔子所删定的旧本了。孔子曾说过：'不放郑国的音乐，郑国的音乐放荡淫靡。'又说：'讨厌郑国的音乐扰乱了高雅的音乐。''郑国和卫国的音乐是亡国的音乐。'这是孔门的家法。孔子所删定的《诗经》三百篇，都是纯正雅典的音乐，在祭祀天地祖先的场合和乡村中都可以演奏，能起到宣扬和平、涵养德行、移风易俗的作用，郑国和卫国的音乐怎么可能掺杂其中呢？这些只能助长淫乱，导致奸邪。想必是在秦始皇焚书之后，后世儒生为了凑足三百篇，穿凿附会而成。大概俗人多喜欢传唱淫逸之词，现在的大街小巷也还是这样。朱熹无法正确解释这种情况，不得已而说'记录恶事可以惩戒人们贪图安逸的思想'。"

【经典导读】

中华民族的历史可谓是一部人类文明史。其文化灿烂如日月；著述丰富，如烟似海。大略粗计其文集也当不下千余万卷之多。在阳明先生看来，历代的史书与先儒的经典著述，只是在体例上有各具匠心之别，然纵深发掘书中内涵，不难发现：先圣、先哲们的恢宏思路是大同小异的。其思路即是中华文明的精髓所在，五千年来，炎黄子孙们正是沿着这条大思路踏步而来的。

从上古至今，朝代更替，时代日新，社会制度也随之变换，但中华传统文化却得到了代代相传。众所周知，一个国家的传统文化是民族之魂，是世代不变的"理"。中国文化是中华民族的先人在改造自然、发展自己的过程中创造的物质财富和精神财富，它体现了中华民族对人生、对社会、对自然的认识及体悟，中华文化充满了先人的智慧，体现了中华民族的心理特征、文化传统、精神风貌、价值取向。

而中国文化的灵魂就是凝聚其中的中华民族精神。换言之，中华民族精神鲜明地体现在中华民族的文明史中，蕴藏在中华文化的典籍中，体现在古代仁人志士的思想和行动里。在我们的日常的生活中，每个人都应注意挖掘蕴藏的民族精神，这些民族精神可以概括为以下几点：以人为本的人道主义精神；团结统一、爱好和平的和谐意识；忧患意识和爱国主义思想；与时俱进、自强不息、变革的思想；浩然正气的正道之行和道德情操；有容乃大的开放意识和博大的胸怀；天下为公、大同小康的社会理想；天人合一、自然与社会统一性、整体性的思想；仁爱宽恕、厚德载物的精神；崇尚气节的人格修养；敦厚守信、忠于职守的诚实态度；国家利益至上的价值观念；舍生取义，勇于牺牲的英雄精神；尊老爱幼，孝敬父母的孝道传统；勤俭节约等。

其中"热爱祖国"是最让人血脉膨胀的四个字，热爱祖国作为中华民族的民族精神之一，不仅是中华民族团结统一的精神纽带，也是中华民族凝聚力和向心力的基本源泉，推动着中国社会向前迈进。这种精神，寄托着对民族命运的拳拳之心，倾注了对中华大地的兹兹之念，凝聚了对国家富强的殷殷之望。国家强盛，百姓幸福，这是爱国主义最为朴素的价值指向，也是无数仁人志士孜孜以求的奋斗目标。

古今中外，许多仁人志士都具有强烈的忧国忧民思想，以国事为己任，前仆后继，临难不屈，保卫祖国，关怀民生，这种可贵的精神，是世界各国民族兴旺的关键。今天，我国已步入新的历史时期，我国与世界各国的联系更加密切，机遇与挑战并存，我们将面临越来越多的新情况、新问题。推进我国改革开放的伟大事业，加快社会主义现代化建设的进程，更需要我们不断弘扬爱国主义的优良传统。只有这样，中华民族才能重振雄风，为人类文明与进步作出更大的贡献。享誉海内外的杰出科学家和中国航天事业的奠基人钱学森的爱国故事享誉华夏。

1950年，钱学森同志开始争取回归祖国，而当时美国海军次长金布尔声称："钱学森无论走到哪里，都抵得上5个师的兵力，我宁可把他击毙在美国，也不能让他离开。"钱学森同志由此受到美国政府迫害，遭到软禁，失去自由。

1955年10月，经过周恩来总理在与美国外交谈判上的不断努力——甚至不惜释放15名在朝鲜战争中俘获的美军高级将领作为交换，钱学森同志终于冲破种种阻力回到了祖国，自1958年4月起，他长期担任火箭导弹和航天器研制的技术领导职务，为中国火箭和导弹技术的发展提出了极为重要的实施方案——对中国火箭、导弹和航天事业的发展作出了不可磨灭的巨大贡献。

钱学森对祖国的忠诚和热爱成就了其伟大的人格。爱国主义既有历史的继承性，又有鲜明的时代性。如今我们所面临的时代，是经济全球化趋势日益深入的时代，是国与国之间的综合国力竞争日趋激烈的时代，也是中华民族的伟大复兴展现出灿烂前景的时代。作为中华儿女，我们每个人都应该热爱祖国的大好河山，积极维护祖国的主权独立和领土完整，祖国的领土寸土不能丢，不能被分裂侵占；要热爱祖国的历史和文化，树立民族自尊心和自信心，为创造更加辉煌的民族文化而努力。

不可否认的是在这个物欲横流的时代，中华文化越来越被世界认同和重视。1988年1月，75位诺贝尔奖金获得者在巴黎发表联合宣言，向全世界呼吁：21世纪人类要生存，就必须汲取2000年前孔子的智慧，必须重新认识东亚文明。一石激起千层浪，被视为全人类未来希望的西方文明一时成为众矢之的，被指责为 20 世纪诸多社会危机的罪魁祸首。这一现象很大程度上源于 20 世纪后期的两大奇迹：一是东亚崛起的奇迹；二是海外华人创造的奇迹。这一切都使人们体验到了延伸于海外的华夏文明之风采，也使人感受到了华夏文明的生命力之无穷。

在这样的时代，我们需要增强民族文化的认同感和归属感，让爱国主义的当代价值更加凸显。一个民族只有保持特性，才能在国际交流中保持独立的自我，才能在现代化进程中找到精神支柱。

【点睛之笔】

民族文化源远流长，取之不尽，用之不竭。

徐 爱 跋

徐爱问学

【原文】

爱因旧说汩没，始闻先生之教，实是骇愕不定，无入头处。其后闻之既久，渐知反身实践，然后始信先生之学为孔门嫡传，舍是皆旁蹊小径、断港绝河矣。如说"格物"是"诚意"①的功夫，"明善"是"诚身"的功夫，②"穷理"是"尽性"的功夫，"道问学"是"尊德性"的功夫，③"博文"是"约礼"的功夫，"惟精"是"惟一"的功夫，诸如此类，始皆落落难合，其后思之既久，不觉手舞足蹈。

【注释】

①诚意：语出《大学》"欲诚其意者，先致其知。致知在格物"。

②明善、诚身：明善，意为明察事理，了解什么是善。诚身，意为使自己的行为符合天理准则。语出《中庸》。

③道问学、尊德性：道问学，意为虚心学习，探究事理。尊德性，意为遵从道德规范。语出《中庸》。

【译文】

徐爱因为沉溺于程朱旧学中，受到程朱理学的影响较深，所以刚开始受到先生的教诲时，实在有点不知所云，寻不出头绪来。后来长时间得到先生的教诲，才渐渐回过头来，并笃行实践，由此开始相信先生的学说才是孔门的真传，其余都是旁门左道。比如先生所说的"格物"是"诚意"的功夫，"明善"是"诚身"的功夫，"穷理"是"尽性"的功夫，"道问学"是"尊德性"的功夫，"博文"是"约礼"的功夫，"惟精"是"惟一"的功夫。诸如此类的思想，刚开始实在难以理解，后来思考的时间久了，也就领会了其中意思，高兴得手舞足蹈。

【经典导读】

此段是学生徐爱向王阳明问学的结语。先生回答的内容总结为如下六条：

（1）"格物"是"诚意"的功夫。

王阳明关于格物致知的功夫，提出了两种方法即"无事时存善"和"有事时省察"。"无事时存善"要求人们去体认天理和良知，主要是强调内心修养的加强；"有事时省察"则强调在日常生活中为人处世的所有领域都要顺其自然地依照良知去做事，去贯彻伦理道德。因此，阳明先生提出通过"静坐思虑"，在无事时逐渐地克服掉各种私欲，恢复心的如水如镜、本体明净。由此可见，"无事时存善"实际上指的是"反身以诚"的本体印证功夫，是"防于未萌之先"的内求本心的功夫。而所谓"有事时省察"，则是企图通过"声色货利"这些日常事务，去"实地用功"，去体认良知。

（2）"道问学"是"尊德性"的功夫。

王阳明出生于朱学全盛时期，起初他以虔诚朱学信奉者现身于世；然而不久之后，便对朱学产生诸多疑虑，经过一段长时间的思考，他终于开悟，于是便自立学说，倡导心学。由此可见王阳明在学术上精益求精，善于思考，敢于创新，独具见地的真功夫。

（3）"明善"是"修身"的功夫。

在《大学》里，修身、齐家、治国、平天下的活动被演绎为"格物、致知、诚意、正心"的修养行为，而"格物"是身心修养的重要环节。王阳明主张在正心诚意（即"格物"）的基础上，发挥人心固有的良知，且服务于"为善去恶"的现实目的。

（4）"惟精"是"惟一"的功夫。

王阳明说："'博文'即是'惟精'，'约礼'即是'惟一'。"意思是说，只有精通圣哲的经典，使自己的行为符合天理准则，并以此去教化人民，才能使人心一致，国家统一，社会进步。

（5）"穷理"是"尽性"的功夫。

王阳明批判朱熹"即物穷理"的思想，认为朱熹是"析心与理而为二"，把心与理分开，降低了心的作用，从而使当世理学家养成了"外面做得好看，却与心全不相干"，言行不一，空谈义理的锢疾。因此，他教学生要懂得"心即理"的含义，尽在"心上做功夫"，去掉私欲而正其心，居世处事皆合乎天理。

（6）"博文"是"约礼"的功夫。

王阳明认为明代中叶的社会政治危机是因为圣学不明，人们不能信守礼约造成的。因此，他一生以弘扬圣学为己任，怀着"辅君淑民"的抱负，讲学不辍，所到之处，成立"乡约"，或兴"社学"，或创"书院"。同时，他还提出立志、勤学、改过、责善是学者的"教条"和准则的思想。

【点睛之笔】

"格物"是"诚意"的功夫，"明善"是"修身"的功夫，"穷理"是"尽性"的功夫，"道问学"是"尊德性"的功夫，"博文"是"约礼"的功夫，"惟精"是"惟一"的功夫。

薛侃录

1. 做人切勿一根筋

【原文】

侃问:"持志如心痛,一心在痛上,安有工夫说闲话、管闲事?"

先生曰:"初学功夫如此用亦好,但要使知'出入无时,莫知其向',心之神明原是如此,功夫方有着落。若只死死守着,恐于功夫上又发病。"

【译文】

薛侃问:"秉持志向的时候好像犯了心痛,一心只在痛上面,哪还有时间去说其他闲话、管其他闲事呢?"

先生说:"初学下工夫时用这样的方法也好,但是自己要明白心灵的神明原本就是'出入本没有什么固定的时间,也就不知道它的去向',只有这样才能让所下的工夫有着落。如果只是死死坚守志向,恐怕会在下工夫上出差错。"

【经典导读】

王阳明认为在学习方面最初一心坚持自己的目标计划,不去管其他的事情是有利于学习的,但随着学习的深入,各种情况发生变化,这就需要我们根据实际情况,调整自己的学习计划。否则,就成了一门心思的死学。

这就像很多人很多时候总是执拗于一个方向一样,他们认为有着"钻牛角尖"的韧劲,有着不达目的誓不罢休的"勇气",不甘心吃一点亏,也不愿意做任何改变。其实,在生活中,很多事情都不是单向发展的,它存在很多面,不应该以单一的标准评定一个事物的好坏。客观情况在不断变化,因此,我们不能一根筋做人,做任何事都要学会求变。

人有是智慧的动物,遇到问题可以灵活地处理,用这个方法不成就换一个方法,总能找到一个对的方法。

很久以前,有两个欧洲人到非洲去推销皮鞋。但是由于非洲的天气异常炎热，非洲人向来都是打赤脚的。

结果第一个推销员看到非洲人都是打赤脚，根本不穿鞋，于是立刻失望起来，心想："这些人都是打赤脚的，怎么会买我的鞋呢？"他便失望地走了。

而另一个推销员看到非洲人都是打赤脚，不由得惊喜万分："原来这些人都没有皮鞋穿，看来在这里皮鞋市场大得很啊！"于是，他就想尽各种办法引导非洲人购买他的皮鞋，最后他成为了富翁。

第一个推销员不懂得变通，一味地让自己钻进了牛角尖，总以为牛不喝水，便不能强按头。而第二个推销员则不同，他只是稍微变通了一下。由此可见，在你朝着你的愿望走去时，不要只顾一根筋地做人做事，不去变通。假如我们懂得在自己工作、学习之余随时调整好自己的方向和步骤，便会有事半功倍的效果。

生活中一切都在变，如果你只是一根筋，就不能适应时代的发展变化。正所谓"敌变我变"，只有不断适应形势的变化，才能在社会上更好地发展。

聪明的人们应该灵活变通、创新思考，时时不忘给心灵注入一泉活水，才能有意外的收获。而且有时候，灵活一些，换一种思维方式思考或许会更有利于问题的解决。

在一个暴风雨的日子，有一个穷人到富人家讨饭。

"滚开！"仆人说，"不要来打搅我们。"

穷人说："只要让我进去，在你们的火炉上烤干衣服就行了。"仆人以为这不需要花费什么，就让他进去了。

这个可怜人，这时请求厨娘给他一个小锅，以便他煮点石头汤喝。

"石头汤？"厨娘说，"我想看看你怎样能用石头做成汤。"于是就答应了。穷人到路上拣了块石头洗净后放在锅里煮。

"可是，你总得放点盐吧。"厨娘说，她给他一些盐，后来又给了些豌豆、薄荷、香菜。最后又把能够收拾到的碎肉末都放在汤里。

当然，你也许能猜到，这个可怜人后来把石头捞出来扔回路上，美美地喝了一锅肉汤。不过，如果这个穷人直接对仆人说："行行好吧！请给我一锅肉汤。"这将得到什么结果呢？答案不言自明。由此可见，运用变通思维往往能起到点石成金、化腐朽为神奇的作用。

在漫长的人生经历中，每一个人都要面对各种各样的变化，我们无法逃避和选择。我们需要做的就是在环境或形势发生变化的时候，改变自己的处世方式，当然改变要有一个自己的原则，否则你就会面临失败的危险。

人类适应周边环境的生存能力被称作适应性，而在不可改变的环境中改变自己的能力，不一根筋做人则是灵活性，它是一个人充满生机活力的表现。不一根筋做人能让你在变通中越变越好，而一根筋做人不善于变通只能让你的处境越来越差。现实生活之中，事情都不是一成不变的，如果始终用一种思维方式去思考问题，总有一天是会吃亏的。随着社会的发展，创造性思维显得越来越重要，也越来越被人们所认识。谁要想使自己的工作产生超凡出众的效果，谁要想在竞争中立于不败之地，谁就应该跳出传统的思维定式，学会运用创造性思维。因此，不论在工作中，还是在生活中，人们都应学会运用变通思维去看问题和解决问题。

【点睛之笔】

变通是成功的催化剂，它加速了成功的反应速率，使拼搏的人早日到达成功的巅峰，领略湖光山色。

2. 提高人生涵养

【原文】

侃问："专涵养而不务讲求，将认欲作理，则如之何？"

先生曰："人须是知学。讲求亦只是涵养，不讲求只是涵养之志不切。"

曰："何谓知学？"

曰："且道为何而学，学个甚？"

曰："尝闻先生教，学是学存天理。心之本体即是天理，体认天理只要自心地无私意。"

曰："如此则只须克去私意便是，又愁甚理欲不明？"

曰："正恐这些私意认不真。"

曰："总是志未切。志切，目视、耳听皆在此，安有认不真的道理？'是非之心，人皆有之'①，不假外求。讲求亦只是体当自心所见，不成去心外别有个见！"

【注释】

①是非之心，人皆有之：语出《孟子·公孙丑上》"恻隐之心，仁之端也；善恶之

53

心，义之端也；辞让之心，礼之端也；是非之心，智之端也。人之有是四端也，犹其有四体也"。

【译文】

薛侃问："专注于德行的涵养而不讲求学问上的研究，如果把私欲认作天理，那怎么办呢？"

先生说："人必须先懂得学习。讲习求学也是为了德行的涵养，而不讲习求学只因为存养天性的志向不坚定。"

薛侃问："怎么样算是知道学习？"

先生说："你姑且谈一谈为什么要学习？又该学习些什么？"

薛侃说："曾经听先生教诲，学习就是学习存天理。心的本体就是天理，所以只要自己的内心没有私念，就能体察认识天理。"

先生说："这样的话只要克制自己把私欲去除就够了，还担心什么不明白天理、私欲呢？"

薛侃说："害怕的正是认不清这些私欲。"

先生说："这还是志向不够坚定。如果志向坚定的话，眼睛、耳朵只会集中在这上面，哪会有认不清私欲的道理？'是非之心，人皆有之'，不需从外面去寻求。讲习求学也只是体察自己的内心所见到的东西，难不成还可以去心外另寻他见？"

【经典导读】

王阳明众多的弟子中，有的在涵养上用功，有的在见识上用功。王阳明对此评价说：在涵养方面用功的人，能够一天天看见自己的不足；专于见识上的人，则每天都觉得自己有足够的知识用不完。那些每天看到自己不足的人，每天都会努力增加自己的涵养；而每天认为自己的知识用不完，不去学习的人，他们的见识每天都在减少。这是因为别人都在不停地学习进步，你却原地不动，相对来说，你就在退步。

涵养，通俗一点说就是修身养性，提高自己的涵养可以使自己辨别是非的能力得到提高。涵养就是要去人欲存天理，但这需要从具体中讲求。

一个没有涵养的人肯定会招致他人的厌恶，难以获得成功。有涵养的人以精神与道德的完善为标志。道德与正直有关，因为有教养意味着在工作和道德方面有完善的行为方式。

涵养不是在表面下工夫而是一个人内在品质的自然外露，有涵养的人在任何时候都可以表现出一种从容不迫，宠辱不惊的心态来。人的涵养是一种强大的心灵力量，是另一种形式的智慧。《周易》有云："天行健，君子以自强不息；地势坤，君子以厚德载物。"这里的"厚德载物"谈的就是涵养和胸怀对于成功的重要性。

涵养是一种无形的财富，在当今竞争日益激烈的社会，较高的涵养更是为人们所欣赏。不可否认，一个人的成功必然会与一个人的涵养有很大的关系，甚至可以说一个人的涵养决定着一个人是否会获得成功，所以，弄清涵养的重要性和提高自己的涵养意义重大。

要想提高自己的涵养不妨从读书和交友两方面来着手：

（1）读好书，与深邃的灵魂对话。

如果胸无点墨，即使用再华丽的衣服装饰，这人也是毫无涵养可言的，反而给别人肤浅的感觉。所以，如果想要提升自己的气质，做到气质出众，除了穿着得体，说话有分寸之外，就要不断提高自己的知识，品德修养，不断丰富自己。

（2）交好友，建立宽广的精神修复通道。

人在遇到挫折的时候，很容易作茧自缚、钻牛角尖，这个时候很容易产生极端行为，造成对自己或者他人的伤害。排解挫折的一个重要方法是进行心理宣泄。对于个体来说，自我排解不良情绪的一个方法是建立良好的人际关系圈。广交朋友，向朋友倾诉自己的苦恼、焦虑是一种行之有效的办法，这实际上是为自我建立了一条宽广的精神修复通道。

总而言之，要想自己以后能在人生道路上取得成功，必须先要打好成功的基础，好好培养自己的涵养，只有预先提升了自己的品质，才有获得成功的机遇。成功的大门虽然为所有的人敞开，但它还是偏爱那些有准备的人，而最好的准备就是提高自己的涵养。所以，我们应立刻为提高自身修养而行动起来。

【点睛之笔】

涵养德行必须求学讲论，而求学讲论又重在志向明确和真切。这个真切工夫不在心外，而在自己内心的体会和揣摩。

3. 见善即迁，提升自我

【原文】

先生问在坐之友："比来功夫何似?"

一友举虚明意思①。先生曰："此是说光景。"

一友叙今昔异同。先生曰："此是说效验。"

二友惘然，请是。

先生曰："吾辈今日用功，只是要为善之心真切。此心真切，见善即迁，有过即改②，方是真切功夫。如此，则人欲日消，天理日有。若只管求光景、说效验，却是助长外驰病痛，不是功夫。"

【注释】

①虚明意思：由静坐而产生的超觉体验，恍若海市蜃楼，故曰"光景"。

②见善即迁，有过即改：语出《周易·益卦》"君子以见善则迁，有过即改"。

【译文】

先生问在座的朋友们："近来功夫如何?"

一个朋友说了一些自己因为静坐而产生的幻觉。先生说："你这说的是些呈现在表面的现象而已。"

一位朋友讲述了现在和过去的异同。先生说："你这说的是做功夫的效果。"

两位朋友不解，向先生请教。

先生说："我们现在下工夫只是为了让善心更加真切。这个求善的心真切，见了善就自然会靠近，有了错误会马上改正，这才达到了真切的功夫。如此下来私欲便会逐日不见，天理也就日益明朗。如果只管寻求表面现象和效果，反倒是助长了向外寻天理的弊端，并非达到真正的功夫。"

【经典导读】

阳明先生所讲学说追求实学，一切都要落实到为善去恶的功夫上，所以他不赞成仅仅追求表面现象或最后的结果，而不注重为善去恶功夫的提升。正如王阳明所言"见善即迁"看见"善"就会向往，在日常生活中，我们也该如此，向往好的东西，看到别人的优点就不断学习，学他人之长，使自己得到不断的提升。

人们都向往美好的事物，渴望得到美好的东西，那么，怎样才能让人生向着美好的方向发展呢？其实这并不难，只要我们看到美好的东西就向他们学习，自己的技能就会得到不断的提升。比如看到他人身上的优点，就向他人学习，渐渐地你也会变得优秀，这是同样的道理。我们为人处事要善于取长补短，积极地吸取别人的长处来弥补自己的不足，这样才能使自己变得更加完美。

森林王国里发生了一件事情。小鸭子和小猫原来是一对好朋友。可有一天小猫对小鸭子说："你看你走路走得这么慢，我和你做朋友向简直羞辱了我！有本事你和我比比，看谁更厉害！"小鸭子很生气，它跑到森林国王——狮子那里告状。狮子国王说："一天后你召集全森林王国的动物到小溪旁的大树那儿等我"。

一天后全森林的动物都齐刷刷地在大树那儿等着，一个也不少。过了一会儿狮子国王来了，它宣布道："今天小鸭子和小猫要在这里进行一场比赛，请大家做裁判，比赛规则是：它们要游过小溪走过独木桥，再爬上树摘下个苹果，跑到终点线，谁先跑到终点线，谁就是胜利者。"

一声令下之后，小鸭子扑通一下跳进河里游过了河，小猫迟迟下不了河，因为它不会游泳。小鸭子摇摇晃晃地想走过独木桥。可是它没走几步就掉进河里，这时小猫对小鸭子说："小鸭子你先过来驮我游过去，我再驮你走独木桥怎么样？"小鸭子连声称好，它们一起，齐心协力闯过了所有的关卡，同时得了冠军。狮子国王说："每个人都有自己的长处与短处，我们要取长补短，才能做得更好！"

孔子在《论语·里仁》也说："见贤思齐，见不贤而内自省。"足见，发现别人的长处，学习他人的优点也是一种提升自我的方法。

弘一法师曾这样评价自己的性情：我的性情是很特别的，我只希望我的事情失败，因为事情失败、不完满，这才使我常常发大惭愧！能够晓得自己的德行欠缺，自己的修善不足，那我才可努力用功，努力改过迁善！

每个人都有自己的优点，善于从别人那里发现优点，并见优思齐，就能够体会到自我不断提升的乐趣。为了适应社会新的要求，我们就应该向他人学习。学习他人的经验、智慧和长处，见善思齐，实践告诉我们，善借外智，才能让自己思路开阔，攀上高峰。否则，结果只能一直停滞不前，慢慢就会落后于社会。在我们不断增强自己的力量、不断提升自己空间的时候，我们要善于发现别人的优点，弥补自己的不足，不断完善自己。

【点睛之笔】

让追求美好的心，存在于每个人的心里，唯此才能让那些已经被创造的奇迹长久地维持下去。不断追求美好，学习他人的优点，才能不断提升自我。

4. 大家风度，肯定他人

【原文】

朋友观书，多有摘议晦庵者。

先生曰："是有心求异，即不是。吾说与晦庵时有不同者，为入门下手处有毫厘千里①之分，不得不辩。然吾之心与晦庵之心未尝异也。若其余文义解得明当处，如何动得一字？"

【注释】

①毫厘千里：语出《论语·经解》"《易》曰：'君子慎始，差若毫厘，谬以千里。'"

【译文】

朋友们看书的时候，会有经常指责和批评朱熹的人。

先生说："如果是刻意表现出不同，这是不对的。我的学说和朱熹常有不同，是因为在入门功夫上有差别，所以不能不辩论清楚。然而，我和朱熹未曾有过不同的心。就拿朱熹解释文义来说，清晰明确的地方，怎么可能有一个字被我改动呢？"

【经典导读】

王阳明与朱熹尽管有思想上的分歧，但他并不是一个吹毛求疵之人，对于朱学的合理之处，阳明先生也会持肯定态度。他认为自己的学说与朱学是在入门下手处有些差别。但是，圣人心中都存养着天理，天理统摄着圣人的心。从心路出发，各人的方法不同，但追求的目标是一致的。从这个方面，我们可看出阳明先生的大家风度，他敢于肯定他人成绩，在成就自我的路上，不以毁损他人为自己的成功垫脚石。

在生活中，许多人喜欢挑剔诋毁他人，对他人吹毛求疵，不是嫌某人的品位不够高，就是觉得某人的外表不够时尚，等等。其实这些思想正是人自己内心害怕的反应，正确对待他人的做法是敢于肯定他人，给予别人正确评价。

肯定别人是一种赞美与给予、一种沟通与理解、一种信赖与祝福。肯定他人是一种美德，自己的一个肯定，或许会让对方由平庸变得优秀，自卑变得自强，你对他人的肯定，或许能给他们的生命带来温暖的阳光。肯定他人，有时也会给自己带来意想不到的收获。

韩国某大型公司的一个清洁工，本来是一个最被人忽视，最被人看不起的角色，但就是这样一个人，却在一天晚上公司保险箱被窃时，与小偷进行了殊死搏斗，保住了公司的财产。

事后，有人为他请功并问他的动机时，清洁工的答案却出人意料。他说：当公司的总经理从他身旁经过时，总会不时地赞美他"你扫的地真干净"。

总经理的肯定与赞美，足以让一个公司的清洁工与小偷殊死搏斗，可见肯定与赞美是多么的重要啊！

每一个人，都有自己的自尊心和荣誉感。都希望自己的价值得到认可与实现。而他人的真诚肯定与赞美，就是对一个人价值的最好承认和重视。这种肯定尤其体现在长辈对晚辈，领导对下属，老师对学生之间。

肯定往往可以给予对方无穷大的力量，尤其是来自高层的肯定，会让自己看到自己身上的价值，从而能产生连锁效应，更能挖掘自己身上的潜能。因此，我们在日常生活中不应吝啬自己的肯定，比如当你乘车下车时，你对司机说："谢谢，坐你的车十分舒适。"这样简单的一句肯定能让那位司机愉快一整天。

其实肯定是人与人之间交往中一种很自然的行为，它既是正常人的心理需要，也是人们互相交流感情的一种方式。但肯定不是刻意而为，它理应成为我们每个人的一种习惯。我们应该尝试用积极的眼光看待别人，发现他人值得赞美的优点，肯定别人，自然而然，人与人之间也变得容易沟通与理解。给别人一个笑脸，给别人一丝激励，鼓励了别人，也快乐了自己。

【点睛之笔】

在肯定他人的同时，我们也会收获心灵的愉悦。

5. 只求日减，不求日增

【原文】

希渊①问："圣人可学而至，然伯夷、伊尹于孔子才力终不同，其同谓之圣者安在？"

先生曰："圣人之所以为圣，只是其心纯乎天理而无人欲之杂，犹精金之所以为精，但以其成色足而无铜铅之杂也。人到纯乎天理方是圣，金到足色方是精。然圣人之才力亦有大小不同，犹金之分两有轻重。尧舜犹万镒②。文王孔子犹九千镒，禹、汤、武王犹七八千镒，伯夷、伊尹犹四五千镒。才力不同而纯乎天理则同，皆可谓之圣人，犹分两虽不同，而足色则同，皆可谓之精金。以五千镒者而入于万镒之中，其足色同也；以夷、尹而厕之尧、孔之间，其纯乎天理同也。盖所以为精金者，在足色而不在分两；所以为圣者，在纯乎天理而不在才力也。故虽凡人，而肯为学，使此心纯乎天理，则亦可为圣人，犹一两之金，比之万镒，分两虽悬绝，而其到足色处可以无愧。故曰'人皆可以为尧舜'③者以此。学者学圣人，不过是去人欲而存天理耳，犹炼金而求其足色。金之成色，所争不多，则煅炼之功省，而功易成，成色愈下则煅炼愈难。人之气质清浊粹驳，有中人以上、中人以下，其于道有生知安行、学知利行，其下者必须人一己百、人十己千④，及其成功则一。

"后世不知作圣之本是纯乎天理，专去知识才能上求圣人，以为圣人无所不知，无所不能，我须是将圣人许多知识才能逐一理会始得。故不务去天理上着功夫，徒弊精竭力，从册子上钻研、名物上考索、形迹上比拟。知识愈广而人欲愈滋，才力愈多而天理愈蔽。正如见人有万镒精金，不务煅炼成色，求无愧于彼之精纯，而乃妄希分两，务同彼之万镒，锡铅铜铁杂然而投，分两愈增而成色愈下，既其梢末，无复有金矣。"

时曰仁在旁，曰："先生此喻，足以破世儒支离之惑，大有功于后学。"

先生又曰："吾辈用功，只求日减，不求日增。减得一分人欲，便是复得一分天理，何等轻快脱洒，何等简易！"

【注释】

①希渊：蔡宗衮，字希渊，号我斋，山阴（今浙江绍兴）人，王阳明的得意弟子。

②镒：古代重量单位，一镒合二十两，一说为二十四两。

③人皆可以为尧舜：语出《孟子·告子下》"曹交问曰：'人皆可以为尧、舜，有诸？'孟子曰：'然。'"

④人一己百、人十己千：语出《中庸》"人一能之，己百之；人十能之，己千之。果能此道矣，虽愚必明，虽柔必强"。

【译文】

蔡希渊问："圣人的境界通过学习固然能够达到，但是伯夷、伊尹和孔子比较起来，他们的才能是有所不同的，但孟子统称他们为圣人，这是为什么呢？"

先生说："圣人能够叫作圣人，是因为他们有一颗纯然合乎天理而没有丝毫人欲掺杂其中的心。就像纯金之所以是纯金，也只是因为它没有掺杂任何铜、铅等杂质，成色很足。人纯然合乎天理才是圣人，成色饱足的金才是纯金。圣人的才力有大小之分就好比金的分量有轻重。尧、舜就好比是万镒的纯金，文王、孔子好比是九千镒的纯金，禹、汤、武王像七八千镒的纯金，伯夷、伊尹则像四五千镒的纯金。他们的心都是同样纯然合乎天理的，虽然才力不尽相同，也都可以算作是圣人。就好像是金，只要成色十足，即使分量不同，也都可以算作纯金了。把五千镒的纯金溶入万镒的纯金里面，成色还是一样的；把伯夷、伊尹安置在唐尧、孔子当中，他们的心都同样合乎天理。所以纯金的界定，是因为成色而非分量；圣人的界定，也是因为他们的心合乎天理而非因为他们的才智。因此，即便是普通人，只要愿意做学问，让他们的心纯然合乎天理，是同样能够成为圣人的。就像是一两重的金子，相比于万镒重的金子，虽然分量相差很远，但在成色上，是不会有差的。因此，孟子才说'人皆可以为尧舜'。学者学习圣人，不过是去人欲、存天理罢了，好比炼金求成色充足。金的成色相差不多的时候，就可以省下许多功夫，炼成纯金比较容易。成色越差，冶炼也就越难。人的气质也会有清有浊，有中等以上、中等以下的差别，对于圣道，有的人生来就知道并且自然就能去实践，有的人则需通过学习才知道并实践，这样的人，就必须用别人百倍的努力，等到最后，取得的成就还是一样的。

"后世的人只专门在知识、才能上努力学习做圣人，认为圣人是无所不知、无所不能的，自己只需要把圣人的知识、才能一一学会就行了。哪里知道做圣人的根本在于让心合乎天理。他们不从天理上下工夫，而是费尽精力钻研书本、考寻名物、推理形迹。这样，知识越渊博的人私欲越是滋长，才能越高，天理

61

反而越被遮蔽。这就像看见别人拥有万镒的纯金，自己只妄想在分量上赶超别人，把锡、铅、铜、铁等杂质都掺杂进金子里去，却不肯冶炼自己的成色。虽然增加了分量，成色却更加低下，到最后，有的就不是真金了。"

这时在一旁的徐爱说道："先生的这个比喻，足以解决世儒们学问支离破碎的困惑，对学生们大有裨益。"

先生又说："我们用功，只求日减，不求日增。能减去一分私欲，就会得到一分天理，这样多么轻快洒脱，多么简单啊！"

【经典导读】

什么样的人才能称之为圣人？我们总是片面地认为，圣人就是具有卓越才干的万能之人，其实不然。阳明先生在这里说得很清楚，圣人的标志不在外在的才能和学问，而在于内心纯正，时时的心念都持守在天理上，心无杂念，目不斜视，行为端正，圣人的人格就是如此。其实常人原本也可以达到这样的层次，只可惜常人的心向外求，脱离了天理的轨迹。这也正是圣人与常人的区别所在。

在王阳明看来，我们要修养自己的德行，不应该只在知识和见闻上下工夫，还应该减少自己的私欲，在这方面他讲求"只求日减，不求日增"，意思是说不要求自己的德行每天都增加，只愿自己的私欲每天都有所减少，那么就相当于自己的德行得到了增加。

有这样一个耐人寻味的故事：

一天傍晚，两个非常要好的朋友在林中散步。这时，有个路人从林中慌忙地跑了出来，两人看见这个人的样子都非常惊奇，然后拉住路人问："你为什么如此惊慌，发生了什么事情吗？"

路人忐忑不安地说："我正在移栽一棵小树，却突然发现了一坛金子。"

听了路人的话，两个人都觉得非常可笑，心想：这个人肯定是累坏了，开始胡说八道了。再说了挖出金子来有什么好怕的，越想越觉得可笑。

然后，他们就问："你是在哪里发现的，告诉我们吧，我们不怕。"

路人说："你们还是不要去了吧，那东西会吃人的。"

这两人哈哈大笑，异口同声地说："我们不怕，你告诉我们它在哪里吧。"

于是路人只好告诉他们金子的具体地点，两个人飞快地跑进树林，果然找到了那坛金子。

一个人说："我们要是现在就把黄金运回去，不太安全，还是等到天黑以后再运吧。现在我留在这里看着，你先回去拿点饭菜，我们在这里吃过饭，等半夜的时候再把黄金运回去。"于是，另一个人就回去取饭菜了。

留下来的这个人心想："要是这些黄金都归我，该有多好！等他回来，我一棒子把他打死，这些黄金不就都归我了吗？"

回去的人也在想："我回去之后先吃饱饭，然后在他的饭里下些毒药。他一死，这些黄金不就都归我了吗？"

不多久，回去的人提着饭菜来了，他刚到树林，就被另一个人用木棒打死了。然后，那个人拿起饭菜，吃了起来，没过多久，他的肚子就像火烧一样痛，这才知道自己中了毒。临死前，他想起了路人的话，心想：他说的真对啊，我当初怎么就不明白呢？

可见，心中的"财欲"能让朋友反目成仇，互相残杀，"欲"这只拦路虎，它美丽耀眼的毛发确实诱人，一旦骑上去，又无法使其停住脚步，最后必将摔下万丈深渊，害人害己！

一位心理学家指出：最普遍的和最具破坏性的倾向之一就是集中精力于我们所想要的，而不是我们所拥有的。我们总是不断地扩充自己的欲望名单，但是对已经拥有的东西不以为意，这就导致了不满足感。心里有一个声音说："当这项欲望得到满足时，我就会快乐起来。"可是一旦欲望得到满足后，这种心理作用却不断重复。因而，幸福也随之变得越来越远，甚至成为了一个遥不可及的梦。

人生如花草植物，枯荣不定，岁月无情，生命短暂，欲望对于我们来说就是过眼云烟，根本不用为心中的私欲而劳心伤神。只有克制自己，不放纵自己的私欲，才能树立高尚的情操，抵制住各种诱惑。正所谓此消彼长，只要人们将自己的私欲减少，又何愁自己的修养得不到提高呢？

【点睛之笔】

减得一分人欲，便是复得一分天理，何等轻快脱洒，何等简易！

6. 朱子之悔：及时改过

【原文】

士德①问曰："格物之说，如先生所教，明白简易，人人见得。文公②聪明绝世，于此反有未审，何也？"

先生曰："文公精神气魄大，是他早年合下便要继往开来，故一向只就考索著述上用功。若先切己自修，自然不暇及此。到得德盛后，果忧道之不明。如孔子退修六籍，删繁就简，开示来学，亦大段不费甚考索。文公早岁便著许多书，晚年方悔是倒做了。"

士德曰："晚年之悔，如谓'向来定本之悟'，又谓'虽读得书，何益于吾事'，又谓'此与守书籍，泥言语，全无交涉'③，是他到此方悔从前用功之错，方去切己自修矣。"

曰："然。此是文公不可及处。他力量大，一悔便转。可惜不久即去世，平日许多错处皆不及改正。"

【注释】

①士德：杨骥，字士德，王阳明的学生。

②文公：朱熹死后谥"文"，故称。

③"向来定本之误"句、"虽读得书"句、"此与守书籍"句：均出自《朱子晚年定论》中所录朱熹强调内心觉悟的书信。

【译文】

杨骥问："按照先生教导的，格物的学说简易明了，人人都能学得到。而朱熹先生聪明盖世，反而没有弄明白格物的学说，这是何故？"

先生说："朱熹先生的精神气魄宏伟，早年就已经下定决心要继往开来，所以一直只在考据著书上用功。如果他早年先在自己身上认真修养，自然就没有时间去考据著书了。等到德行很高时，他果然担心儒道不行，就学习孔子，删述《六经》，去繁就简，启示后世学者，也就无须费工夫去考证了。早年朱熹写了许多书，晚年才悔悟，这是颠倒了功夫。"

杨骥说："朱熹晚年的悔悟，就像他说的'最初确定根本的错误'，他又说'虽读了很多书，对于我又有什么好处呢'，又说'这和死死守住书本，拘泥于言语，完全没有任何关系'，到了这个时候他才开始悔悟从前的功夫用错了，应当从自身修养天性开始。"

先生说："对。这就是朱熹同别人不同的地方。他气魄大，一旦悔悟就能够马上转过来。可惜不久他就去世了，一些错误的地方都没来得及改正。"

【经典导读】

王阳明认为朱熹在晚年意识到自己早年把工夫弄颠倒了，虽有志向，但一心只在著书立说上用功，而忽略了对自我身心的修养，当他醒悟时则已晚矣。这也告诉我们一旦发现了自己的过错，就要立时改正，只有这样后才能让自己转轨定向，在正确的人生航道上前行。否则，只能留下无尽遗憾。

古人说："过而能改，善莫大焉。"在现实生活中，虽然也有很多人有勇气去承认自己的错误，但却很少有人能真正下决心改过，人们往往是知错而不能改过。的确，承认错误只需要几分钟，但改正过错则需要花费很长的时间，没有毅力是无法做到将错误改正的，错误得不到改正的最终结果，就是再次犯错。很多成功人士同样也犯过或大或小的错误，但他们与普通人的不同之处在于他们往往是知错便能改错的。

沈从文是我国现代著名作家，他出生在湖南省凤凰县的一农户家庭。小时候，沈从文特别喜欢看木偶戏，常常因为看戏入迷而耽误了读书。

有一天上午，沈从文从课堂里溜出来，一个人跑到村子里去看戏，那天木偶戏演的是"孙悟空过火焰山"。沈从文看得眉飞色舞、捧腹大笑，一直看到太阳落山，他才恋恋不舍地回到学校。这时，同学都已放学回家了。第二天，沈从文刚进校门，老师就严厉地责问他为什么旷课，他羞红着脸，支支吾吾地答不上来。老师气得罚他跪在树下，并大声训斥道："你看，这楠木树天天往上长，你却偏偏不思上进，甘愿做一个没出息的矮子。"第二天，老师又把他叫去，对他说："大家都在用功读书，你却偷偷溜去看戏。昨天我虽然羞辱了你，可也是为了你好。一个人只有尊重自己，才能得到别人的尊重。"老师的一番话，使沈从文感动得流下了眼泪。他暗暗发誓，一定要记住这次教训，做一个受人尊重的人。此后，沈从文一直严格要求自己，长大后成了著名的作家。

人生在世，谁能无错？由于各个方面的局限，人的一生总是难免犯这样或那样的错误，而问题的关键则在于我们该如何去面对自己的过错。

索福克勒斯曾说过："一个人即使犯了错，只要能痛改前非，不再固执，这种人并不失为聪明之人。"一次错误就是一次教训，知错就改，改过自新，才能让自己成熟起来。然而，改过并非是一件容易的事，它需要人们在意识上有所觉悟，有勇气接受错误，承认自己的过错，因为一个人的过失和错误不可避免，重要的是正视并且勇于改正它。只有树立知错即改，改过不惮的人生态度，才能避免重蹈覆辙，才能不断完善自我，提高修养，得到别人的尊敬和信任。

春秋时期，秦穆公称霸心切，他固执己见，没有听从百里奚的建议——东结秦晋之好，反而向东开疆扩土，不顾大臣们的一再劝阻，执意向中原进军。

公元 628 年，秦穆公以孟明视为主将，在晋文公的发丧之际，趁机向中原进军，可万万没有想到，在崤山这个地方遇到了晋军的埋伏，结果军队大败。领军的三位将领都被活捉了。后来他们侥幸逃回了秦国，秦穆公率领文武大臣出城迎接他们。孟明视等人向秦穆公请罪，秦穆公却懊悔不已地说："将军有何罪？"都是我的过错啊，真后悔，应该听百里奚的话，让你们三位受侮辱了。

秦晋之好的格局打破后，秦国长期和晋国对抗，并转而和楚国结盟。秦穆公诚心检讨自己的过失，他让孟明视等人继续担任原来的职位，并且还对他们抚慰有加。两年后秦国再派孟明视攻晋，仍然失败。秦穆公对其越发尊重，孟明视感恩戴德，秣马厉兵，一年后和晋军再战，终于将晋国打得落荒而逃。

秦穆公乘胜追击，晋军吓得不敢应战。秦穆公渡过黄河，重新埋葬了死于崤山的秦军将士，为他们发丧志哀，痛哭三日，并告诫全军，当初未听百里奚等人的建议，以致兵败，现在做此告誓，让后人记住他的过失。后来，周襄王派大臣召公赏给秦穆公十二只铜鼓，承认他为西方的霸主。

由此可见，欲望太过膨胀，就不能够冷静思考，做起事情来也就常常会犯错。秦穆公正是因为急于争霸，犯了冒进的错误，他的失败不是偶然的，而他能够认识到自己的错误并进行检讨和改正，最后必然能够取得胜利。

改过首先要知错，若连自己的错误都不敢承认，就更不用说下一步了，不知错改过的后果也必定会是一错再错。但假如能去正视并且承认自己的过错，并且能在此基础之上对错误进行改正，那么，错误对于我们来说也就成了一笔可贵的财富。

一个人有缺点和过失是难免的，只要改正，就会进步。但是，生活中往往有这样的情况：自己对别人的缺点，哪怕很小，也看得很清楚；而对自己的毛病却不易看到，甚至有时把自己的短处误认为是自己的长处。一个人的缺点和过失，不仅有害于自己，也会影响到他人。发现自己的缺点和过失，除了虚心听取别人的忠告、接受别人的批评外，还要三省吾身，也就是经常自省，这是行之有效的好办法。

【点睛之笔】

人无完人，每个人都会犯错，只要改正，一切都会变得美好。

7. 砍去花间草

【原文】

侃去花间草，因曰："天地间何善难培，恶难去？"

先生曰："未培未去耳。"少间，曰："此等看善恶，皆从躯壳起念，便会错。"

侃未达。

曰："天地生意，花草一般。何曾有善恶之分？子欲观花，则以花为善，以草为恶。如欲用草时，复以草为善矣。此等善恶，皆由汝心好恶所生，故知是错。"

曰："然则无善无恶①乎？"

曰："无善无恶者理之静，有善有恶者气之动。不动于气即无善无恶，是谓至善。"

曰："佛氏亦无善无恶，何以异？"

曰："佛氏著在无善无恶上，便一切都不管，不可以治天下。圣人无善无恶，只是'无有作好'，'无有作恶'，不动于气。然'遵王之道'，'会其有极'，②便自一循天理，便有个裁成辅相③。"

曰："草既非恶，即草不宜去矣。"

曰："如此却是佛、老意见。草若是碍，何妨汝去？"

曰："如此又是作好作恶。"

曰："不作好恶，非是全无好恶，却是无知觉的人。谓之不作者，只是好恶一循于理，不去又着一分意思。如此，即是不曾好恶一般。"

曰："去草如何是一循于理，不着意思？"

曰："草有妨碍，理亦宜去，去之而已；偶未即去，亦不累心。若着了一分意思，即心体便有贴累，便有许多动气处。"

曰："然则善恶全不在物？"

曰："只在汝心。循理便是善，动气便是恶。"

曰："毕竟物无善恶？"

曰："在心如此，在物亦然。世儒惟不知此，舍心逐物，将格物之学看错了，终日驰求于外，只做得个'义袭而取'，终身行不著，习不察。"

曰："'如好好色，如恶恶臭'，则如何？"

曰："此正是一循于理，是天理合如此，本无私意作好作恶。"

曰："如好好色，如恶恶臭。安得非意？"

曰："却是诚意，不是私意。诚意只是循天理。虽是循天理，亦着不得一分意。故有所忿懥好乐，则不得其正。须是廓然大公，方是心之本体。知此，即知未发之中。"

伯生④曰："先生云：'草有妨碍，理亦宜去。'缘何又是躯壳起念？"

曰："此须汝心自体当。汝要去草，是甚么心？周茂叔⑤窗前草不除，是什么心？"

【注释】

①无善无恶：语出《坛经·行由第一》"惠能云：'不思善，不思恶。正与应时，那个是明上座本来面目。'"

②"无有作好"等句：语出《尚书·洪范》。无有作好、无有作恶，意为没有自私的好恶。遵王之道，意为遵行王道、公道。会其有极，意为会归于法度、准则。

③裁成辅相：语出《周易·泰卦·象传》。裁成，意为剪裁成适用的样子。辅相，意为辅助、帮助。

④伯生：孟源，字伯生，王阳明弟子。

⑤周茂叔：周敦颐（1017～1073），字茂叔，湖南道州营道（今道县）人。宋明理学创始人，程颐的教师。

【译文】

薛侃在锄花间杂草时，顺势问道："为什么天地间的善很难栽培，恶很难除去呢？"

先生说："因为人们还没有去培养善或者除去恶。"过了一会儿，先生又说："像你这样从表面上去看待善恶，就会出错。"

薛侃没有理解。

先生又说："天地中一团生气，就像花草的生长，何曾有什么善恶之分？你想要赏花，便把花当作善，把花间的草作为恶。但是当你需要草的时候，你又会反过来把草当作善。这样的善恶之分，都是由你心中的喜好或讨厌生发出来的。所以说是错误的。"

薛侃说："这样说来，善恶之间没有分别了吗？"

先生说："无善无恶是天理的静止状态，而有善有恶是气的动态产生的。不因气而动，自然无善无恶了，这就是至善。"

薛侃说："佛教也有无善无恶的说法，与先生所说有何区别呢？"

先生说："佛教执着于无善无恶，便其余一切都置之不理，所以不能够治理天下。圣人讲的无善无恶，只是不刻意为善，不刻意为恶，不为气所动。这样，'遵循王道'，自然会归于法度天理。也就自然能'裁成天地之道，辅助天敌之宜'。"

薛侃说："既然草并不是恶，那么就不应该把草去掉了。"

先生说："这样又是佛、道两家的主张了。既然草成为了障碍，把它除掉又何妨呢？"

薛侃说："这样不又是在为善为恶了吗？"

先生说："不从私欲上为善为恶，并非全无好恶的区分，若是全无好恶之分，岂不成了没有知觉的人了。所谓不刻意为善为恶，只是说好恶须要遵循天理，不夹杂丝毫私心杂念。这样，就和不曾有好恶一样了。"

薛侃说："除草时怎样才能遵循天理，不带私欲呢？"

先生说："草对你有妨碍，依照天理就应当除去，除去就是；偶尔有没有及时除去的，也勿记挂心中。如果你有了一分记挂，心就会为它所累，便会有许多为气所动的地方了。"

薛侃说："那么善恶全然不在事物之上了？"

先生说："善恶只存在于你心中。遵循天理就是善，动气就是恶。"

薛侃说："那么事物到底有没有善恶之分？"

先生说："在心上是如此，在物也是如此。后世儒生们往往不明白这个道理，而舍弃本心去追求心外之物，把格物的学问搞错了，成天在心外寻求，最终只能做到'义袭而取'，终身'行不著，习不察'。"

薛侃说："那么'如好好色，如恶恶臭'这句话，应当如何理解呢？"

先生说："这正是一直遵循天理，天理本该如此，它本来没有私意去为善为恶。"

薛侃说："但是喜好美色，厌恶恶臭，怎会没有私意在其中呢？"

先生说："这是诚意，而非私欲。诚意只是遵循天理。虽然遵循天理，也不能掺杂丝毫私欲。因此，有一丝怨愤或喜乐，心就不能保持中正平和。豁然无私，才是心的本体。明白了这个，就明白'未发之中'了。"

孟源说："先生说：'草对你有妨碍，依照天理就应当除去。'为什么说这是从表面上产生的私念呢？"

先生说："这需要你自己的心去体会。你想除掉草，是什么心思？周敦颐不拔掉窗前的草，又是怀着什么心思？"

【经典导读】

王阳明把除草比作惩恶，把养花比作扬善。其实花与草本为自然中物，与天地同生共养，天地并没有给它们划分善恶。善恶起于人的心念，遵循天理，心念不起，则无善恶分别，视天地为一体；为心念起处，为气所动，动则生恶。

在生物学家的眼里，自然界里的万物，组成了严密的生物链，它们全都能适应不同的环境，万物都有各自的用处，从来没有善与恶的区分。"天然"是万物的属性，遵循天然是圣人的本份。所以，圣人不因为善恶而扰乱天然，不因为欲望而舍弃清静的心性。他们懂得善恶是人为的分别，顺应自然即可达至善的境界。"至善"，并非除去恶而存留善，而是自然本来就是这样，无恶无善。

人的意识就像是一座花园，心灵的花园和现实生活中的花园是一样的，会有杂草丛生。对于大多数人来说，我们无法像圣人那样顺其自然，不受杂草的干扰，因此要想让花园开出美丽的花朵，播种前，你需要除去杂草、拿开石头、给土壤施肥，这样，你播种的农作物才会长得又快得又好。若是长久的任其蔓延生长，杂草就会四处丛生，并且慢慢地吞噬你心中的那座花园，美丽的花儿将枯萎，你将再也看不到蝴蝶舞翩翩，花儿自芬芳的迷人景色。

一位哲学家带着他的一群学生去漫游世界，十年间，他们游历了所有的国家，拜访了所有有学问的人，他们回来后个个满腹经纶。在进城之前，哲学家在郊外的一片草地上坐了下来，对他的学生说："十年游历，你们都已是饱学之士，现在学业就要结束了，我们来上最后一课吧！"

弟子们围着哲学家坐了下来。哲学家问："现在我们坐在什么地方？"弟子们答："现在我们坐在旷野里。"哲学家又问："旷野里长着什么？"弟子们说："旷野里长满杂草。"

哲学家说："对。旷野里长满杂草。现在我想知道的是如何除掉这些杂草。"

弟子们非常惊愕，他们都没想到，一直在探讨人生奥秘的哲学家，最后一课问的竟是这么简单的一个问题。

一个弟子首先开口，说："老师，只要铲子就够了。"哲学家点点头。

另一个弟子接着说："用火烧也是很好的一种办法。"哲学家微笑了一下，示意下一位。

第三个弟子说："撒上石灰就会除掉所有的杂草。"

接着讲的是第四个弟子，他说："斩草除根，只要把根挖出来就行了。"

等弟子们都叫完了，哲学家站起来说："课就上到这里了，你们回家去后，按照各自的方法除去一片杂草，没除掉的，一年后，再来相聚。"

一年后，他们都来了，不过原来相聚的地方已不再是杂草丛生，它变成了一片长满谷子的庄稼地。

弟子们围着谷地坐下，等待哲学家的到来，可是哲学家始终没有来。

几十年后，哲学家去世，弟子们在整理他的言论时，私自在书的最后补了一章：

要想除掉旷野里的杂草，不是用手拔，不是用锄铲，也不是用火烧，方法只有一种，那就是让庄稼占据这片旷野。同样，要想让灵魂无纷扰，唯一的方法就是用美德去占据它！

如果你想让自己的心灵世界再无纷扰，唯一的方法就是用好的品格占据它，用这种方式将心灵的繁杂祛除干净。只有这样，我们的生命才会退去污渍，还原到生命最本真的颜色。

许多人都感叹自己负担沉重，生活、工作事务繁重，面对人生、事业、爱情，我们每个人都可能有过彷徨，有过迷惘，如果迷离的色彩遮住了我们的双眼，纷乱的声音笼罩住了我们的耳膜，苦苦地求索而找寻不到心灵的净土，此时杂草会很容易侵占我们的心灵，若不能及时地做认真的自我审视与剖析，我们的心灵很快就要荒芜：拔、锄、烧，都不能彻底除掉它们，即便是一毛不剩，可我们所期望的心灵并不是光秃秃的荒漠，我们也希望在生命的画板上描绘出美丽的图画。让心灵沉浸在春风细雨中，让金色阳光遍洒心灵的每一处角落，只有这样，我们的灵魂才不受纷扰。

【点睛之笔】

倘若人人都能清除心中的杂草，那天下就自然太平和谐了。

8. 主宰自己的命运

【原文】

先生谓学者曰："为学须得个头脑，功夫方有着落。纵未能无间，如舟之有舵，一提便醒。不然，虽从事于学，只做个'义袭而取'，只是'行不著，习不察'，非大本、达道也。"

又曰："见得时，横说竖说皆是。若于此处通，彼处不通，只是未见得。"

【译文】

先生对学生说："做学问一定要有个宗旨，这样学问才有着落。虽然在其间不可能没有间断，但就像船有了舵，一提便明白了。不然的话，虽然是在做学问，也只能做个'义袭而取'，只会'行不著，习不察'，并非学习的主干大道。"

先生又说："有了宗旨，不管怎样说都是正确的。如果只是这里明白了，别处又不明白，那只是因为没有宗旨。"

【经典导读】

在王阳明看来，天运人事必须有个主宰，有了主宰才有秩序，在阳明先生看来这个主宰是精神，灵明。他认为做学问也必须要有个主宰，只有明白了主宰才能领悟学问，否则就会没有方向，做学问如此，做人亦是如此。人生需要有个主宰，一个人只有明白了人生的主宰，才能知道人生之路到底该如何走下去。王阳明说："身之主宰便是心。"也就是说人生的主宰就是我们自己的心。换言之，每个人都应该做自己人生的主宰，主宰自己的命运。

古人云："天生我材必有用。"每个人都是独一无二、与众不同的。造物主创造世界万物时，他相信每一件事物都具有其存在的价值。在这个世界上只要找对了自己的位置，哪怕只是一块不起眼的石头，总有一天也会发光、发亮。因此，我们要有足够的信心和毅力，坚信自己的命运由自己主宰。

下面这个故事相信会对我们有所启发。

古时，一位禅师为了启发他的门徒，给他一块看似不起眼的石头，叫他去菜市场试着卖了。师父说："不要卖它，只是试着卖掉它。注意观察，多问一些人，然后只要告诉我，在菜市场它能卖多少钱。"这个门徒去了，在菜市场出售的价格只不过是几个小硬币。

师父说："现在你再去古董市场问问。"从古董市场回来，这个门徒很高兴，说："这些人太棒了，他们乐意出到1000元钱。"师父说："现在你去珠宝商那儿，看他们能出什么价钱。"过了一会儿，门徒兴高采烈地回来了："师父，有一位商人出到了30万元呀。他说据他看来，这块石头里面是一块质量上等的绿翡翠。"

师父微笑着点了点头，说道："这块石头遇到它的伯乐了。"

徒弟疑惑不解："师父，同样一块石头，为什么我拿到菜市场，人们才出几个硬币呢？"

师父大笑道："并不是菜市场的人不喜欢宝石，只是没有人会去菜市场买翡翠啊！"

宝石的价值一直都没有改变，只是一开始没有得到人们的认识。如果一味地将它放在"菜市场"，恐怕它的价值永远也得不到体现了。石头如此，人亦如此。如果有"才"，就不要吝啬将自己的才华展现出来，要付诸行动，让别人看到自己的闪光点。要知道自己的生命能否闪光全由你自己主宰。

从出生的那一天开始，我们的人生路就已开启，我们无法预知未来将是何去何从，也没有办法掌握下一秒即将要发生的事情。但是，我们可以做自己生命的主宰，用行动改变自己，走自己想走的人生路。

2005 年央视春节晚会，《千手观音》深深震撼每一位观众！邰丽华——这个名字深深地刻入了我们的心扉。作为《千手观音》的领舞，她竟然是一位聋哑人！

邰丽华刚出生的时候，大家都认为她是天使婴儿，而且很有音乐天赋。然而天意弄人，在邰丽华两岁的时候，她失去了听力，随之，甜美的歌喉也关闭了。随后，她只能在聋哑学校里学习。就在她绝望消沉的时候，是舞蹈让她认识到生命的意义。在她 15 岁的时候，中国残疾人艺术团选中了她。但是，她的舞蹈基本功很差，于是她用常人 10 倍、20 倍的努力来补偿！正是凭着这种执着的信念，邰丽华在众舞者中脱颖而出。而且，她不仅是一名优秀的舞者，在学校里，她也是一名成绩优秀的好学生。如今，邰丽华凭着自己的努力，在舞蹈界中绽放光彩，创造了生命的奇迹和辉煌。

有人问邰丽华，你有时候会不会觉得老天不公平，没有给你一个完美健康的身体，让你听不到这个世界？邰丽华回答："作为一个从事特殊艺术的舞蹈演员，我的经历告诉世人：残疾不是真正的缺陷。真正的残疾，是心灵上的残疾。每个人都有生命存在的价值！"

当一个人的心中充满"做自己命运的主宰"的激情时，即便环境再恶劣，不利的因素再多，这个人最终也能克服，这些困难甚至成为他人生前进路上的重要一环。

在无法对眼前遭遇的事情做出结论之前，人们往往会有以下有两种选择：一是默默地接受已经发生的一切，像一个旁观者般眼睁睁地看着人生转变；二是用尽全力去改变，不论是命运还是环境，也不论努力之后是否能有想象中的结果出现，起码对得起自己的人生。哪一种选择才能让人获得幸福？这应该是不言而喻的。是的，其实所有的人都会面对阴晴圆缺和各种未知的挑战，这一点没有人可以避免。但我们却可以选择命运的呈现方式，只要懂得付出和努力，就能够主宰自己的人生，为自己的人生填满色彩。

我们是自己生命的主人，就要对自己的人生负责。一个人虽然无法选择出生，但却可以选择未来。我们无法改变环境，但却可以改变自己。因为再微小的生命也有它存在的价值，神圣而不容亵渎。命运由自己掌握，我们要做生命的强者，主宰自己的人生！

【点睛之笔】

要主宰自己，最重要的是在生活中找准自己的位置，充分发挥自己的特长，做自己的主人。

9. 坚定心中的信念

【原文】

或问："为学以亲故，不免业举之累。"

先生曰："以亲之故而业举，为累于学，则治田以养其亲者，亦有累于学乎？先正云：'惟患夺志。'① 但恐为学之志不真切耳。"

【注释】

①惟患夺志：程颐语，语出《河南程氏外书》"故科举之事，不患妨功，惟患夺志"。意为不怕科举耽误、妨碍学习，只怕因科举丧失了为学的志向。

【译文】

有人问："做学问只是为了父母的缘故，难免会被科举拖累。"

先生说："为了父母参加科举考试会妨碍学习，那么，为了侍奉父母去种田，也会妨碍学习。程颐先生说：'惟患夺志。'怕只怕学习的志向不够坚定。"

【经典导读】

王阳明说这段话的意思很明确，他告诉人们做学问首先要志向真切。志向真切了，外在的因素都不能妨碍学问的精进。反之，志向不真切，即使外在条件再好，也难保证学问的成功。简单来说，就是告诉我们，每个人都应有一个坚定的信念，只要信念坚定，什么都影响不了我们前进的脚步。

俄国的列宁曾经说过："没有原则的人是无用的人，没有信念的人是空虚的废物。"信念是人的精神支柱，在我们疲倦时，抚慰我们的心灵。一个人最可怕的不是能力不够，而是前进途中信念的缺失。一个有着坚定信念的人，敢于执着地追求自己的梦想，并坚持不懈、永不放弃地进行下去，终有一天他将脱胎换骨，实现自己的信念。

拥有信念的人，在某种意义上说，是不可战胜的人。只要心中坚定而执着地追求自己的信念所在，就能从平淡中超脱，在平凡中凸显，成为备受世人敬仰的圣贤。在漫长的人生道路上，每个人都可以播撒自己成功的种子，只要我们用心培养，坚定地去灌溉，用信念支撑种子发芽成长，为这颗种子抵挡雨打风吹，终有一天这颗成功的种子会开出美丽的花朵。

生活对于任何人都并非易事，古罗马哲学家卢克莱修曾说："人有自由意志，成人成兽全靠自己。"每个人都应该坚定自己的信念，用一颗充满阳光的心去迎接生命中的每一刻，如此，才能让信念坚定不移。

信念是一个人享用一生的财富，生命可以随时终止，但是只要生命存在，信念就不应该被放弃。一个人活着，无论外界的环境多么恶劣，只要心中信念的灯亮着，所有的绝境和困苦都算不了什么，再糟糕的情况也不是生命的绝境。信念是支撑人生命的脊梁，在困境中给人带来生的希望。

曾经，有这样一则报道：有三个农民，在一场地震来临前，正在羊圈里打理他们圈养的成群的羊。当地动山摇的那一刻，他们在发出惊叫之后，离门口最近的那个农民便最先飞一般地向外逃窜。而当第二个农民正准备逃走时，羊圈轰然倒塌，他被倒下来的土压在了下面，当然，第三个农民也没能跑出去，而是连同厚厚的土一同压在了第二个农民的身上。但他却是幸运的，因为他被压得比第二个农民浅，所以他还能得到一丝稀薄的空气，就这样他靠仅有的一点稀薄空气得到了生命的延缓。他奋力地用手刨着土，尽自己最大的能力争取生还的机会。也就是在他快坚持不住，已经奄奄一息的时候，他听到了救援的脚步声和嘈杂的声音，他这时已经连喊的力气都没有了。当他被人们挖出来的那一刻，已经彻底失去了知觉，但他还是幸运地活了下来。医生说，在那样稀薄的空气中，能够存活半个小时就已经是奇迹了。而他，却一直坚持了十几个小时。

当不解的人们向他问起原因时，他说回答说："那时，有一种坚强的信念一直在支撑着我，我以为第一个农民一定成功地逃生了，而且，我相信他一定很快就会找人来救他。"而事实上，前两个人都没有逃过那场地震。

正是这位农民强烈的求生的信念，使他在那样恶劣的环境下活了下来。如果他放弃了希望，可能早就被死亡的魔鬼拉走了。我们不得不承认，很多时候，信念就是在我们心底最深处支撑起我们生命的那丝力量。

【点睛之笔】

失去信念，就失去了方向和动力，在人生漫漫征途上，信念是我们最好的伙伴，它犹如一位良师益友，让我们的前行之路充满力量。

10. 天君泰然，从容处之

【原文】

崇一①问："寻常意思多忙，有事固忙，无事亦忙，何也？"

先生曰："天地气机，元无一息之停。然有个主宰，故不先不后，不急不缓，虽千变万化而主宰常定，人得此而生。若主宰定时，与天运一般不息，虽酬酢万变，常是从容自在，所谓'天君泰然，百体从令'②。若无主宰，便只是这气奔放，如何不忙？"

【注释】

①崇一：欧阳德（1495～1554），字崇一，号南野，江西泰和人，王阳明的弟子。

②天君泰然，百体从令：语出宋代范浚《香溪集》。

【译文】

欧阳崇一问："平时里大多情况下思想意念都很忙乱，有事的时候固然会忙，但是没事的时候也忙，这是为什么呢？"

先生说："天地间的气息，原来就没有一刻停止过。但它有一个主宰，即使千变万化，也会不先不后，不急不缓，因为主宰是恒定不变的。人就凭着这个主宰生存。如果人的主宰安定，即使像天地一样运行不止，日理万机，也能常常保持从容自在，所谓'天君泰然，百体从令'。如果没有主宰，便会任由气奔腾放纵，怎么能不忙乱呢？"

【经典导读】

　　王阳明所说致良知的最高一级就是看透生死。一般来说，致良知就是要去人欲，存天理，在这个问题上下工夫，去参破它，这样事情来临时，我们就能够从容应对，从容地面对人生。天地运行一样永无停息，虽日理万机，却也从容自在，人生也需要一种从容的态度。

　　在社会高速发展的今天，虽然人们的生活水平已经得到极大提高，可物质的丰富却无法填补心灵的空虚。我们每天都在忙碌、不安和烦恼中度过，一个烦恼过去，下一个烦恼又来了。总之，各种各样的烦恼层出不穷，永不停息，让我们的生活无法从容。于是，每个人貌似平静的表面之下隐藏的是一颗烦躁不安的心。

　　人生的幸福美好来自对万事万物的从容面对，面对纷繁复杂的问题，如果不能从容处置，只能让自己心慌意乱、自乱阵脚。

　　一个人在经过两山对峙间的木桥时，桥突然断了。可奇怪的是，他没有跌下，反而停在半空中。在他的脚下是万丈深渊，是湍急的涧水。他害怕极了，不禁抬头仰望。一架天梯荡在云端，可看起来是那么的遥不可及。倘若落在悬崖边，他绝对会乱抓一气的，哪怕抓到一根救命小草。可是这种境地，他无法从容镇静地面对。他彻底绝望了，吓瘫了，心慌意乱，不知如何是好。渐渐地，天梯缩回云中，不见了影踪，云中传来佛的声音，其实这是障眼法，只要轻轻踮起脚尖儿就可以够到天梯，如果手足无措，不能从容面对，自乱阵脚，便会真的陷入绝境。

　　人有悲欢离合，月有阴晴圆缺，此事古难全，有很多世事是我们无从把握的。生命是一个不断变化的过程，也是一种无法强求的机缘。人生既然如此难以把握，我们倒不如从容面对，于从容中活出另一番境界。

　　乐观的人，总能看到前方的希望；淡定从容的人，总能看到美好的生活。他们认为，每个人都会遭遇到困难和挫折，如果被挫折和困难打倒，就会上了命运的当。唯有在挫折逆境中保持一颗从容淡定的心，我们的生活才会过得更有意义和价值。

　　人生就是如此，从容淡定中，就是另一种活法，另一番境界。这就好比下雨时，匆忙奔跑的人躲雨却成了落汤鸡，而漫步赏雨的人，虽然浑身湿透但心境却是明朗的。相比之下，这个淡然安定欣赏雨景的人，其实深谙从容生活的智慧。面对问题，忙乱是一种选择，从容也是一种选择，而前者出错，后者却能出方法。所以那些被重任选择的人多是选择从容的人。

从容是在名利劳形之中多一分清醒，从容是在车马喧嚣之中多一分理性，从容是在奔波挣扎中多一分尊严，从容是在困顿坎坷中多一分主动。从容让我们不再惊慌失措、焦虑悲伤，稳重镇定地面对时间纷乱。一个人要想成功，无论事实怎样变幻、时间几经周转，没有古人这种心无旁骛、从容淡定的精神境界是不可能成就自己辉煌的人生的。无论是在学习中还是在工作中，遇到问题和难处，首先降伏自己内心的不协调因素，心境平和了，处理外事时就会从容了。

【点睛之笔】

古人有言，"静而后能安，安而后能虑，虑而后能得"。在潮涨潮落的人生舞台上，保持一份从容淡定的胸怀，一切便会豁然开朗。

11. 沽名钓誉毁人生

【原文】

先生曰："为学大病在好名。"

侃曰："从前岁自谓此病已轻，比来精察，乃知全未。岂必务外为人？只闻誉而喜，闻毁而闷，即是此病发来。"

曰："最是。名与实对，务实之心重一分，则务名之心轻一分；全是务实之心，即全无务名之心。若务实之心如饥之求食、渴之求饮，安得更有功夫好名！"

又曰："'疾没世而名不称'①，'称'字去声读，亦'声闻过情，君子耻之'②之意。实不称名，生犹可补，没则无及矣。'四十五十而无闻'③，是不闻道，非无声闻也。孔子云：'是闻也，非达也。'④安肯以此望人！"

【注释】

①疾没世而名不称：语出《论语·卫灵公》"子曰：'君子疾没世而名不称焉。'"此句有二解，一为，到去世时名字不为人称道，君子引以为憾；二为，到去世时名声与自己的实际不相符，君子引以为憾。王阳明从第二种解释。

②声闻过情，君子耻之：语出《孟子·离娄下》"故声闻过情，君子耻之"。意为盛名之下，其实难副，君子以此为耻。

③四十五十而无闻：语出《论语·子罕》。

④是闻也，非达也：语出《论语·颜渊》。意为是有名声，而不是有作为。

【译文】

先生说："治学最大的弊病是好名。"

薛侃说："从去年以来，我自以为我的这个毛病已经有所减轻，但近来仔细体会观察，才知道完全不是这样。难道好名只是想从别人那求得好的名声吗？只要听到赞誉便欣喜，听到诋毁便郁郁不乐，也是因为有好名的毛病。"

先生说："正是这样。名和实相互对应，多一分务实的心，就会少一分求名的心；心全在务实上，便没有求名的心思了。我们知道饿了会到处寻找食物，渴了会找水，如果务实的心也是如此哪里还有时间去好名？"

先生又说："孔子所说的'疾没世而名不称'，'称'应该读第四声，就是'名声超过了实情，君子感到羞耻'的意思。现实和名声不符，在活着的时候还能够挽回，死了就再也不行了。'四十五十而无闻'中的'闻'是没有听闻道，而不是没有名声。孔子说：'是闻也，非达也。'他怎么会凭名气来看待别人呢？"

【经典导读】

王阳明反对好名求名，他认为与名相比，自身的道德修养才为"实"，才是更重要的东西，但他也不是完完全全的反对求名，只是名应符实。市场经济虽然需要一定的自我包装，但过分的炒作只会让人心越来越浮躁和混乱，人应该真真实实地生活，绝不可吹嘘造假，沽名钓誉。

生活中，人们对喜欢耍小聪明的人很讨厌，对欺世盗名之辈更是深恶痛绝。因为好名声必须凭真本领，如果为了博取人们的歌功颂德而不择手段，虽然可以名噪一时，却欺骗不了历史。所以一个真正廉洁的人，由于他廉洁的动机不在于让人歌功颂德，自然也就会廉名远播；一个有大智慧的人决不会靠卖弄小聪明，炫耀才华来提高身价。想做点事业的人，应该认清真廉之名，大巧之人，以防被伪君子和耍小聪明的人所迷惑。

战国时期，齐国东阿地区有一个不干实事、沽名钓誉的军政长官。自打他上任以后，关于他的赞美之辞就不绝于耳，赞扬他功绩的话也纷纷传到京城，齐威王左右亦有不少人为他说好话，极力吹嘘他治理东阿如何有功。

齐威王便派人实地调查，希望能让其他官吏学习他的治理之道，谁知到了东阿竟发现那里田地荒芜、人民饥馑；与东阿相邻的薛陵遭到赵国和卫国进攻的时候，他也不派兵救援。

于是，齐威王召见了他，斥责他"厚币事吾左右以求誉"，当天就把他处以极刑，连那些接受贿赂、替他求誉的人也落得同样下场。

墨子曾经说过："君子们虽然口头上也会讲仁，但他们并不能区分具体行为的仁与不仁，实际就是不知仁。只有根据确实的情况，才能判断一个人是否得其名。如果只从名称、概念上分辨，而不能在实际上对事物进行区别，就不能叫作真知其名。"也就是说，真实应该是第一性，被人们放在首位的；名只应该排在实之后，是第二性的。名由实所决定，是否真正知名，应经受得起实际行动的检验。

古时候，齐国的国君叫齐宣王，他特别爱好音乐，尤其是喜欢听吹竽，所以在他的手下有 300 个善于吹竽的乐师。齐宣王喜欢热闹，爱摆排场，总想在人面前显示做国君的尊严，所以每次听吹竽的时候，总是叫 300 人一起合奏给他听。

有个南郭先生听说了齐王有这个癖好，觉得有机可乘，是个混饭的好机会，就跑到齐宣王那里去，吹嘘自己说："大王啊，我是个有名的乐师，听过我吹竽的人没有不被感动的，就是鸟兽听了也会翩翩起舞，花草听了也会合着节拍震动，我愿把我的绝技先给大王。"齐宣王听得很高兴，不加考察，很爽快地就收下了他，把他编进 300 人的队伍当中去。

从那以后，南郭先生就随那 300 人一块合奏给齐王听，和大家一起享受着优厚的待遇，心里得意极了。

其实南郭先生撒了个弥天大谎，他压根就不会吹竽。每逢演奏的时候，南郭先生就捧着竽混在队伍中，人家摇晃身体他也摇晃身体，人家摆头他也摆头，脸上装出一副动情忘我的样子，看上去和别人一样吹奏得挺投入，还真看不出什么破绽来。南郭先生就这样靠着蒙骗混过了一天又一天，不劳而获的白拿薪水。

但是好景不长，过了几年，爱听竽合奏的齐宣王死了，他的儿子齐湣王继承了王位。齐湣王也爱听吹竽，但是他和齐宣王不一样，认为 300 人一块吹实在太吵，不如独奏来得悠扬逍遥。于是齐湣王发布了一道命令，让 300 人好好练习，做好准备，好一个个地轮流来吹竽给他欣赏。乐师们接到命令后都积极练习，都想一展身手，只有那个滥竽充数的南郭先生急的像热锅上的蚂蚁，惶惶不可终日。他想来想去，觉得这次再也混不过去了，只好连夜收拾行李逃走了。

为人处世，我们不要像南郭先生那样滥竽充数，而是要有真本领，真本事，名副其实，如若不然，迟早会被社会淘汰。

才智越高，越要显得举重若轻，这样看上去才是浑然天成。如果所有的人都觉得你伟大，你却等闲视之，你就会显得更加伟大。你也因恪守自己的行为规范而赢得众人的称赞。

事实上，一个真正有才华的人，往往处事低调不慕名利，即使出名也必定名副其实。但是，现实生活中，总有那么一些人对名的追求似饥若渴，他们总是以假象示人，凡事顾作姿态，摆出一副道貌岸然的架势，张嘴空话连篇，闭嘴假象一个接着一个，说话不知所云，做事云遮雾障。其实，在世人的眼中，像这种装腔作势者根本无法与真正的天才相提并论，因为别人很容易就能感觉出装腔作势者是否在模仿自己并不具备的美德。

这个世界上有好名声的人，在做事之前通常不知道自己的所作所为会赢得别人的赞誉，他们不过是依照自己的价值观念、道德标准在做自己认为应该做的事罢了。其实，我们以赤子之身来此世界，当以赤子之心度此一生，此乃要留清白在人间之意。无声名，亦无功利，便是莫大的声名，莫大的功利。所以，我们的先哲说：至人无己，神人无功，圣人无名。贪慕虚名、急功近利者往往名誉很差，且得不到真正的快乐。

【点睛之笔】

沽名钓誉者或许能凭一时之巧获得所谓的"名声"，但时间一长肯定会露出马脚。靠一时的哗众取宠，这样的"名"往往很短暂，如过眼云烟，很快会被世人遗忘。

12. 不宜耿耿于怀

【原文】

侃多悔。

先生曰："悔悟是去病之药，然以改之为贵。若留滞于中，则又因药发病。"

【译文】

薛侃时常会事后后悔。

先生说："悔悟是去除毛病的良药，但能让人有错便改才是它的效用之所在。如果仅仅将悔恨留滞在心里，就会因为用药而添病。"

【经典导读】

王阳明是明朝中后期儒家的代表人物，儒家的修养讲究中和，凡事不可过当，悔虽然具有积极意义，但是悔得过多又会成为一种毛病。人生其实应该学会放下，悔过并改正错误就足够了。如果对过去的错误念念不忘，执着于心，只能让心负重前行，反而会让行进的路程困苦不已。

人生如白驹过隙，瞬间消逝，我们理当用心对待每一分钟、每一秒，不必为途中的磕磕绊绊耿耿于怀。常言道："花开花落，该落就落。"过往的都已过去，执着于过去只能让自己耿耿于怀、止步不前，正确的做法应是遵循自然规律与做人规律，该放下时就当放下，这样我们才能寻获心的生机。

对于跋涉在成功道路上的人来说，成功的每一步都要付出艰辛，相伴而来的就是忧虑、痛苦、等待，如果我们将过去的种种扛在肩上，走得越远就会感到越重，每走一步就会更加艰难。只有记住该记住的，忘记该忘记的，不念念不忘于过去，把每天都能当成一个新的开始，那就能够轻装上阵，一往无前了。

亚伦·山德士先生永远记得他的生理卫生课老师保尔·布兰德温博士教给他的最有价值的一课。他是这样讲述的：当时我只有十几岁，却经常为很多事发愁，为自己犯过的错误自怨自艾。我老是在想我做过的事，希望当初没有那么做；我老是在想我说过的话，希望当时把话说得更好。

"一天早晨，我们走进科学实验室，发现保罗·布兰德温老师的桌边放着一瓶牛奶。真不知道那和他教的生理卫生课有什么关系。突然，老师一把把那瓶牛奶打翻在水槽中，同时大声喊道：'不要为打翻的牛奶而哭泣。'"

"然后，他把我们叫到水槽边上说：好好看看，永远记住这一课。你们看牛奶已经漏光了。无论你怎么着急，如何抱怨，也不能救回一滴了。只要先动点脑筋，先加以防范，那瓶牛奶就可以保住。可是现在已经太迟了——我们所能做到的，只是把它忘掉，去想下一件事。"

"那次表演使我终身难忘。它教给我，只要有可能，就不要打翻牛奶。万一牛奶打翻整个漏光时，就要把这件事彻底忘掉。"

人之所以会心累，就是因为常常留恋于过去种种难以放下。的确，生活中有很多东西值得我们怀念和记忆，但要想往前走就必须学会放下过去该放下的东西。对过去的事事耿耿于怀，念念不忘，只能让自己有限的容量拥挤不堪。

痛苦源自执着心，人生唯有少执着，多放下。对名利不执着，对权位不执着，对人我是非能放下，对情爱欲念能放下。放手之后，心灵将获得一片自由飞翔的广袤天空，在瞬间释放与舒展，才能享受随缘随喜的解脱生活。其实，想要达到身轻心安的境界，并不困难。只是不要过于执着，不要让自己过得那么辛苦，能够从容放下过去所犯的错误，那么自由畅快就在眼前。

行走于人世间，沟沟坎坎不可避免，事情的发展不会总是按照我们的主观想象进行，大多数时候，万事如意只是一个美好的心愿罢了。面对自己曾经的过错，我们也不必那么过分执着，唯一可以使过去的错误有价值的方法，就是平静地分析错误，从中吸取教训——然后再把错误忘掉。放下昨天是一种大气，如果我们能懂得取舍，放下该弃的，那么我们就少了许多不必要的烦恼和纠结。

【点睛之笔】

不对昨天耿耿于怀就是对生活中的一切学会看开一些、看淡一些，该来的不拒绝，该去的不挽留。

13. 做自己该做的事

【原文】

德章①曰："闻先生以精金喻圣，以分两喻圣人之分量，以锻炼喻学者之功，最为深切。惟谓尧、舜为万镒，孔子为九千镒，疑未安。"

先生曰："此又是躯壳上起念，故替圣人争分两。若不从躯壳上起念，即尧、舜万镒不为多，孔子九千镒不为少。尧、舜万镒只是孔子的，孔子九千镒只是尧、舜的，原无彼我。所以谓之圣，只论'精一'，不论多寡。只要此心纯乎天理处同，便同谓之圣。若是力量气魄，如何尽同得？后儒只在分两上较量，所以流入功利。若除去了比较分两的心，各人尽着自己力量精神，只在此心纯天理上用功，即人人自有，个个圆成，便能大以成大，小以成小，不假外慕，无不具足②。此便是实实落落明善诚身的事。

"后儒不明圣学，不知就自己心地良知良能③上体认扩充，却去求知其所不知，求能其所不能，一味只是希高慕大，不知自己是桀、纣心地，动辄要做尧、舜事业，如何做得？终年碌碌，至于老死，竟不知成就了个什么，可哀也已！"

【注释】

①德章：姓刘，王阳明的学生。

②具足：佛教名词，指佛教比丘和比丘尼所受戒律，与沙弥和沙弥尼所受十介戒相比，戒品具足，故称具足戒。这里是完备的意思。

③良知良能：语出《孟子·尽心上》"孟子曰：'人之所以不学而能者，其良能也；所不虑而知者，其良知也。'"

【译文】

德章说："我听先生曾用纯金来比喻圣人，而以金的分量比喻圣人才力的大小，金的提炼比喻学者所下的修养功夫，很是深刻准确。只是您说尧、舜好比万镒重的金子，而只把孔子比作九千镒的金子，可能不太恰当。"

先生说："你之所以会为圣人们争分量，是因为只在表面形式上着想了。如果不是从表面上着想，那么把尧、舜比作万镒的纯金不会觉得多，而把孔子比作九千镒的纯金也不会觉得少。尧、舜的万镒也是孔子的，孔子的九千镒也是尧、舜的，原本没有你我之别。把他们称为圣人，是只考虑他们的质是否达到了'精一'的境界，而不在于他们才力的大小。只要他们的心同样合乎天理，便一样把他们叫作圣人。谈到才智气魄，怎么可能会全然相同呢？后世儒生们只懂得在才力的大小上斤斤计较，所以才会陷入功利的泥潭当中。如果能够把这种计较才能大小的私心去除掉，各人只尽自己所能在存天理这方面下工夫，就会人人自然有所成就，功德圆满，能力大的人作出大成就，能力小的就作出小成就，不需要凭借外力就能完美纯粹。这就是实实在在、明善诚身的事情。

"后世儒生们不懂得圣人的学说，不知道扩充自己本心的知识和能力，以此追求那些没有认识的事情和不具备的能力，一味好高骛远，爱慕虚荣，不知道自己的心是桀纣的心，怎么能动不动就要去做尧、舜的事业？直到终老死去，也只是终年碌碌无为，不知道究竟得了什么成就，真是可悲呀！"

【经典导读】

在王阳明看来，修养需要尽己所能，每个人都应该明白自己该做什么，如果只是盲目地不切实际地追求圣人之道，这样的人是可悲的。还有一种人明知自己的力量达不到还偏要去做，这种一味求高慕大的人也很可怕！

　　一个人若想自己朝着好的方向发展，就应该明晓得失、看清自己，做自己该做的事，做自己力所能及的事。只有端正己心，以求知的心态修德行，人生也会因这份努力而美丽长存。

　　俗话说，在其职谋其政。作为君王，治理国家就应该做自己应该做的事，倘若凡事事必躬亲，不能从大处着手，就会取得适得其反的治理效果——不但自己累得精疲力竭，而且国家的大事小事会变得混乱不堪。只有把自己应做的做好，才能让国家秩序井然，蒸蒸日上。

　　梁国有一个君王，一心想做个好皇帝，把国家治理好。于是他每日勤于政事，几乎事必躬亲。首先，他制定了严格的法律，规定什么可以做，什么不可以做，如果违反了，就要受到严厉的处罚。他制定的法律多如牛毛，连人们在大路上走路的姿势都做了严格规定，搞得写法律的竹简充斥宫中，人们连走路的地方都没有了。其次，他又精心选派了一大批官吏，从中央到地方，层层负责，各司其职，严格规定了领导和服从的制度。即使这样他也还不满意，自己每天都要到各处巡查，监督各级官吏履行职责的情况。官吏稍有违背之处，他就大发雷霆，动辄撤职。

　　虽然他这样认真负责地管理国家，可是治理的效果并不尽如人意，贪官污吏层出不穷，老百姓生活极其艰苦，盗匪迭起，社会秩序混乱不堪。梁王十分苦恼，却也毫无办法。他听说杨朱满腹经纶，于是就向杨朱请教。

　　杨朱面对梁王的苦闷，就给他讲起如何治理国家，说治理国家就好像把圆球放在手上玩耍一般容易，何必那么费心费力？梁王说："你有一妻一妾都管不好，几亩大的田地连草都除不干净，却说治理天下这般容易，究竟为何？"

　　杨朱说："不知君主是否见过放羊的情景？很多羊在一起的时候，让一个小孩拿着鞭子守护着，要羊向东，羊群就向东，要羊向西，羊群就向西。可是，如果让尧帝来把每只羊都牵上，还让舜帝拿着长长的鞭子跟在后面，羊反而不好放了。而且我听说过这么一句话：能吞下大船的鱼不在支流中浮游，鸿鹄只在高天上飞，不落在低矮的屋檐上。这是什么原因呢？因为它们志向高远，知道自己该做什么，并做着自己应该做的事。黄钟大吕这样的乐器不和繁杂的乐音合奏，这是为什么呢？因为那是高亢的乐律。成大事者不拘小节，今天君王你身居高位，想成就大业，可是事无巨细，什么小事都管，结果往往做出越俎代庖的事来，使本来应该管的事反而没有管，您说这样怎么能把国家治理好呢？"

梁王听后，若有所思。

每一个人在社会中都扮演着特定的角色，而且人的角色不止一个。例如你在家里是儿子或女儿，也是孙子或孙女；在学校里是老师的学生，是同学的朋友；在社团是领导或队员；在马路上是行人；在商店里是顾客；步入工作岗位以后，你又要担任员工、同事的角色。每一个角色对你的行为和思想都有不同的细节要求，但相通的一点是：无论你目前扮演的是哪一个角色，都要努力把它做好。正所谓"在其位，司其职"。

"身在其位必谋其政"是指当一个人处于某种位置时，就应该把该做的、必须做的，不仅要做，还要做好。做好自己该做的事是对本分的恪守，这并不是一件容易的事情，但只要本着对生活的热情，有一分执着，有一分刚毅，踏踏实实就一定能看到希望的光明！

做自己该做的事，虽不能尽善尽美，但只要尽心尽力，尽职尽责，我们便能尽情地享受生活给予我们的无穷乐趣！

【点睛之笔】

每个人都要做到在其位、谋其职，就像一个在等待上天随时召唤的志士。

14. 本心不动

【原文】

侃问："先儒以心之静为体，心之动为用，如何？"

先生曰："心不可以动静为体用。动静，时也。即体而言用在体，即用而言体在用，是谓'体用一源'。若说静可以见其体，动可以见其用，却不妨。"

【译文】

薛侃问："先代儒生们认为静是心的本体，动是心的应用，这话对吗？"

先生说："心不能够把动静当作它的本体和应用。动静只是在时间方面来说的，只是暂时的。就本体而言，用在体；就作用而言，体在用。这就是所谓的'体用一源'。倘若说静时能够见到心的本体，动时能够见到心的作用，却也无妨。"

【经典导读】

王阳明以心来讲"体用一源"，他认为体是心，用是心之用，心之体即是理，心之用便是物，能得其体，用即在其中，以强调心就是一切的本源。

"体用一源"就是静止的东西不让它运动，运动的东西不让它静止。依照事物的特性各尽所用，不为外物所牵累，不为外物所役使。心的本体清静而公正，精神就可以通达于上下四方，德泽就可以照耀到四海之外。圣人把性命寄托在深邃幽远处。世间的一切烦忧皆由人心中而来，要想少些烦恼，先要让自己的心静一静，此心不动，万物便无法烦扰自己。人的终极自由是心灵的自由，只有做到不动心，才能得到真正超然物外的洒脱。

"不动心"是一个人修养和定力的体现，若一个人无此定力，则可能被外境左右，随外境而动摇。一个人要想本心不动，就要做到不为外物所动。面对诱惑时，不能动心；面对世事沉浮，也应保持镇定自若。

明武宗时，宁王朱宸濠叛乱，宦官张忠和朱泰想坐收渔翁之利，便鼓动武宗御驾亲征。正当他们打着如意算盘时，前线平叛的王守仁传来生擒朱宸濠捷报。张忠和朱泰的阴谋未果，自然会对王守仁记恨在心、图谋报复。他们大肆散播流言，诽谤王守仁本来就与宁王有私通，又怂恿随驾军士肆意辱骂王守仁，甚至故意冲撞王守仁的出行仪仗，有意挑起事端。王守仁却丝毫不为所动，一边以礼相待，一边预先派遣手下官吏通告市民，让他们暂时先移居乡下，家中要留下能看守门户的人就可以了，以免殃及百姓、增加纠葛。捷战后，王守仁本已准备犒赏随驾亲征军队，但朱泰等人却威胁将士、强行命令军中将士不得接受赏赐。王守仁得知此事后，知到是朱泰和张忠等人有意离间他和将士们的关系、挑起军民矛盾，便传谕百姓说，很多人背井离乡来此征战，忠心可嘉，但却十分辛苦，为了表达我们的感谢，本地居民当尽主人之谊，好生厚待他们。自此但凡军队中有人死亡时，王守仁一定亲自前去慰问，并赏给很多助葬之资，尽量抚慰。

按照当地的风俗习惯，冬至时节是人们祭奠亡灵的日子，每家都会到坟上亲手为死去的亲人焚送"寒衣"。那一年冬至将至时，王守仁便让城中军民举行祭奠仪式。因为平定朱宸濠之乱的战事刚刚结束，而且战乱中死去亲人的人为数甚多，所以这一年百姓哭吊亲人、酹酒遥奠的人特别多，成片的哭泣之声几乎要将这座城池哭动了。这时王守仁身在哭泣的人群中，和大家一起把伤心痛心的泪水洒在斑驳的土地上。随驾大军触景生情，潸然泪下。

随着王守仁的仁厚正气被越来越多的人看在眼里，军士们、百姓们不再被谗言和威胁左右，打心底里敬佩王守仁。

王守仁心体光明，毫无暗昧之念，面对没有事实根据的谗言谶语忍辱负重、以诚感人，最终张忠等人的谎言不攻自破。这实在是"心体光明，暗室中有青天"真实的演绎。古人云，"君子坦荡荡，小人常戚戚"，既然如此，那我们不妨学一学王守仁为人处世之道。在现实生活中，一个看透了世间的学问、心无秽物的人，永远不会被别人的谗言束缚为善的手脚，更不会感到迷茫而失去心的自由。

苏东坡被贬谪到江北瓜洲时，和金山寺的和尚佛印相交甚多，常常在一起参禅礼佛，谈经论道，成为非常好的朋友。

一天，苏东坡做了一首五言诗：稽首天中天，毫光照大千；八风吹不动，端坐紫金莲。做完之后，他再三吟诵，觉得其中含义深刻，颇得禅家智慧之大成。苏东坡觉得佛印看到这首诗一定会大为赞赏，于是很想立刻把这首诗交给佛印，但苦于公务缠身，只好派了一个小书童将诗稿送过江去请佛印品鉴。

书童说明来意之后将诗稿交给了佛印禅师，佛印看过之后，微微一笑，提笔在原稿的背面写了几个字，然后让书童带回。

苏东坡满心欢喜地打开了信封，却先惊后怒。原来佛印只在宣纸背面写了两个字："狗屁！"苏东坡既生气又不解，坐立不安，索性搁下手中的事情，吩咐书童备船再次过江。

哪知苏东坡的船刚刚靠岸，却见佛印禅师已经在岸边等候多时。苏东坡怒不可遏地对佛印说："和尚，你我相交甚好，为何要这般侮辱我呢？"

佛印笑吟吟地说："此话怎讲？我怎么会侮辱居士呢？"

苏东坡将诗稿拿出来，指着背面的"狗屁"二字给佛印看，质问原因。

佛印接过来，指着苏东坡的诗问道："居士不是自称'八风吹不动'吗？那怎么一个'屁'就过江来了呢？"

苏东坡顿时明白了佛印的意思，满脸羞愧，不知如何作答。

真心不显，妄心就会成为人的主人。心动则杂念生，杂念生人就会难以认清自己。当一个人有一颗不动的心，不生是非分别的妄想，不起颠倒黑白、争名夺利的念想之时，就能够安稳如山，明净如水，悠闲如云，自在如风。

大千世界可以引起人们的万端思绪，如果一个人平时不能加强自己的修养，很可能抵制不住邪恶的诱惑。因为外界的善恶、正邪、美丑现象，实际上是人们内心的反映，每个人做事都从自己的认识出发，心地邪恶的人就难以正确认识人生，而往往把人的善行看作是恶意，把人家的正言看作是邪念。这就如同一个心中快乐的人看见花就觉得美，一个心中忧愁的人看见花并不觉得美，善恶邪正美丑往往是存乎一念，不管是明里还是暗里，不注意修省，而私欲横生，遇事就不可能有正确的认识。心地光明的人本心不动什么时候都是影正行端，做事自能公平合理。

【点睛之笔】

太过在意一些东西，只会徒增烦恼，心不动，不为得失利欲烦忧，生活反而会十分惬意。

15. 有心就有力量

【原文】

问："上智、下愚，如何不可移①？"

先生曰："不是不可移，只是不肯移。"

【注释】

①上智、下愚，不可移：语出《论语·阳货》"子曰：'唯上智与下愚不移。'"一般认为孔子所说的不移是不可移。

【译文】

薛侃问："智慧和笨愚，为什么不能改变？"

先生说："不是不可改变，只是不愿意改变而已。"

【经典导读】

王阳明认为上智与下愚没有明显的界限，"下愚"者只要愿意改变自己的志向，并付诸行动，找对方法，为之努力就一定能获得"上智"的成功。其实，人世间是没有绝对的愚笨之人的，一个人只要有一颗向上的心，就可以冲破愚的界限达到智的高峰。简言之，有心就有力量。

希求人生通达是每个人的愿望，但是，由于每个人所处的社会地位和社会关系的差异，以及社会生活的错综复杂，人生的通达又受到很多条件的限制。面对各种未知的情况，我们并非无能为力，不论遇到什么情况，只要我们以良好的心态去面对，发挥着自己积极心态的力量，就会对我们克服困难有所帮助。有心就有力量，只要心在，我们就可以保持旺盛的进取斗志，进而让我们在人生的道路上取得意想不到的成功；假如人生失去了心的力量，我们就会在不知不觉中丧失自己开拓进取、战胜困难的勇气。

有这样一个充满哲理的故事：

从前，有一位富翁，他在一次大生意中亏光了所有的钱，并且欠下了许多债，他只有卖掉房子、汽车以及他所有的财产，才能勉强还清欠下的债款。

此时，他孤独一人，因为他无儿无女，加上穷困潦倒，唯有一只心爱的猎狗和一本书与他相依为命，此情此景，他感到了前所未有的孤独和寂寞。

在一个大雪纷飞的夜晚，他来到一座荒僻的村庄，找到一个避风的茅棚。他看到里面有一盏油灯，于是用身上仅存的一根火柴点燃了油灯，拿出书来准备读书。但是一阵风忽然把灯吹熄了，四周立刻陷入了一片漆黑。这位孤独的老人又陷入了黑暗之中，他对人生感到痛彻的绝望，他甚至想到了结束自己的生命。但是，立在身边的猎狗给了他一丝慰藉，他无奈地叹了一口气沉沉睡去。

第二天醒来，他忽然发现心爱的猎狗也被人杀死在门外。他认为，上天真是对他不公平，不但把他所有的财产夺走了，而且就在穷困潦倒时相依为命的狗也夺走了，他绝望之至，觉得世间再没有什么值得留恋的了，打算结束自己的生命。他最后扫视了一眼周围的一切。这时，他发现整个村庄都沉寂在一片可怕的寂静之中。他不由急步向前，一片血海映入眼前，他看到了整个村庄的人都变成了尸体。显然，这个村庄昨夜遭到了匪徒的洗劫，整个村庄一个活口也没留下来。

看到这可怕的场面，老人不由心念急转：我是这里唯一幸存的人，我一定要坚强地活下去。此时，一轮红日冉冉升起，照得四周一片光亮，老人欣慰地想，我是这个世界里唯一的幸存者，我没有理由不珍惜自己。虽然我失去了心爱的猎狗，但是，我却得到了生命，这才是人生最宝贵的。因此，老人怀着坚定的信念，迎着灿烂的太阳出发了。

成功人士与失败者之间的差别是：成功人士始终积极思考、乐观面对，发挥自己心的力量，用心支配和控制自己的人生。而对于失败者来说，他们的心中从不曾想自己会成功，他们的人生被过去的种种失败与疑虑所支配。

任何一个人，只要活在世上，就必然会遇到许许多多的矛盾和问题，甚至是挫折和磨难。面对这种情况，我们的心理素质如何，我们的心能够给自己多大的力量去解决矛盾和问题，去应对挫折和磨难，直接决定着今后的行为走向与行为结果。一个生活在现实社会中的人，只有拥有一颗向上的有力之心才能努力去克服困难，创造属于自己的幸福生活。

【点睛之笔】

在人生遭遇挫折时，不要自暴自弃，一定要勇敢面对。因为，有心就有力量。

16. 最适合自己的

【原文】

问"子夏门人问交"①章。

先生曰："子夏是言小子之交，子张②是言成人之交。若善用之，亦俱是。"

【注释】

①子夏门人问交：语出《论语·子张》。子夏，姓卜，名商，字子夏，春秋时晋国人，孔子的弟子。

②子张：姓颛孙，名师，春秋时陈国阳城人，孔子的弟子。

【译文】

薛侃请教先生"子夏门人问交"一章。

先生说："子夏说的是孩童间的交往，子张说的是大人间的交往。如果懂得应用，他们都是正确的。"

【经典导读】

王阳明所言"圣人与天地民物同体，儒、佛、老、庄皆我之用，是之谓大道"，他指出圣人与天地万物、芸芸众生并没有本质上的区别，只要是适合自己的，都可以为我所用。因此，对于心中崇拜的偶像，我们可以借鉴其思想，而不应迷信其僵硬的躯体。盲目的偶像崇拜是成功路上的绊脚石，我们不应盲目崇拜所谓的圣人经典。世界上的每个人都是不同的，都有着与众不同的特质，因此我们要有所选择、取其精华的偶像崇拜，只有选择最适合自己的，才能铺平成功的人生之路，激发出于后世有益的人生智慧。

俗话说得好，一个萝卜一个坑。我们每一个人都犹如那粗、细、长、短各不相同的萝卜一般，上天给每一个萝卜都安排了一个属于自己的萝卜坑，只能找到那个适合自己的坑，我们才能健康茁壮地生长。因此，在成长的道路上，我们每个人都要对自己进行深入的分析，以便更好地认识自己，知道什么才是最适合自己的，并选择适合自己的。这对于每一个人都至关重要。

1935年，帕瓦罗蒂出生于意大利的一个面包师家庭。父亲是个歌剧爱好者，他常把卡鲁索、吉利的唱片带回家来听。耳濡目染之中，帕瓦罗蒂也喜欢上了唱歌，并在很小的时候就显示出了唱歌的天赋。长大后，帕瓦罗蒂依然喜欢唱歌，但他更喜欢孩子，并希望成为一名教师。于是，他考上了一所师范学校。在师范学校学习期间，一位名叫阿利戈·波拉的专业歌手收帕瓦罗蒂当学生。临近毕业的时候，帕瓦罗蒂问父亲："我应该怎么选择？是当教师呢，还是成为一个歌唱家？"父亲这样回答他："孩子，坐一把比自己屁股小的椅子只会让自己痛苦不堪，在生活中，如果你想让自己走得舒服稳当，就应该选择一把更适合自己的椅子。"

听了父亲的话，帕瓦罗蒂选择了教师。不幸的是，初执教鞭的帕瓦罗蒂缺乏经验，管教不了调皮捣蛋的学生，最终只好离开了学校。于是，帕瓦罗蒂选择了唱歌。17岁时，父亲介绍帕瓦罗蒂到"罗西尼"合唱团，开始随合唱团在各地举行音乐会。帕瓦罗蒂经常在免费音乐会上演唱，希望能引起某位经纪人的注意。可是，近7年的时间过去了，帕瓦罗蒂还是个无名小辈。眼看着周围的朋友们都找到了适合自己的位置，也都结了婚，而自己还没有养家糊口的能力，帕瓦罗蒂苦恼极了。偏偏在这个时候，帕瓦罗蒂的声带上长了个小结。在菲拉拉举行的一场音乐会上，他就好像脖子被掐住的男中音，被满场的倒彩声轰下了台。失败让帕瓦罗蒂产生了放弃的念头。

这时，冷静下来的帕瓦罗蒂想起了父亲的话，于是他坚持了下来。几个月后，帕瓦罗蒂在一场歌剧比赛中崭露头角，被选中在雷焦埃米利亚市剧院演唱著名歌剧《波希米亚人》，这是帕瓦罗蒂首次演唱歌剧。演出结束后，帕瓦罗蒂赢得了观众雷鸣般的掌声。随后，帕瓦罗蒂应邀去澳大利亚演出及录制唱片。1967年，他被著名指挥大师卡拉扬挑选为威尔第《安魂曲》的男高音独唱者。从此，帕瓦罗蒂的声名节节上升，成为活跃于国际歌剧舞台上的最佳男高音。

当一位记者问帕瓦罗蒂成功的秘诀是什么时，他说："我的成功在于我选对了自己施展才华的方向。我觉得一个人如何去体现他的才华，就在于他要选对人生奋斗的方向。"

帕瓦罗蒂用他的成功向我们证明：合适的才是最好的。这世界上根本就没有"最好"，只要找到了最适合自己的，我们就找到了人生中最好的东西。

卯眼和榫头相契合，车子才能运转。我们无时无刻不在找寻着适合自己的人生方向，只有选对了出路，我们的理想抱负才能得以施展。生活中人们一直在不断地追逐某种东西，却从来不去考虑自己所追求的是否适合自己，是否是自己真正想要的。因此我们不必艳羡他人所得，因为适合别人的东西不一定适合你。找到适合自己的才是最重要的事情。

林语堂先生说，最适合的，才是最合乎生命节奏的。只有这样的生命组合，才是最完美而没有遗憾的。的确，我们需要为自己选择一条最适合的人生道路，只有选择适合自己的路，才能轻松地面对路上的荆棘与坎坷。

古人讲，花木飞鸟本是自然之物，将其放诸山水间就会生趣盎然；如果将花木栽进盆中，将鸟儿关入笼里，妙趣顿减。生活中，类似花盆、鸟笼之类的枷锁无处不在，如果人们不能正确定位自己，找不到真正适合自己去做的事情，自己的潜能就永远难以完全发挥出来，成功之路也将倍加曲折。相反，如果能自得其所，使自己的长处充分地施展出来，再加上自己的努力与勤奋，就会在不知不觉中超越他人，脱颖而出。

【点睛之笔】

我们每个人的人生就好比一段有着优美风景的旅程，我们每个人都在开辟一条属于自己的路。不管这条道路是一马平川，还是坎坷不平，唯有适合自己，才是最好的路。

17. 享受生活的愉悦

【原文】

子仁①问："'学而时习之，不亦说乎？'②先儒以学为'效先觉之所为'③，如何？"

先生曰："'学'是学去人欲、存天理。从事于去人欲、存天理，则自正诸先觉，考诸古训，自下许多问辨、思索、存省、克治功夫。然不过欲去此心之人欲、存吾心之天理耳。若曰'效先觉之所为'，则只说得学中一件事，亦似专求诸外了。'时习'者，'坐如尸'，非专习坐也，坐时习此心也；'立如斋'，④非专习立也，立时习此心也。'说'是'理义之说我心'⑤之'说'，人心本自说理义，如目本说色，耳本说声。惟为人欲所蔽所累，始有不说。今人欲日去，则理义日洽浃。安得不说？"

【注释】

①子仁：冯恩，字子仁，号南江，王阳明的弟子。

②学而时习之，不亦说乎：语出《论语·学而》。

③效先觉之所为：语出朱熹《论语集注》"学之为言效也。人性皆善，而觉有先后。后觉者，必效先觉之所为，乃可以明善而复其初也"。

④坐如尸、立如斋：语出《礼记·曲礼》。坐如尸，意为像祭礼中受祭者一样端正地坐；立如斋，指谦恭地站立。

⑤理义之说我心：语出《孟子·告子上》"谓理也，义也，圣人先得我心之所同然耳。故理义之悦我心，犹刍豢之悦我口"。意为天理使我高兴。

【译文】

子仁问："'学而时习之，不亦说乎'里的'学'，朱熹认为是'效仿先觉的行为'，他这种说法对吗？"

先生说："'学'是指学习去人欲、存天理。一直在去人欲、存天理，那么自然会求正于先觉，考求于古训，自然会努力问辨、思考、存养、克制。然而终究也只是去人欲、存天理的功夫罢了。如果只说是'效法先觉者的行为'，就只说到了学习中的一件事，似乎是专门在心之外求取了。'时习'时'坐如尸'，并非专门练习端坐，而是说在端坐的时候修养身心；'立如斋'，也并非专门练习站立，而是在站立的时候去学着修习自己的心。'说'是'理义之说我心'中的'说'，是我心高兴的意思。人心原本就会因学习天理而高兴，就像是眼睛喜欢颜色、耳朵喜欢声音一样。只是因为私欲牵累了本心，才会不因天理而愉快。现在私欲一天天地去除，天理就会一天天滋养人心，怎么会不高兴呢？"

【经典导读】

王阳明从小熟读四书五经，对于宋代的程朱理学也有深刻的见解，这些都是他创立心学的基础。尤其对于朱熹提出的"存天理，灭人欲"，他更有着深刻的理解。

一次他路过道观问一位禅师是否想念自己的母亲，禅师想了想面露愧色地说："想！"于是王阳明开始思考所谓的"人欲"。谁都有母亲，为什么要因想念自己的母亲而感觉至羞愧呢？思母念母不是人之常情吗？从这以后，他便对朱熹的"存天理，灭人欲"产生了质疑，进而对这个说法做了新的诠释。王阳明认为，人应该"求减不求增"，减少自己的欲望，天地间便多了一份天理，这就是人生快乐、洒脱的法则。而这个法则也与"心学"相照应，其实天地间万事万物都是人心的写照。

世间之风月景物本就没有烦恼、快乐之别，有别的是人的内心，内心繁复自然多了几分烦恼；内心简单快乐自然容易了许多。生活不是用来烦恼的，我们都误解了生活，生活本该是快乐的。

然而发达的科技、丰富的物质、激烈的竞争让我们无法安心来享受生活。我们总是很轻易地就被外物挑逗起心中的欲望：他人的暴富让我们血脉喷张，跃跃欲试；漫天飞舞的时尚名牌，让我们心迷意乱……被世上的名利、金钱、物质诱惑着，我们的心灵开始因未得到的、失去的、得不到的而烦躁不安。这时的心灵已承受了太大的压力，以至于很多人都体会不到生活的愉悦，人们活得很累。

我们本应该享受生活的，只有懂得享受愉悦生活的人生才算真正活过。然而，很多人无法弄懂这个显而易见的道理，他们往往自寻烦恼，自己给自己套上枷锁，从而让自己疲惫不堪。

一位老师带着他的学生打开了一个神秘的仓库，仓库里装满了散发着奇光异彩的宝贝。仔细看，发现每个宝贝上都刻着清晰可辨的字，分别是骄傲、正直、快乐、爱情……

这些宝贝那么漂亮、那么迷人，学生见一件爱一件，抓起来就往口袋里装。

在回家的路上学生才发现，装满宝贝的口袋是那么的沉。没走多远，他便气喘吁吁，两腿发软，再也无法挪动脚步。

老师说："孩子，我看还是丢掉一些宝贝吧，后面的路还长着呢！"

学生恋恋不舍地在口袋里翻来翻去，咬咬牙丢掉两件宝贝，但年轻人还是感到很沉很沉，双腿依然像灌了铅一样重。

"孩子，"老师又一次劝道，"你再翻一翻口袋，看还可以丢掉些什么。"

学生终于把沉重的名和利翻出来丢掉了，口袋里只剩下谦虚、正直、快乐、爱情……一下子，他感到说不出的轻松和快乐。

但是，当他们走到离家只有 100 米的地方时，年轻人又一次感到了疲惫，前所未有的疲惫，他真的再也走不动了。

"孩子，你看还有什么暂时可以丢掉的，离家只有 100 米了，马上就可以到家了。回到家，等恢复体力还可以回来取。"

学生想了想，拿出"爱情"看了又看，恋恋不舍地放在了路边。

他终于走回了家。

可是他并没有想象中的那样高兴，他在想着那个让他恋恋不舍的"爱情"。老师对他说："爱情虽然可以给你带来幸福和快乐，但是，它有时也会成为你的负担。等你恢复了体力还可以把它取回，对吗？"

第二天，他恢复了体力，按着来时路拿回了"爱情"。他真是高兴极了，欢呼、雀跃、感到无比的幸福和快乐。这时，老师走过来摸着他的头，舒了一口气："啊，我的孩子，你终于学会了放弃！"

很多时候，我们就和这个青年一样，在人生中不断奔跑，朝着下一个目标不断奋进，我们的生活被一个又一个的目标所占满。也正因如此，越来越多的人随着生活节奏的加快，都感到身心压力加大，有的甚至开始埋怨生活变得枯燥无味。其实生活不愉快的责任全在于我们自己，因为我们不懂得享受生活的愉悦。

现代社会呈现出这样一种普遍现象：人们的头脑被焦虑占满，以致浪费了宝贵的精力，使得日常生活变得紧张异常，同时人们也产生了度日如年的感觉。而生活本来可以不这么过，只是我们都紧张得忘记了在生活中慢慢体味幸福的味道。其实，如果我们要享受轻松而富有意义的生活，就应当注意及时从繁忙的事务中抽身出来，给自己一个放松与享受生活的时间。

生活需要一杯茶的清香，需要一碗酒的浓烈，也需要淡如水的自然清新。学会享受生活的愉悦其实很简单。你可以每天早晨出来呼吸一下那些新鲜的空气，给自己泡一杯咖啡，听一曲优美的曲子，抑或在休息的时候给朋友送去自己亲手包的饺子，或者是陪着父母一起坐在电视机前说着那些实际上已经说了无数次的经典家常，又或者一家三口一起去游玩……这些事情并不难，只要你愿意，你就能享受到生活的愉悦，心情也会得到极大的放松。

【点睛之笔】

贪多只会带来无穷尽的烦恼和麻烦。我们要学会接纳自己、享受生活，使自己从欲念的无底深渊中解放出来，这将是快乐的始发站。

18. 学习之道，一以贯之

【原文】

国英^①问："曾子三省^②虽切。恐是未闻一贯^③时功夫？"

先生曰："一贯是夫子见曾子未得用功之要，故告之。学者果能忠恕上用功，岂不是一贯？'一'如树之根本，'贯'如树之枝叶。未种根，何枝叶之可得？体用一源，体未立，用安从生？谓'曾子于其用处，盖已随事精察而力行之。但未知其体之一'。此恐未尽。"

【注释】

①国英：姓陈，名桀，字国英，福建莆田人，王阳明的学生。

②三省：语出《论语·学而》"曾子曰：'吾日三省吾身：为人谋而不忠乎？为朋友交而不信乎？传不习乎？'"曾子，即曾参，字子舆，鲁国人，孔子的弟子。

③一贯：即一以贯之。语出《论语·里仁》。

【译文】

国英问："曾子'吾日三省吾身'，虽然真切，但恐怕他还没有到'一以贯之'的境界。"

先生说："孔子见曾子还没有领会到用功的要领，所以才告诉他'一以贯之'的道理。学者要是真能在忠恕上用功，岂不就是'一以贯之'吗？'一'就像是树的根，'贯'就像是树的枝叶。没有树根，枝叶从哪里来？体和用同源，不存在体的时候，用从何而来？'朱熹说'曾子运用心，已经可以精确体察事情并且付诸实践了，只是他还不知道心的本体和作用是一体的'。这样说可能不全面吧。"

【经典导读】

阳明从体用一源的立场，来解说孔子与曾子关于"一以贯之"的对话，强调一以贯之的重要性。对于我们来说，不仅做学问需要一以贯之，在生活中我们做任何事都需要"一以贯之"的功夫。

一以贯之，就是要坚持"看准了就坚定不移地干下去"，对已经认定的，要咬定青山不放松、紧盯目标有作为，坚定而又坚决地干下去。有时候，我们之所以失败，并不是因为没有自信，而是缺少坚持的决心。正所谓"车到山前必有路"、"船到桥头必然直"、"柳暗花明又一村"！然而只有坚持者才能收到这样的馈赠与奖赏。

1950 年，弗洛伦丝·查德威克因为成为第一个成功横渡英吉利海峡的女性而闻名天下。

成功为她增添了更多的勇气，于是她决定再次挑战人类极限，再创更高的记录——从卡德琳娜岛游到加利福尼亚。

1953 年，她真的进行了这项极限挑战。经过 16 个小时的游弋，弗洛伦丝距离加利福尼亚已经很近，可是此时正是大雾天气，长时间泡在水里的她已经被冻得嘴唇发紫，全身颤抖。前面雾气迷蒙，她根本看不清前面的海岸，无法判断自己离加利福尼亚海岸还有多远。

她开始感到灰心泄气，一泄气，巨大的疲惫感便向她袭来，她对自己失去了信心，觉得自己已经到了极限无法再坚持下去，于是就向小艇上的随行人员发出了求救："我不行了，快把我抱上船吧！"

随行人员告诉她："可是你离目标只有一英里了，近在咫尺，现在放弃就意味着你失败了。"迷雾不但遮住了弗洛伦丝的视线，也挫败了她的信心，她以为随行人员是在撒善意的谎言，所以她并没有相信他们的话，而是选择了彻底放弃。

当她被拖上小艇，得知自己距离目标只有一英里时，禁不住仰天长叹，懊悔自己没有咬咬牙再坚持一下。

弗洛伦丝·查德威克用她的经历告诉我们，成功有时候就在我们坚持的下一秒。只要我们信心不灭，勇敢地一直走下去，成功最终是属于我们的。

面对竞争激烈的现代社会，我们更应保持一抓到底的态势和一以贯之的韧劲，发扬与时俱进、坚持到底的精神，顺势而为，乘势而上，永不放弃。所有成功者都是能够坚持下去的人，我们要不断地进取，养成坚定执着的个性，并用辛勤的汗水浇灌成功之花。做任何事情，只要有心，坚持奋斗，定能成就大事。

【点睛之笔】

一以贯之，善始慎终，坚持下去，方为智者。

19. 分清本末好做事

【原文】

"种树者必培其根，种德者必养其心。欲树之长，必于始生时删其繁枝；欲德之盛，必于始学时去夫外好。如外好诗文，则精神日渐漏泄在诗文上去。凡百外好皆然。"

又曰："我此论学，是无中生有的功夫。诸公须要信得及，只是立志。学者一念为善之志，如树之种，但勿助勿忘，只管培植将去，自然日夜滋长，生气日完，枝叶日茂。树初生时，便抽繁枝，亦须刊落，然后根干能大。初学时亦然，故立志贵专一。"

【译文】

先生说："种树的人定会先栽培树根，培养德行的人定会先存养心性。想让树长高，一定会在开始的时候修剪掉多余的树枝；想让品德高尚，一定会在初学的时候除去对外物的爱好。比如爱好诗文，那么精神就会逐渐倾注到诗文上去。其余的爱好也都是这样。"

先生接着说："我这次讲学，讲的是无中生有的功夫。你们如果要相信，首先就要立志。学者的一点行善的念头，就好比种树，不拔苗助长，也不要把它忘记，只管去培育它，生长可任由它，这样自然会生机勃勃，枝叶也会日渐茂盛。树木刚开始生长的时候发出来的多余的枝，必须修剪，这样树的根和干才能粗壮。刚开始治学的时候也是这样，所以贵在立志专一。"

【经典导读】

王阳明认为从立志到道德修养上有所成就这一过程，并不是无中生有的，就如种树先要培育其根一样，修养也要从根本入手。我们做人其实也是一样的道理，凡事应该先分清本末，倘若本末倒置就会因小失大了。

买椟还珠的故事中郑国人花了大本钱买了椟还了珠，就因本末倒置，主次不分，造成的。事实上，只有学会分清主次，才能迈向成功的彼岸。

有一个年轻人，去参加汽车公司销售顾问的招聘。招聘内容非常简单，要求每个应试者做一份试卷，主考官说主要是想看看大家的综合知识水平如何，希望大家认真对待。答题时间只有二十分钟。当试卷发下来时，大家都愣住了。试卷上是密密麻麻的内容，而且题目很广泛，有天文地理、哲学艺术……但这么短暂的时间，是根本不可能完成的。年轻人完全不知从何下手，匆匆看了一遍试卷，却发现试卷中只有最后两题是与汽车销售有关的。在仅有的时间内，年轻人只选择了这两道题，便交了试卷。几天后，他收到了公司的录用通知。报到那天，主考官对他说："你是所有求职者中答题最少的，但你做了最需要做的，你是一个能够分清主次，会动脑子会做事情的人，所以我们看中了你。"年轻人的成功，在于他分清了主次，选择了最重要的去做。

在生活中，我们常常会遇到类似的人生"试卷"，我们根本没有办法将它全部做完，因此我们只能选择其核心部分，将"试卷"之本完成好。

事物皆有本末，本未盖为一体。如果不存在末，也就无所谓本。我们当然不能只视本而完全忽视末，只肯定本而完全否定末。末由本生，本在下而末在上，本在土内而末在土外，我们千万不能本末倒置，将末放在本之前。然而本末倒置的在今天却比比皆是，比如重利轻义、舍近求远、喜他恶我都是本末倒置的最好体现。

因此，我们更应警醒：无论做任何事情，我们都要看到根本，从根本下手，不要一味的只顾对事情本身来说无足轻重的枝末。我们要分清主次，选择做其中最重要的部分，那些不重要的事，即使做了，也不过是无用之功罢了。所以，分清主次，才能把握成功！

【点睛之笔】

何为人生之"本"，何为人生之"末"，也只有自己知道……

中卷

钱德洪序

王阳明与《传习录》

【原文】

德洪曰：昔南元善①刻《传习录》于越，凡二册。下册摘录先师手书，凡八篇。其答徐成之②二书，吾师自谓："天下是朱非陆，论定既久，一旦反之为难，二书姑为调停两可之说，便人自思得之。"③故元善录为下册之首者，意亦以是欤！今朱、陆之辨明于天下久矣。洪刻先师《文录》，置二书于《外集》者，示未全也，故今不复录。

其余指知行之本体，莫详于答人论学④与答周道通、陆清伯、欧阳崇一四书。而谓格物为学者用力日可见之地，莫详于答罗整庵⑤一书。平生冒天下之非诋推陷，万死一生，遑遑然不忘讲学，惟恐吾人不闻斯道，流于功利机智，以日堕于夷狄禽兽，而不觉其一体同物之心，诜诜终身，至于毙而后已。此孔、孟以来贤圣苦心，虽门人子弟未足以慰其情也。是情也，莫详于答聂文蔚⑥之第一书。此皆仍元善所录之旧。而揭"必有事焉"即"致良知"功夫，明白简切，使人言下即得入手，此又莫详于答文蔚之第二书，故增录之。

元善当时汹汹，乃能以身明斯道，卒至遭奸被斥，油油然惟以此生得闻斯学为庆，而绝无有纤芥忿郁不平之气。斯录之刻，人见其有功于同志甚大，而不知其处时之甚艰也。今所去取裁之，时义则然，非忍有所加损于其间也。

【注释】

①南元善（1487～1541）：名大吉，字元善，号瑞泉，陕西渭南人。官至户部郎中、知府，王阳明的学生，曾刊刻《传习录》。因支持王学被罢官后，归陕讲学，致力于王学的传播。

②徐成之：人名，余不详。

③"吾师自谓"两句：语出《王阳明全集》卷二十一《答徐成之》。南宋淳熙二年（1175 年），在信州（今江西上饶）鹅湖寺，朱熹与陆九渊进行了一次学术辩论，陆讥朱为支离，朱讥陆为空渺。朱陆门户之争历数百年，阳明之前，朱派一直占上风。

④答人论学：即《答顾东桥书》。顾东桥，字华玉，号东桥，江苏江宁人，进士，官至南京刑部尚书，王阳明友人。少有才，工诗文。

⑤罗整庵：名钦顺，字允升，号整庵，江西泰和人，进士，官至南京吏部尚书，后辞官归家，潜心学问。早年笃信佛学，后崇举儒学，著有《困知记》等。

⑥聂文蔚：名豹，字文蔚，号双江，江西永丰人，进士，官至太子太保，曾会晤王阳明，后以王门子弟自称，著有《困辩录》等。

【译文】

德洪说：过去，南元善在浙江绍兴刻录《传习录》，共上下两册，下册是先生的八封书信。其中《答徐成之》有两篇，我们先生自己说："世人褒朱熹而贬陆九渊的定论已经许久了，一旦要把这种定论推翻过来十分困难，这两封信可以说是能够调停两家的说法，使得人们思考，从而得出准确的结果。"所以下册的开头就是这两封信，南元善的用意也是这个！到今天，人们对于朱、陆两家的争辩已经很熟悉了。我对先生的《文录》进行刻录的时候，在《外集》中放了这两封书信，意图是想表明书信并不能完全反映先生的观点，所以在这里便没有再收录了。

其余，谈到知行的本体，没有比《答顾东桥书》与《答周道通》、《答陆清伯》、《答欧阳崇一》这四封书信更详尽的了。而论述格物应为学者日常所做的功夫，最详细的是《答罗整庵》这封信。先生平生冒着世人的否定、诋毁和诬陷，万死一生，虽遑然无定，但仍时刻不忘讲学，只怕我们这些人不懂得他的学说，而流于为追逐功名利禄而巧用心智，最后有一天堕落到和夷狄禽兽一般，而不能发现先生一辈子都在兢兢业业追求与天地万物同心，至死方休。这也是孔、孟以来圣贤们的苦心，虽然门人子弟们并不能够宽慰他们的至情。这种至情，在《答聂文蔚》的一信中写得最详尽。这些都是南元善以前刻录过的信。而详尽揭示孟子所说的"必有事焉"就是"致良知"的信，则莫过于先生的《答聂文蔚》的第二封信，它明白简易，使人听了就能入门，所以我也把它增录了进来。

南元善当时激昂慷慨，能够以身犯险，讲授阳明学说，以致遭到奸邪排斥，但他仍旧欣然因平生能学到王阳明先生的学说而庆幸，在心中全没有丝毫郁闷不平。他刻录《传习录》，世人只看见了这本书对大家有很大的作用，而不知道他当时处境的艰难。现在我对传习录进行增删，并非忍心对他的刻录有所损害，而只是出于对于目前情况的考虑。

【经典导读】

《传习录》是王阳明的问答语录和论学书信集，是一部儒家简明而有代表性的哲学著作。这部著作不但全面阐述了王阳明的思想，也体现了他辩证的授课方法，以及生动活泼、善于用譬、常带机锋的语言艺术。上卷收录王守仁讲学的语录，中卷收录王守仁的七封信件，下卷收录王的部分语录和《朱子晚年定论》。

王阳明生在明朝中叶，当时学术颓败，阶级斗争继续激化，统治集团日益腐朽，农民起义此起彼伏。经历了四百余年、已经僵化了的程朱理学对此已无能为力。王阳明试图力挽狂澜，拯救人心，乃发明"身心之学"，倡良知之教，修万物一体之仁。它在形式上打破了程朱理学的理论框架，重新建立了以"心即理""知行合一""致良知"等为基本范畴的心学思想体系，在本体论和方法论上改造和革新了宋明理学，并在内容上强调主体意识和自主精神，反对迷信权威、依傍书本，由此还形成了别具特色的教育思想。

《传习录》集中反映了王阳明的思想，在这本书中，他重点阐述了以下几点：

（1）心外无理。

王阳明秉承陆九渊的学说，使陆的思想得以发扬光大，因此他们被称为"陆王学派"。陆九渊从"心即理"说出发，认为格物的下手处，就是体认本心。

（2）知行合一。

在知与行的关系上，王阳明从"天地万物本吾一体"出发，反对朱熹的"先知后行"之说。王阳明认为既然知道这个道理，就要去实行这个道理。如果只是自称为知道，而不去实行，那就不能称之为真正的知道，真正的知识是离不开实践的。

对于朱熹的"先知后行"等分裂知与行的理论，王阳明在他学生编著的《传习录》中是这样理解的，古代的圣贤在看到很多人把大量的时间和精力花费在知上，而忽略了行，认为这样下去会造成浮夸的风气，于是开始强调要知，更要行，而后世的人就理解为要先知而后行，这就错误地理解了圣贤的意思。

（3）致良知。

王阳明经历过百死千难的人生考验，在五十岁时提出犹如画龙点睛般的学说宗旨"致良知"：人性本善，良知现成，但要懂得戒慎恐惧，所谓"慎独"（独处时犹如在大庭广众前，言行、思想均合乎礼仪），"如临深渊、如履薄冰"，没有丝毫不善夹杂，"非礼勿视，非礼勿听，非礼勿言，非礼勿动"，使心灵不受任何染污，这样良知自能百发百中。

（4）四句教。

"四句教"是王阳明晚年对自己哲学思想的全面概括，即"无善无恶心之体，有善有恶意之动，知善知恶是良知，为善去恶是格物"四句。

王门四句教阐述了心体、性体和良知在其心学体系中所具有的多重意蕴，指出心、性、理三者的内涵并不如通常所认为的那样是完全等同的，并通过心性"无善无不善"的分析，指出王阳明所说的"至善"是超越道德善恶的不可执之善。最后，通过对本体与工夫之间关系的分析，揭示了四句教所内含的潜在矛盾，指出此矛盾是心学分化的一个重要原因。

《传习录》在编纂过程中遇到了很多困难，但阳明的弟子为了将其学说发扬光大，在困境中奋不顾身，这种对待困境的精神，值得我们每一个人学习。

【点睛之笔】

读此可知王学梗概。欲知其详，宜读《王文成公全书》。因阳明以知行合一为教，要合观学问事功，方能看出其全部人格，而其事功之经过，具见集中各文，故阳明集之重要，过于朱、陆诸集。

——梁启超《国学入门书要目及其读法》

答顾东桥书

1. 匡正诚意，信守承诺

【原文】

来书云："近时学者，务外遗内，博而寡要。故先生特倡'诚意'一义①，针砭膏肓，诚大惠也！"

吾子洞见时弊如此矣，亦将同以救之乎？然则鄙人之心，吾子固已一句道尽，复何言哉？复何言哉！若"诚意"之说，自是圣门教人用功第一义，但近世学者乃作第二义看，故稍与提掇紧要出来，非鄙人所能特倡也。

【注释】

①"故先生"一句：王阳明早期曾强调"诚意"的重要性，他所著的《大学古本序》第一句就是"《大学》之要，诚意而已也矣"。

【译文】

来信写道："近代的学者，注重外在的知识积累而忽视了内在本心的存养，知识广博却遗漏了关键所在。所以先生特意提倡'诚意'，以针砭时弊，这实在是很大的恩德呀！"

你对时弊洞若观火，那你又打算如何去拯救呢？我的思想观点，你的几句话都已经把它说明白了，我能再说什么？我能说什么呢！"诚意"的学说，原本是孔门教人用功的第一要义，但近代学者却把它当作次要看待，所以并非是我本人的首倡，我只是稍稍把它的重要性提示出来。

【经典导读】

这是阳明先生给友人顾东桥信的开头语。王阳明在信的开头就着意阐明了自己突出倡扬"诚意"的本意，此乃针对时弊而言。阳明先生提倡知行合一，他认为真知就必须要行动，而真正的行动也必须要达到知的目的。那么如何才能做到"知行合一"呢？其实很简单，即是王阳明所说的"诚意"。然而，简单并非简易，如阳明先生说"不行不足谓之知"，就是告诉我们一个人即使晓得一件事简单，但是不去实行，这件事对你来说也不能算是真的"简单"；另外，即使在今天你能将一事行之，也不能保证明日也能行之，所以这简单绝不是简易。王阳明提出的这"诚意"，看似简单，实际上难得很。

常言道"说到做到"，真正的行动才是对诺言最好的证明。倘若只在口头上夸下海口、许下诺言，却无法以实际行动去证明，即便能够蒙蔽一时，最终也难欺骗一世。

曾子是孔子的学生。有一次，曾子的妻子准备去赶集，由于孩子哭闹不已，她便答应孩子回来后杀猪给他吃。曾子的妻子从集市回来后，曾子便要捉猪来杀，妻子阻止说：

"我不过是跟孩子闹着玩的，你怎么还真动手了呢？"曾子说："答应孩子的事是不可以说着玩的。小孩子不懂事，凡事跟着父母学，听父母的教导。现在你哄骗他，就是教孩子骗人啊。"于是曾子坚决把猪杀了。

倘若曾子因可惜那头猪而失信于孩子，那么家中的猪是保住了，可孩子纯洁的心灵上却会留下不可磨灭的烙印。曾子用他的实际行动向孩子证明他是信守承诺的，也给后世之人留下了千古传颂的佳话。

所谓"言必信，行必果"，先贤们留给我们最高的人生智慧，就是要我们以实际行动对自己的诺言负责。言行一致不仅是个人道德修养问题，更关乎一个社会的责任感。现如今，人人都希望建立一个诚信的社会，人人都希望自己不被他人欺骗，但不是每个人都能真正践行"言必信，行必果"的原则，总有那么一些人以"善意的谎言"作为信口开河、言而无信的幌子，导致社会上呈现出与人之间的信任程度降低。我们不禁反思，在历史的长河中，古人对诚信的看重，真是让我们这些现代人无地自容，在他们眼里"言必信，行必果"才是君子所为，"一言既出驷马难追"才算的上大丈夫。而那些失信之人，最终毁灭的只能是自己。

人人都喜欢和说话算话的人交往，因为这类人讲信用，说到做到。一个人如果没有信用，那么无论他走到哪里大概都不会找到相信他的人。这样的结果很可怕，因为他将会失去朋友、亲人，继而失去赖以生存的一切关系基础。做事没人支持，甚至当自己正陷入困境中都没有援手来帮助自己，这将是一场噩梦。

信守承诺是一个人在社会上立足的前提，一个人无论是在工作中还是在生活中，都必须重诺守信，别人才会相信他，愿意与他打交道，这样，双方才有可能建立稳定的、长期的联系。一个人在社会中生活和工作，离不开同他人打交道，要想做成功一件事，更需要他人的支持、帮助，因此良好的人际关系十分重要，而重诺守信，则是维系人心、增进情谊的重要一环。

我们每个人应该做一个信守承诺之人。只有能够坚持言必信、行必果的守信之人，才能够得到他人的信任与器重，才有可能站到巨人的肩膀上，成就一番丰功伟业。这样的人生，才能绽放出灿烂夺目的光芒。

【点睛之笔】

人因信而立，做人应诚信对人，诚信对己。人们不应该因为一时高兴就轻易许下诺言，也不要因为一时的情绪低落就莽撞行事，做事应该冷静思考、善始善终。

2. 好高骛远难成功

【原文】

来书云："但恐立说太高，用功太捷，后生师传，影响谬误，未免坠于佛氏明心见性①、定慧顿悟②之机，无怪闻者见疑。"

区区格、致、诚、正之说，是就学者本心日用事为间，体究践履，实地用功，是多少次第、多少积累在！正与空虚顿悟之说相反。闻者本无求为圣人之志，又未尝讲究其详，遂以见疑，亦无足怪。若吾子之高明，自当一语之下便了然矣，乃亦谓"立说太高，用功太捷"，何邪？

【注释】

①明心见性：佛教禅宗的主张，意为让自己心底清澈明亮，待看见自己的真性，就可以成佛，而无须于文字上抠求。

②定慧顿悟：定慧，佛教的修养功夫，指禅定与智慧。出去心中的杂念为定，明了事物的道理为慧。顿悟，意为突然之间明白了困惑已久的佛理，一悟成佛。与儒家的"困知"相对。

【译文】

你来信说："担心先生的学说立论太高，而学生们用功时又过于简单，难免会产生谬误，就容易陷入佛教中的明心见性、定慧顿悟，这就难怪世人会对先生的学说产生怀疑。"

这些格物、致知、诚意、正心的学说，是就学者的本心而言，学者的本心需在日常事物中体察、探究、实践、落实，实实在在用功，这其间分很多阶段，也有很多积累！它和佛教的定慧顿悟的说法正好相反。听到我的学说的人自己可能没有圣人的志向，加上又没有详细研究过我的学说，所以有些疑惑，也不足为怪。但是凭你的聪明，对我的学说应该是一点就明，为什么也要说"立说太高，用功太捷"呢？

【经典导读】

关于立志这个问题，王阳明做了一个非常精当的比喻。他说立志用功，就像种树一样。当从根上长出芽来的时候，还没有干，当有干的时候还没有枝，先有枝然后才有叶，先有叶然后才有花朵和果实。当你开始种根时，你只管栽培灌溉，不要去想枝，不要去想叶，不要去想花，不要去想果实。悬空去想有什么好处呢？只要不忘记栽培灌溉，还害怕没有枝叶果实吗？

这个比喻很形象地告诉了我们应该如何立志。阳明先生告诉我们立志不要好高骛远，要脚踏实地，一步一步地来。人可以立大志，但仅有一个离自己看似遥远的大志是没有用的，你需要把这个大志分成几个符合实际的小志向，步步为营，最后才能成功。

人生切不可好高骛远，因为所谓的远大梦想而迷失了前进的方向。但现实生活中，很多人容易把自己看得过高，贪多求大，总想在事业起步时就能站在高起点上。这样做的结果，往往适得其反，不能如愿。

有一个年轻人，给自己定下的目标是做一个伟大的政治家。在这样一个和平的时代，要做一个伟大的政治家，就应该先读大学的政治专业，或者别的文科专业，然后努力进入一个能够得到晋升的政府机关，然后在单位进行各个方面的努力。而这个年轻人，在定下这个目标之后，他竟然什么都没有去做。

这时他还在读高中，成绩平平。家里人督促他学习的时候，他是这么说的："我的目标是做一个伟大的政治家，读书做什么？"奇怪的是，他到底是怎么想的呢？怎么才能达到目标？

高三的时候，他已不专心学习，似乎也不想去考大学了，只是看课外书，课外书当然都是一些政治人物传记，像《林肯传》《丘吉尔传》等。除了看伟人传记，他所做的就是玩了。在生活中，他也开始用伟大政治人物的眼光来看待人和事物。比如，他的妹妹和小姐妹闹矛盾了，他就说："你们两个，吵什么嘛！要团结，不要搞分裂。"在对待同学、家长时，他都以伟大人物的口气说话。久而久之，人人都对他敬而远之了。而他，由于沉浸在做伟人的梦中，不好好读书，最后连大学都没考上。

从故事中主人公的表现可以看出这个年轻人是个典型的好高骛远之人。一个没有文化、不愿读书的人又谈何去实现他的理想呢？每个人的能力都有一定限度，只知道用大目标激励自己，却不考虑自己能否实现，就注定了失败。

无论做什么事情都不要好高骛远，即使是笨鸟，也可以后飞。

到迁徙的季节了，所有的鸟儿都要往南飞。

就在这个时候，有一只笨鸟开始犯愁了，它想："每次飞行我都落在后面，都被别人取笑。这次无论如何也不能成为最后一个了。要是那样的话，真是太没面子了！"

这只笨鸟绞尽脑汁，终于想出了一个好办法，于是他非常兴奋地对自己说："我可以在它们还没有起飞的时候自己先起飞，这样就不会落在后面了！"

为了抢先到达目的地，这只笨鸟就先于同伴起飞了。笨鸟确实很笨，飞了一段路程就迷失方向了。于是就落在一棵树上等同伴。等了很久也没有等到同伴，笨鸟急了，又循着原路往回飞。结果却发现，其他的鸟儿都已经飞走了。

无奈之下，这只笨鸟只好再一次独自飞往南方。

让笨鸟恐惧和沮丧的是，每次都飞到半路就迷路了。

到了冬天，笨鸟还是没有飞到南方去。

不幸的是，一场大雪降临，笨鸟被冻死了。

可见，明知道不可能办到的事情却要去尝试，无异于以卵击石。每一个人，都要确立一定切实可行的目标，不要为了固有的思维为自己设立不切实际的目标，这样的好高骛远，只会给自己带来恶果。

在现实生活中，很多人都希望自己能够成为杰出人物，但要想真正达到这个目标，还必须从最基础的事情做起。一切好高骛远的追求，只能让自己飘在半空。人生目标的确立一定不能好高骛远、不切实际，否则就会在不断努力后还觉得距离目标太远，从而使得自己丧失学习的信心。一定要制定一个适合自己的目标，循序渐进，不断地努力，不断地更上一层楼，最后才能到达成功的顶峰。

【点睛之笔】

收回好高骛远的心，成功的每一步就在我们身边。

3. 知行并进，不分先后

【原文】

来书云："所喻知行并进，不宜分别前后，即《中庸》'尊德性而道问学'之功交养互发，内外本末一以贯之之道。然功夫次第，不能无先后之差，如知食乃食，知汤乃饮，知衣乃服，知路乃行。未有不见是物先有是事。此亦毫厘倏忽之间，非谓截然有等，今日知之而明日乃行也。"

既云"交养互发，内外本末一以贯之"，则知行并进之说无复可疑矣。又云"功夫次第，不能无先后之差"，无乃自相矛盾已乎？"知食乃食"等说，此尤明白易见。但吾子为近闻①障蔽，自不察耳。夫人必有欲食之心，然后知食，欲食之心即是意，即是行之始矣。食味之美恶，必待入口而后知，岂有不待入口而已先知食味之美恶者邪？必有欲行之心，然后知路，欲行之心即是意，即是行之始矣。路岐之险夷，必待身亲履历而后知，岂有不待身亲履历而已先知路岐之险夷者邪？"知汤乃饮，知衣乃服"，以此例之，皆无可疑。若如吾子之喻，是乃所谓"不见是物而先有是事"者矣。吾子又谓"此亦毫厘倏忽之间，非谓截然有等，今日知之而明日乃行也"，是亦察之尚有未精。然就如吾子之说，则知行之为合一并进，亦自断无可疑矣。

【注释】

①近闻：指朱熹的知先行后的观点。

【译文】

你来信说："你说知行应该同时进行，不应该区分先后，也就是《中庸》中的'尊德性而道问学'，两种功夫互相存养，互相促进，内外本末，不能分割，只能一以贯之。但是修行功夫不可能没有先后阶段的区别，就像知道是食物才吃，知道是汤水才喝，知道是衣服才穿，知道是路才在上面走。不可能还没见到是什么东西就先行事的。当然，在先后的顺序间也只是瞬间，并非有截然的区分，不会是今天知道了这件事，明天才去行事。"

你既然已经说"交养互发，内外本末一以贯之"了，就应知道知行并举的说法，根本就不用再去怀疑了。你还说："功夫次第，不能无先后之差"，这不是已然自相矛盾吗？"知食乃食"等说法，尤其明白易见。但是你被朱熹先生的观点所蒙蔽，自己还没有察觉而已。人一定是先有想吃东西的心，之后才会去认识食物，想吃食物的心就是意，也是行动的开端。而食物味道的好坏，必须等到入口才能知道，难道在还没有进口之前就会预先知道食物味道的好坏吗？必定是先有走路的想法，之后才会去认识路，想走路的心就是意，也就是走路的开端。而路途的坦荡或是险峻，也须等亲自去经历过之后才会知道，难道在还没有亲自走过就预先已经知道路途是坦荡或险峻的吗？"知汤乃饮，知衣乃服"，也跟吃食、行路一样，没有什么可以怀疑的。如果像你所说的，就是所谓的"不见是物而先有事"了。你又说"此亦毫厘倏忽之间，非谓截然有等，今日知之而明日乃行也"，也只是因为你洞察得还不够精确罢了。但是，即使像你所说的那样，知行并举也是完全没有什么可以怀疑的了。

【经典导读】

"知行合一"是构成阳明心学的核心内容之一。阳明先生认为知是行动的开始，行则为知的完成，二者互为始末，因此行一件事前，必先有知，而行事必以知为前提。知需要行，行亦需要知。如人饮水，冷暖自知，各种食物的味道只有经过自己的舌头才能尝出其中的真味，否则只听他人描述，自己永远无法知道它的真味。王阳明将知行放在人的生活实践中加以观察，以为人不是因为知道了吃的事实、道理而进食，而是因为饥饿、有食欲，方才进食的；并且是在吃了之后知道事物的味道，不可能在食之前依靠读书、听讲知其味道。他以此来证明知行合一，深入浅出地阐明了知与行的关系。

所以，阳明先生一再强调在"知行"上下功夫，认真体察知行的本体。

"知行合一"作为一种理论，也成功地指导了阳明先生的一些特殊行动，最著名的是平定宁王之乱。宁王反叛后朝野震动，许多军事家、阴谋家都束手无策，独有曾被朝廷打入大狱的王阳明站出来作战。王阳明所辖的只不过是金陵城附近州县的衙役兵勇及一班刚被招安的土匪流寇，三千人以上就称"大军"，然而王阳明却用这支队伍无往不胜，四十天而竟全功，一时被誉为"大明军神"。

王阳明的成功与其对"知行合一"的贯彻密不可分。"知行合一"是王阳明最为人推崇的一个主张，也是他成为一代大家的"成名之作"，正是由于此说，他才得以成为与朱熹等人彻底"划清界限"，与陆九渊一道，负手傲立于儒家另一顶峰，让后人"传唱"至今。

日常生活中的每一人都应该明白知行并进的重要性。不论事情的大小，都要贯彻知与行齐头并进的原则。大到掌握国家命脉，小至处理家庭琐事，不假思索、不明不知地行动和多番思虑却不见行动的人，都会让事情产生意想不到的恶果，轻则败家，重则亡国。

知与行，不可偏其一，这便是王阳明知行合一的观点所在。

【点睛之笔】

凡事三思后行则成易。

4. 实践检验真理

【原文】

来书云："真知即所以为行，不行不足谓之知。此为学者吃紧立教，俾务躬行则可。若真谓行即是知，恐其专求本心，遂遗物理，必有暗而不达之处，抑岂圣门知行并进之成法哉？"

知之真切笃实处即是行，行之明觉精察处即是知。知行功夫本不可离，只为后世学者分作两截用功，失却知行本体，故有合一并进之说。真知即所以为行，不行不足谓之知。即如来书所云"知食乃食"等说可见，前已略言之矣。此虽吃紧救弊而发，然知行之体本来如是，非以己意抑扬其间，姑为是说，以苟一时之效者也。

专求本心，遂遗物理，此盖失其本心者也。夫物理不外于吾心，外吾心而求物理，无物理矣；遗物理而求吾心，吾心又何物邪？心之体，性也，性即理也。故有孝亲之心即有孝之理，无孝亲之心即无孝之理矣；有忠君之心，即有忠之理，无忠君之心，即无忠之理矣。理岂外于吾心邪？晦庵谓"人之所以为学者，心与理而已，心虽主乎一身而实管乎天下之理，理虽散在万事而实不外乎一人之心"，是其一分一合之间，而未免已启学者心、理为二之弊。此后世所以有"专求本心遂遗物理"之患。正由不知心即理耳。夫外心以求物理，是以有暗而不达之处，此告子义外之说[①]，孟子所以谓之不知义也。心一而已，以其全体恻怛而言谓之仁，以其得宜而言谓之义，以其条理而言谓之理。不可外心以求仁，不可外心以求义，独可外心以求理乎？外心以求理，此知、行之所以二也。求理于吾心，此圣门知行合一之教，吾子又何疑乎？

【注释】

①告子义外之说：语出《孟子·告子上》"告子曰：'仁，内也，非外也；义，外也，非内也。'"孟子的评论见《孟子·公孙丑上》"我故曰：'告子未尝知义，以其外之也。'"

【译文】

你来信道："真正的理论是能够指导实践的，而不实践就不足以称为认识。向学者指出的切实的方法，让学者们务必躬身实行，这样说是可以的。但是如果真的把实践当作认识，恐怕人们只会专门追求存养本心，而遗漏了万物之理，也肯定会有偏颇不通的地方，难道这是圣学关于知行并举的方法吗？"

认知确切之后付诸行动就是实践，行事实践之后明确的体察就是认识。知行的功夫本来不能分离，只是后世学者要把它们分开作为两部分来用功，反而丢失了知行的本体，所以之后才会有知行并举的说法。真识是能够指导实践的，不实践就不足以称为认识。像你的来信信中所说"知食乃食"等，已经能够明白了，前面也已经大略说过了。这虽然是因为拯救时弊才说出来的，但是知行的本体就是这样的，并非是我为了追求一时的效用，而按照自己有所褒贬的意思提出来的。

专门追求存养本心，便抛弃了万物之理，大概这是失去本心的一种表现。万物之理并不存在于心外，在心外探求万物之理，就是没有万物之理；遗漏万物之理而追求存养自己的本心，那么本心又是何物呢？心的本体就是性，性即是理。所以拥有孝心就是有孝顺父母的道理，没有孝心也不存在孝顺父母的道理了；有忠心就有侍奉君王的道理，没有忠心也就没有侍奉君王的道理了。理难道是在我们的本心之外的吗？朱熹先生说"人之所以为学者，心与理而已，心虽主乎一身而实管乎天下之理，理虽散在万事而实不外乎一人之心"，像他这样把心和理先分开之后再结合起来，未免就会产生让学者们把心与理分开看待的弊端。后人有"专求本心，遂遗物理"的忧患，就是因为他们不明白心就是理。在心外寻求万物之理，实际上是告子的"义外"观点，会有偏颇不通的地方，孟子也因此批判告子不懂得义。心，唯有一个，就它对所有人的恻隐而言就是"仁"，就它的合理而言就是"义"，就它的条理清晰而言就是"理"。不能在心外求仁、也不能在心外求义，难道就独独可以在心外求理吗？在心外求理，是把知行当作两件事了。在我们的心里寻求理，这才是圣学知行合一的教诲，你还有什么可以怀疑的呢？

【经典导读】

王阳明讲"真知即所以为行，不行不足谓之知。"在他的意念中，所谓的真知必以行动为证验；倘若无心实践，只是一味高唱理论，则不为真知。真正的认识是能够付诸实践的，不能实践就不能叫作认识，也就是说实践才是检验真理的唯一标准。

辩证唯物主义所说的真理是客观真理，是人的思想对于客观世界及其规律的正确反映。人的社会实践是改造客观世界的活动，是主观见之于客观的东西。正是实践，也只有实践，才能够完成检验真理的任务。科学史上的无数事实，充分地说明了这个问题。

门捷列夫根据原子量的变化，制定了元素周期表，有人赞同，有人怀疑，争论不休。尔后，根据元素周期表发现了几种元素，它们的化学特性刚好符合元素周期表的预测。这样，元素周期表就被证实了是真理。哥白尼的太阳系学说在三百年里一直是一种假说，而当勒维烈从这个太阳系学说所提供的数据，不仅推算出一定还存在一个尚未知道的行星，而且还推算出这个行星在太空中的位置的时候，当加勒于 1846 年确实发现了海王星这颗行星的时候，哥白尼的太阳系学说才被证实了，成了公认的真理。

真理总是诞生于一百个问号之后，理论是意识形态的上层建筑，而实践是能够衡量理论是真理还是谬论的唯一一个可靠的途径。所有新事物、新理论，都要经过实践的检验。

正因为只有实践才能检验真理，所以，我们就一定要行动起来。磨盘只在转动时才能磨面；风车只在转动时才能发电；人，只有在行动的过程中才能获得成功、创造奇迹。

相传，有一年，鲁班接受了一项任务，这项任务就是要建造一个巨大的宫殿。我们也都知道，在当时，建造一座宫殿是需要很多木料的，于是鲁班就让徒弟们上山砍伐树木。由于当时还没有锯子，他的徒弟们只好用斧头砍伐，但是这样做效率非常低，工匠们每天起早贪黑拼命去干。虽然累得精疲力尽，也砍伐不了多少树木，这远远不能满足工程的需要，使工程进度一拖再拖。眼看着工程期限越来越近，这可急坏了鲁班。

面对如此情况，他决定亲自上山察看砍伐树木的情况。上山的时候，由于不小心，他无意中抓了一把山上长的一种野草，却一下子将手划破了。鲁班很奇怪，一根小草为什么这样锋利？于是他摘下了一片叶子来细心观察，发现叶子两边长着许多小细齿，用手轻轻一摸，这些小细齿非常锋利。他明白了，他的手就是被这些小细齿划破的。

后来，鲁班又看到一条大蝗虫在一株草上啃吃叶子，两颗大板牙非常锋利，一开一合，很快就吃下一大片。这同样引起了鲁班的好奇心，他抓住一只蝗虫，仔细观察蝗虫牙齿的结构，发现蝗虫的两颗大板牙上同样排列着许多小细齿，蝗虫正是靠这些小细齿来咬断草叶的。这两件事给鲁班给了他灵感，也使他受到很大启发。他想，如果把砍伐木头的工具做成锯齿状，不是同样会很锋利吗？砍伐树木也就容易多了。

于是他就用大毛竹做成一条带有许多小锯齿的竹片，然后到小树上去做试验，结果果然不错，几下子就把树皮拉破了，再用力拉几下，小树干就划出一道深沟，鲁班非常高兴。

但是由于竹片比较软，强度比较差，不能长久使用，拉了一会儿，小锯齿就有断的了，有的变钝了，需要更换竹片。这样就影响了砍伐树木的速度，使用竹片太多也是一个很大的浪费。看来竹片不宜作为制作锯齿的材料，应该寻找一种强度、硬度都比较高的材料来代替它，这时鲁班想到了铁片。于是他们立即下山，请铁匠们帮助制作带有小锯齿的铁片，然后到山上继续实践。

鲁班和徒弟们各拉一端，在一棵树上拉了起来，只见他俩一来一往，不一会儿就把树锯断了，又快又省力，锯就这样发明了。

实践是检验真理的而唯一标准，是通往成功的必经之路。只有实践起来，才能真正把握成功的契机。只有身体力行，才能使人格魅力与办事能力达到完美结合，才能在展现自我的擂台上独占鳌头。

真理的掌握不在难易，而在于"真正去做了"。

【点睛之笔】

正因为实践检验真理，追求真理的人们才更应该行动起来。

5. 于繁华中养心

【原文】

来书云："所释《大学》古本，谓致其本体之知，此固孟子尽心之旨。朱子亦以虚灵知觉为此心之量①。然尽心由于知性，致知在于格物。"

"尽心由于知性，致知在于格物"，此语然矣。然而推本吾子之意，则其所以为是语者，尚有未明也。朱子以"尽心、知性、知天"为物格、知致。以"存心、养性、事天"为诚意、正心、修身，以"夭寿不贰，修身以俟"为知至、仁尽，圣人之事。若鄙人之见，则与朱子正相反矣。夫"尽心、知性、知天"者，生知安行，圣人之事也；"存心、养性、事天"者，学知利行，贤人之事也；"夭寿不贰，修身以俟"者，困知勉行，学者之事也。岂可专以"尽心知性"为知，"存心养性"为行乎？吾子骤闻此言，必又以为大骇矣。然其间实无可疑者，一为吾子言之。

夫心之体，性也；性之原，天也。能尽其心，是能尽其性矣。《中庸》云："惟天下至诚。为能尽其性。"又云："知天地之化育，质诸鬼神而无疑，知天也。"此惟圣人而后能然。故曰：此"生知安行"，圣人之事也。存其心者，未能尽其心者也，故须加存之之功；必存之既久，不待于存而自无不存，然后可以进而言尽。盖"知天"之"知"，如"知州"、"知县"之知。知州则一州之事皆己事也，知县则一县之事皆己事也，是与天为一者也。"事天"则如子之事父，臣之事君，犹与天为二也。天之所以命于我者，心也，性也，吾但存之而不敢失，养之而不敢害，如"父母全而生之，子全而归之"②者也。故曰：此"学知利行"，贤人之事也。至于"夭寿不贰"，则与存其心者又有间矣。存其心者虽未能尽其心，固已一心于为善，时有不存则存之而已。今使之"夭寿不贰"，是犹以夭寿二其心者也。犹以夭寿二其心，是其为善之心犹未能一也，存之尚有所未可，而何尽之可云乎？今且使之不以夭寿二其为善之心，若曰死生夭寿皆有定命，吾但一心于为善，修吾之身以俟天命而已，是其平日尚未知有天命也。事天虽与天为二，然已真知天命之所在，但惟恭敬奉承之而已耳。若俟之云者，则尚未能真知天命之所在，犹有所俟者也，故曰：所以立命。立者"创立"之"立"，如"立德"、"立言"、"立功"、"立名"之类③。凡言"立"者，皆是昔未尝有而今始建立之谓，孔子所谓"不知命，无以为君子"者也。故曰：此"困知勉行"，学者之事也。

今以"尽心、知性、知天"为格物致知，使初学之士尚未能不二其心者，而遽责之以圣人生知安行之事，如捕风捉影，茫然莫知所措其心，几何而不至于"率天下而路"④也？今世致知格物之弊，亦居然可见矣。吾子所谓"务外遗内，博而寡要"者，无乃亦是过欤？此学问最紧要处，于此而差，将无往而不差矣。此鄙人之所以冒天下之非笑，忘其身之陷于罪戮，呶呶其言，其不容己者也。

【注释】

①"朱子"句：语出《中庸章句序》"心之虚灵知觉，一而已"。

②父母全而生之，子全而归之：语出《礼记·祭仪》"父母全而生之，子全而归之，可谓孝"。意为父母把子女完好地生下来，子女要好好地保全身体发肤，等到死时完完整整地归还给父母，这才是孝。

③"立德"句：语出《左传·襄公二十四年》。讲做人的几种境界。

④率天下而路：语出《孟子·滕文公上》"且一人之身，而百工之所为备。如必自为而后用之，是率天下而路也"。意为对一个人来说，各种工匠的产品对他都是不可缺少的，如果每件东西都要自己制造出来才能用，这是率领天下的人疲于奔命。

【译文】

你来信说："先生注释的《大学》旧本提到对心的本体的认识是致知，孟子'尽心'的宗旨是与此时相同的。而朱熹先生也用虚灵知觉当作是心的本体。但是因为有认识的天性才会尽心，致知要依靠格物。"

"尽心由于知性，致知在于格物"，这话是正确的。但是我看你说这话，大概是因为还有不明白的地方。朱熹先生把"尽心、知性、知天"当作是格物、致知，把"存心、养性、事天"当作是诚意、正心、修身，而把"夭寿不贰，修身以俟"当作认识的最高境界、仁爱的顶峰，是圣人做的事。但在我看来，正好相反了。"尽心、知性、知天"，即所谓的天生就知道，天生就能够实践，是圣人才能够做得到的；而"存心、养性、事天"，学习就能够知道，并且顺利实践，是贤人能够做到的事；"夭寿不贰，修身以俟"，获得知识很艰难，实践起来也很勉强，便是学者们的事。怎么能简单地把"尽心知性"当作为识，而把"存心养性"当作行呢？你听到我这话，一定又会为此非常惊奇了。然而这实在是没有什么可以怀疑的，我一一给你解释。

心的本体就是性；人的本原就是理。能尽其心，就是能够尽其天性。《中庸》中说："只有天下最真诚的人，才能够充分发挥他的天性。"又说："知道万物的生化孕育，崇拜鬼神，而没有产生疑问，这是知天。"只有圣人才能做到这些，所以我说：圣人才能做到天生就知道和实践。存养本心，说明还不能够做到尽心，还必须加上个存养的功夫；存养心性很久之后，到了不需要特地去存养而时刻都在存养的境界，才能进一步到达尽心的境界。"知天"中的"知"，就像"知州"、"知府"中的"知"意思一样，知州、知县把管理一州、一县当作是自己的事情，"知天"，就是与天合而为一体。"事天"则像儿子孝顺父亲，大臣侍奉君王，还没有达到与天合而为一的地步。上天给予我们的，是心、是性，我们只需存起它而不丢失，修养它不损害，就像"父母全而生之，子全而归之"一样。所以我说：这种"学知利行"，是贤人做的事。至于"夭寿不贰"，则和存养本心的人又还有些差距。存养本心的人虽然没有尽心，但本来就已经是一心为善，失去了本心的时候再存养它就行了。现今要求人不论夭寿始终如一，这依然是将夭寿一分为二。仍旧将夭寿一分为二，因为寿命的长短而分心，是因为他为善之心还不能始终如一，尚且不可能存养它，尽心更从何说起呢？现在暂且让人们不再因为生命的长短而改变向善的心，好比说生死夭寿都有定数，我们只需一心向善，修养我的身心来等待天命的安排，主要是因为他平日还不知道有天命呢。事天虽然是将天与人分而为二，但已经知道恭恭敬敬地去承受天命了。那些等待天命降临的人，是还没有真正认识到天命存在于何处，仍旧只是在等待天命，所以孟子说："所以立命。""立"，即"创立"的"立"，就像"立德"、"立言"、"立功"、"立名"中的"立"。凡是说到"立"，都是指以前从未有过而如今开始建立的意思，也就是孔子所说"不知命，无以为君子"的人。所以说：这种"困知勉行"，属于学者的事情。

如今人们把"尽心、知性、知天"当作格物、致知，当初学者尚不能做到一心一意时，就拿他不能像圣人那样天生就认识和实践来指责，这简直是无中生有，让人摸不着头脑，使得人们疲于奔命。如今世上格物、致知的弊病已经明显可见了。你说注重外在的学习，而忽略掉内心的存养，博学但又没有学到要领，这不也是它的弊病之一吗？在做学问最关键的地方出了差错，就会无处不出差错了。这也是我之所以冒着天下人的否定、嘲笑，不顾身陷罗网，仍喋喋不休的原因。

【经典导读】

在此段话中王阳明从"天命"之说而进一步推及格物。他认为尽心方能知性知天，学习之人不应捕风捉影，否则就会茫然不知所措。在这里体现出阳明先生对尽心之事的重视。

孟子曰："尽其心者，知其性也，知其性，则知天矣。存其心，养其性，所以事天也。""尽其心"，简而言之，就是避免心的陷溺和遮蔽，不断地充实完善，回到它本然的状态。心愈回到本然的状态，它对于"性"的觉知就愈真实、愈圆满。现在的人们被物质包围，离自己的"真心"越来越远。一开始，是充满着好奇，但越往后，就越迷茫，更何况，还带了大量的行李，愈往前走，就越累，也越来越寻不到自己的归宿。

究其原因其实就是心的迷失。心是一切的根源。2008 年 6 月 30 日，《齐鲁晚报》曾经报道过这样一件事：

芳龄 16 岁的印度高中生辛吉妮·塞古塔天生丽质，平素酷爱歌舞，曾出演过多部孟加拉语电影，是个人见人爱的天才美少女。上个月，她参加了加尔各答市孟加拉语电视台举办的一场歌舞真人秀大赛，经过长达 3 天的白热化较量，辛吉妮一路过关斩将，从数百名参赛者中脱颖而出。

然而在 5 月 19 日的决赛中，意外发生了。当辛吉妮表演完毕时，主席台上的一名"毒舌评委"毫不客气地批评道："你今天的表演无精打采，很差劲！"羞愤难当的辛吉妮仿佛遭遇当头一棒，只见她久久地呆立在那里瞠目结舌，接着白眼一翻当场昏倒在地。工作人员将陷入昏迷状态的辛吉妮抬上担架，用救护车送往当地医院抢救。经过输氧等紧急处理，辛吉妮慢慢苏醒了过来，可是目光失神而又无助。

据辛吉妮的同校伙伴、同样参加此次比赛的阿比拉介绍，辛吉妮此前在一次校内比赛时，也曾出现过类似昏倒的情况，当时医生曾建议她不要继续参加如此激烈的比赛。阿比拉同时指出，辛吉妮发挥失常还与其父母对她的期望值太高有很大关系。

日前，辛吉妮的情况急转直下。她先是失去了语言能力，接着连四肢也无法动弹。更让人伤心的是，她仿佛得了失忆症——不仅对自己曾经出演过的电影无动于衷，甚至连家人和家中所有物品的名称都回忆不起来！

无奈之下，家人只得将几乎陷入植物人状态的辛吉妮再次送往医院。由于加尔各答医院对辛吉妮的病情束手无策，家人不得不于 27 日用飞机将她转送到设备更完善的西孟加拉邦省立医院。然而即使是顶尖医生，也对辛吉妮的病情无能为力，不知如何对症下药。

在上面的故事里，辛吉妮之所以会出现这样的状况是因为她的心灵"破碎"了，她迷失了自我。相由心生，要想在繁华中找回迷失的自己，就要先找回自己的心，善待自己的心灵，保持心灵的温度。

无论外界多么的纷繁复杂，我们都要保持自己心灵的平静。以一种从容淡定的心情去对待之，并借此来修炼自己的心灵，达到不动心的境界，以获得一个悠然自在的人生。

王维诗云：

人闲桂花落，夜静春山空。

月出惊山鸟，时鸣春涧中。

诗中描写的不仅是美丽的自然，也是诗人生命的美。如果一个人在喧闹的都市中，仍保持一颗清静无欲的心，就能像王维那样体验到生命中蕴含着的花落、月出、鸟鸣的美丽，就能拥有一个诗意的幸福人生。

竹影扫阶尘不动，月轮穿沼水无痕，水流任急境常静，花落虽频意自闲。自然中的这些静，其实就是人生的从容沉静的心态。当我们以这样的心态生活时，生活就会多几分惬意，即便不那么富有，也能活出人生的趣味。当我们以这样的心态做事时，我们就会冷静地作出决断，从容地看待工作、事业上的起起伏伏。所以当人静下来时，不仅不会失去奋斗的动力，反而会自信、从容、逍遥地走在人生的路上。

我们很忙，行色匆匆地奔走于人潮汹涌的街头，浮躁之心油然而生，这也是我们不去倾听内心声音的一个缘由。我们找不到一个可以冷静驻足的理由和机会。现代社会在追求效率和速度的同时，使我们作为一个人的优雅在逐渐丧失。那种恬静如诗般的岁月对于现代人来说，已成为最大的奢侈。内心的声音，便在这些繁忙与喧嚣中被淹没。物质的欲望在慢慢吞噬人的性灵和光彩，我们留给自己的内心空间被压榨到最小，我们狭隘到已没有"风物长宜放眼量"的胸怀和眼光。我们开始患上种种千奇百怪的心理疾病时，心理医生和咨询师在我们的城市也渐渐走俏，我们去寻医、去求诊，然后期待在内心喑哑的日子里寻求心灵的平衡。

我们的心灵如此脆弱，善待自己的心灵就是对自己的塑造，每一分钟都让自己的心灵处在温暖的环境中，心灵受到伤害，可能危及的不仅是自己的前途和命运，自己人生的所有快乐也可能因此葬送；心灵温暖，会使自己终身受益。人心是需要安慰的，因此请认识自己的心灵，善待心灵，追求心灵的美好，这才是对自己生命的最好维护。

【点睛之笔】

善待心灵，让心保持温度。

6. 为父母尽孝行

【原文】

来书云："闻语学者，乃谓'即物穷理①之说亦是玩物丧志'，又取其'厌繁就约'、'涵养本原'数说标示学者，指为晚年定论②，此亦恐非。"

朱子所谓格物云者，在即物而穷其理也。即物穷理是就事事物物上求其所谓定理者也，是以吾心而求理于事事物物之中，析心与理为二矣。夫求理于事事物物者，如求孝之理于其亲之谓也。求孝之理于其亲，则孝之理其果在于吾之心邪？抑果在于亲之身邪？假而果在于亲之身，则亲没之后，吾心遂无孝之理欤？见孺子之入井，必有恻隐之理，是恻隐之理果在于孺子之身欤？抑在于吾心之良知欤？其或不可以从之于井欤？其或可以手而援之欤？是皆所谓理也。是果在于孺子之身欤？抑果出于吾心之良知欤？以是例之，万事万物之理莫不皆然，是可以知析心与理为二之非矣。夫析心与理而为二，此告子义外之说，孟子之所深辟也。"务外遗内，博而寡要"，吾子既已知之矣，是果何谓而然哉？谓之玩物丧志，尚犹以为不可欤？

若鄙人所谓致知格物者，致吾心之良知于事事物物也。吾心之良知即所谓天理也，致吾心良知之天理于事事物物，则事事物物皆得其理矣。致吾心之良知者，致知也。事事物物皆得其理者，格物也。是合心与理而为一者也。合心与理而为一，则凡区区前之所云，与朱子晚年之论，皆可以不言而喻矣。

【注释】

①即物穷理：意为通过接触事物来研究事物的道理。语出朱熹《大学章句》"所谓致知在格物者，言欲致吾之知，在即物而穷其理也"。

②晚年定论：王阳明作《朱子晚年定论》，收录朱熹一些包含"厌繁就约"、"涵养本原"等论点的书信，认为朱熹晚年改变了观点，与陆九渊的观点接近。此说遭到后世的非议。

【译文】

你来信说："听说您教导学生'即物穷理就是玩物丧志'，还拿了朱熹晚年一些关于'厌繁就约'、'涵养本原'等学说的书信给学生参看，我认为这可能有些不对。"

朱熹所说的格物，是指在事物上去穷究万物之理。即用心在万事万物上探求到它们所谓的原本的理，这样就将心和理分而为二了。在万事万物上探求道理，就和在父母身上寻求孝敬是一个道理。在父母的身上寻求孝敬的道理，那么这个孝敬的道理到底是在父母的身上，还是在我们的心中呢？如果是在父母身上，那么当父母逝世之后，我们就不需要孝敬，心中就没有孝敬的道理了吗？遇见小孩子掉到水井里，肯定会产生恻隐之心，那么这个道理是在孩子身上还是在我们自己的心上呢？或许不能跟着孩子跳入井中，或许可以伸手援救小孩，这都是所说的理。以此类推，万事万物的道理无一不是如此，由此就能够知道将心与理分而为二是错误的了。把心与理分而为二，就是孟子曾深刻批判过的告子的"义外"学说了。"务外遗内，博而寡要"，既然你已经知道这不对，那为何还要这样说呢？我说它是玩物丧志，难道你认为不可以吗？

像我所说的格物致知，是将我们心里面的良知应用到万事万物上去。我们心中的良知就是天理，把我们心中良知应用到万事万物上，万事万物就都能得到天理了。求得我们内心中的良知就是致知的功夫。而万事万物都得到天理便是格物的功夫。这才是把心与理合而为一。把心与理合而为一，那么我前面所说的，还有我对于朱熹先生晚年学说的说法，便都能够不言而喻了。

【经典导读】

这里强调将心与理合二为一，也就是阳明心学中的"心即理"。王阳明学朱学之时，最疑惑之处是朱子对"格物"的解释。朱子认为天下事事物物皆有定理，务必格尽天下之物，才能全知。而阳明先生以为既说连一草一木都有自然之理，凭一己之力如何尽天下之事理？长期以来，阳明先生始终无法借助朱子学说解开谜团，因此迫使他设定朱学的谬误，另外谋求正确合理的解释来表达自然天理。皇天不负苦心人，在他 37 岁那年，终于有所开悟，而创出超越朱学的阳明学说。

王阳明十分重视孝道，在他的讲学中多次以孝顺父母为例对学生进行疏导，此处也不例外，在他看来孝是人的一种本能，也是一个人良知的体现。为人子女者，不但应该对父母尽其孝心，还应该有具体的孝行。我国关于"孝"的事迹，数不胜数。"卧冰求鲤"的故事就是其中之一。

晋朝时期，有个叫王祥的人，心地善良。他幼年时失去了母亲。后来继母朱氏对他不慈爱，时常在他父亲面前说三道四，搬弄是非。他父亲也因此对他逐渐冷淡。王祥的继母喜欢吃鲤鱼。有一年冬天，天气很冷，冰冻三尺，王祥为了能得到鲤鱼，赤身卧在冰上。他浑身冻得通红，仍在冰上祷告求鲤鱼。正在他祷告之时，他右边的冰突然开裂。王祥喜出望外，正准备跳入河中捉鱼时，忽从冰缝中跳出两条活蹦乱跳的鲤鱼。王祥高兴极了，就把两条鲤鱼带回家供奉给继母。他的举动，在十里八乡传为佳话。人们都称赞王祥是人间少有的孝子。

有诗颂曰：继母人间有，王祥天下无；至今河水上，留得卧冰模。

俗话说："身体发肤，受之父母。"一个人依托父母来到这个世界上，同时又要依靠父母的辛勤养育才能长大成人。孩子长大后，作为对父母养育之恩的回报，赡养和孝敬父母乃顺理成章之事。父母为了我们的生病忧心如焚、夜不能寐；父母为了让我们生活的更好，宁愿自己省吃俭用、节衣缩食。

"谁言寸草心，报得三春晖"……父母为我们付出了太多太多，对父母尽孝行是我们最起码的为人标准。在现代这个日益忙碌的社会中，很多时候，常回家看看，对父母来说就是最好的孝行。

王义从单位返乡的车票是用质地较厚的彩色胶纸印刷的，每次回家后，母亲都对王义说："孩子，你的车票挺好看的，给我吧！"王义笑了笑，就把车票送给母亲。到了晚上，他就睡在母亲平时睡的那个土炕上。后来，他每次回来后母亲就开始翻他的衣袋，只把那张车票留下来。

后来，王义与其他人一样，恋爱、结婚、生子，开始每两个月回一次家。

又过了一段时间，王义担任单位领导，更忙了，有时甚至半年时间才回家一次。尤其是他有了专车，他开始适应不了长途车的颠簸，不用再坐长途汽车了。慢慢地，他每次回家母亲也就不再向他索要车票了。

10年过去了，王义已功成名就。有一天晚上家里电话响了，老家的弟弟来了长途，说母亲突然得了脑溢血，生命垂危，让他赶紧回家看看。

对王义为说，100公里也不算什么长途，一个多小时以后，他便见到了母亲。这时，他突然发现母亲已是白发苍颜，衰老憔悴。见了王义一面后，天亮时母亲就去世了。

王义领着自己的兄弟姐妹，披麻戴孝，安葬了母亲。

在整理母亲遗物的时候，王义从那只樟木箱子里翻出了一本中学课本，那是以前母亲用来夹鞋样用的。他翻开来，令他大吃一惊，书内竟整齐地夹着一叠车票——当年他每次返乡看望母亲时留下来的车票。

他泪如雨下，后悔万分，为什么母亲健在的时候不多回几次家。回城市时，王义只把母亲留下的那一叠花花绿绿的车票带走了。

后来，王义经常把母亲留车票的故事讲给父母尚在的朋友们听，极力地使他们意识到父母对子女有一种深深的牵挂。王义说，多回家看望几次老人吧，哪怕只停留片刻，否则，也许有一天你会深深懊悔自己没有多陪陪父母。

作为对父母的回报，"常回家看看"再平常不过了，成家前的回家是为了寻找家的温暖，而成家后的回家是为了爱的回报。

对父母的孝，不应是一个宣言、一个口号，而应是随时随的实践。其实，尽孝行并不复杂、并不难，有时是一句问候的话语，有时是一句关心的叮咛，有时则是常回家看看，但孝心无价，且须及时。尽孝行其实很简单，只要像爱自己一样爱自己的父母、家人，并关注他们的日常生活，时常给他们打一通电话，或是打一盆洗脚水，也算是给父母尽孝行了。

【点睛之笔】

孝心无价，尽孝行、报父母之恩须及时。

7. 思之心体自明

【原文】

来书云："人之心体，本无不明，而气拘物蔽，鲜有不昏。非学、问、思、辨以明天下之理，则善恶之机、真妄之辨不能自觉，任情恣意，其害有不可胜言者矣。"

此段大略似是而非。盖承沿旧说之弊，不可以不辨也。夫学、问、思、辨、行皆所以为学，未有学而不行者也。如言学孝，则必服劳奉养，躬行孝道，然后谓之学。岂徒悬空口耳讲说，而遂可以谓之学孝乎？学射则必张弓挟矢，引满中的；学书则必伸纸执笔，操觚染翰①。尽天下之学，无有不行而可以言学者，则学之始固已即是行矣。笃者，敦实笃厚之意。已行矣，而敦笃其行，不息其功之谓尔。盖学之不能以无疑，则有问，问即学也，即行也；又不能无疑，则有思，思即学也，即行也；又不能无疑，则有辨，辨即学也，即行也。辨既明矣，思既慎矣，问既审矣，学既能矣，又从而不息其功焉，斯之谓笃行，非谓学问思辨之后而始措之于行也。是故以求能其事而言谓之学，以求解其惑而言谓之问，以求通其说而言谓之思，以求精其察而言谓之辨，以求履其实而言谓之行。盖析其功而言则有五，合其事而言则一而已。

此区区心、理合一之体，知、行并进之功，所以异于后世之说者，正在于是。

今吾子特举学、问、思、辨以穷天下之理，而不及笃行，是专以学、问、思、辨为知，而谓穷理为无行也已。天下岂有不行而学者邪？岂有不行而遂可谓之穷理者邪？明道云："只穷理，便尽性至命。"故必仁极仁而后谓之能穷仁之理，义极义而后谓之能穷义之理。仁极仁则尽仁之性矣，义极义则尽义之性矣。学至于穷理至矣，而尚未措之于行，天下宁有是邪？是故知不行之不可以为学，则知不行之不可以为穷理矣；知不行之不可以为穷理，则知知行之合一并进，而不可以分为两节事矣。

夫万事万物之理不外于吾心，而必曰穷天下之理，是殆以吾心之良知为未足，而必外求于天下之广，以裨补增益之。是犹析心与理而为二也。夫学、问、思、辨、笃行之功，虽其困勉至于人一己百②，而扩充之极至于尽性知天，亦不过致吾心之良知而已。良知之外，岂复有加于毫末乎？今必曰穷天下之理，而不知反求诸其心，则凡所谓善恶之机、真妄之辨者，舍吾心之良知，亦将何所致其体察乎？吾子所谓"气拘物蔽"者，拘此蔽此而已。今欲去此之蔽，不知致力于此，而欲以外求，是犹目之不明者，不务服药调理以治其目，而徒怅怅然求明于其外，明岂可以自外而得哉？任情恣意之害，亦以不能精察天理于此心之良知而已。此诚毫厘千里之谬者，不容于不辨。吾子毋谓其论之太刻也。

【注释】

①操觚染翰：意为提笔作文。觚，古人书写时用的竹筒。翰，笔。

②人一己百：语出《中庸》"人一能之己百之，人十能之己千之。果能此道矣，虽愚必明，虽柔必强"。

【译文】

来信说："人的心体原本没有不清明的，但受到了气的拘束和物欲的蒙蔽，就很少有不模糊的。如果不通过学习、询问、思考、辨析来明晰天下的道理，那么就不能自然觉察善恶的原因、真假的区别，而纵情恣意，会产生不可言尽的危害。"

你的这段话，大体上是似是而非的。大概是沿袭了朱熹学说的弊端，我不能不把它分辨清楚。学、问、思、辨、行，都是所谓的学，从不会有习而不行的。比如说学"孝"，必须辛苦地服侍奉养父母，亲自实践孝道，才能称之为在学习孝道。难道仅仅是悬口空言，就能够说他在学习孝道吗？学习射箭就必须自己张弓拉箭，拉满弓以命中目标；学习书法就必须执笔搽墨。所有天下的学习，没有能够不实践就算作学习的，因而学习的开始，本身就已经是实践了。笃，敦实笃厚的意思。已经去"行"了，就是指敦实笃厚地行，而且是切实地连续地下工夫。学习不可能没有疑问，便需要问，询问就是学习，就是行；之后又不会没有疑惑了，所以便需要思，思考就是学习，就是行；思考了还有疑问，便需要辨，辨析也是学习，也是行。辨析明白了，思考谨慎了，询问也很清楚了，学习也有收获了，加上不断地努力，这才叫笃行，而并非是在学问思辨之后，才开始去实践。所以学习是指追求做某事的能力，询问是指解除疑惑，思是指通达自己的学问，辨是指精密地审察，行就是具体地实践。从分析它们的功用的角度可以分成这五个方面，但是把它们综合起来则实际上只有一个。我的心、理合一成为本体，知、行并举的方法，之所以不同于朱熹先生的学说，原因就是在这个地方。

现在你特别举出学、问、思、辨来穷尽天下之道，却不提及切身实践。这样做，是专门把学、问、思、辨看成知，又不把穷理当作行。天下哪有不行而学的道理？哪有不行便可以叫作穷理的道理？程颢先生说："只穷理，便尽性至命。"所以必须行仁达到仁的最高境界，才能说是穷尽了仁爱的道理，在行义达到了义的最高境界，才能说是穷尽了义的道理。达到最高境界，就充分发挥了天性。学习也是这样，它达到了穷尽事理的最高境界，却还没有在行的方面下手，天下哪有这样的事情呢？所以知而不行就不是学习，知而不行就不能够穷尽事物的道理；知道了不去行便无法穷尽事物的道理，就知道知行必须合一，不能够把他们分开作两件事。

万事万物的道理并不在我们心外，如果一定要说穷尽天下之理，可能是因为心中的良知还不足够，而必须向天下众多事物中寻求道理，以求弥补增加。这仍旧是把心与理分而为二了。学、问、思、辨、行的功夫，那些天资愚笨的人付出了相对于别人而言百倍的努力，最后到了极点能够充分发挥天性而知道天命，这也不过是我们心里的良知到达最高境界，得到圆满而已。难道良知之外还需再有一丝一毫其他东西吗？现在一定要执着于穷尽天下之理，却不懂得反过来向我们的内心寻求。舍弃我们心中的良知，那些善恶的原因、真假的区别，将怎么去体察辨明呢？你说"气拘物蔽"，是受了这些说法的拘束和影响。现在想要改正这一弊端，但不在本心上用功，却要往心外寻求。就好像得眼疾的人，不吃药调理、治疗，只是徒劳地去外面寻找光明，光明难道是能从眼睛之外求得的吗？不能从我们的内心上去探究天理，就会有任意放纵的危险。这些确实是差之毫厘，谬以千里的事情，不能不去进行详细的分辨。你不要认为我讲得太严厉，太苛刻了。

【经典导读】

这段宏论围绕着学、问、思、辨、行，反复比拟、反复论证，最终还是落实在一个"知行合一"上。王阳明首先强调人的活动是有目的和意识的，即他说的"致良知"。但如何使人的主体与客体联系起来呢？王阳明主张"求理于吾心"，即"知行合一"。他用主体包容了客体，将客体的独立性、自然性和物质性否定了。王阳明的"行"范围很广，包括了学、问、思、辩。因此，重视行也不能忽略了思的重要性。

人生在世，不能像一只无头苍蝇，毫无目的地过，我们需要思考。思考，无疑是人类有别于其他生物的重要特征之一，不管上帝是否会偷笑，我们都无法放弃对人生的思考，尤其是在求知的过程中，思考更是再重要不过的。

下面是美国麻省理工学院机械工程系的系主任谢皮罗教授善于思考的故事。

洗澡在我们一般人看来，是一件非常普通的事情。然而，美国麻省理工学院机械工程系的系主任谢皮罗教授，却敏锐地注意到：每次放掉洗澡水时，水的漩涡总是向左旋的，也就是逆时针的！这是为什么呢？谢皮罗紧紧抓住这个问题不放。他设计了一个碟形容器，里面灌满水，每当拔掉碟底的塞子时，碟里的水也总是形成逆时针旋转的漩涡。这说明放洗澡水时漩涡朝左，并非偶然，而是一种有规律的现象。

1962年，谢皮罗发表了论文，认为这漩涡与地球自转有关。如果地球停止自转的话，拔掉澡盆的塞子则不会产生漩涡。由于地球不停地自西向东旋转，而美国处于北半球，便使洗澡水朝逆时针方向旋转。

谢皮罗认为，北半球的台风都是向逆时针方向旋转，其道理与洗澡水的漩涡是一样的。他断言，如果在南半球则恰好相反，洗澡水将按顺时针形成漩涡，在赤道则不会形成漩涡！谢皮罗的论文发表之后，引起各国科学家的极大兴趣，纷纷在各地进行实验，结果证明谢皮罗的论断是完全正确的。

洗完澡拔掉澡盆里的塞子，这些都是很平常的事情。善于思考的人能从看似平常的事情中，用敏锐的眼睛看到常人所不注意的细节，用丰富的联想力进行常人所想不到的深刻的思索，最终取得突破和创造。思考能在偶然之中，发现其中隐藏着的必然。化偶然为必然，把问号拉直！

思考是创造的基础，创造需要灵感。要促进灵感的产生，就必须多用脑，人生始终离不开思考。让自己有一个善于思考的脑子，在思考的偶然中抓住成功的必然。

【点睛之笔】

我们在生活和学习中也要多动脑筋，多多思考，而不能稀里糊涂，做一天和尚撞一天钟。

8. 偏听偏信之害

【原文】

来书云："教人以致知、明德，而戒其即物穷理，试使昏暗之士深居端坐，不闻教告，遂能至于知致而德明乎？纵令静而有觉，稍悟本性，则亦定慧无用之见，果能知古今、达事变而致用于天下国家之实否乎？其曰：'知者意之体，物者意之用'，'格物如格君心之非之格'。语虽超悟独得，不踵陈见，抑恐于道未相吻合？"

区区论致知格物，正所以穷理，未尝戒人穷理，使之深居端坐而一无所事也。若谓即物穷理，如前所云务外而遗内者，则有所不可耳。昏暗之士，果能随事随物精察此心之天理，以致其本然之良知，则"虽愚必明，虽柔必强"。大本立而达道行，九经①之属可一以贯之而无遗矣，尚何患其无致用之实乎？彼顽空虚静之徒，正惟不能随事随物精察此心之天理，以致其本然之良知，而遗弃伦理，寂灭虚无以为常，是以"要之不可以治家国天下"。孰谓圣人穷理尽性之学，而亦有是弊哉？

心者，身之主也，而心之虚灵明觉，即所谓本然之良知也。其虚灵明觉之良知应感而动者，谓之意。有知而后有意，无知则无意矣。知非意之体乎？意之所用必有其物，物即事也。如意用于事亲，即事亲为一物；意用于治民，即治民为一物；意用于读书，即读书为一物；意用于听讼，即听讼为一物。凡意之所用，无有无物者。有是意即有是物，无是意即无是物矣，物非意之用乎？

盖《大学》"格物"之说，自与《系辞》"穷理"大旨虽同，而微有分辨。穷理者，兼格、致、诚、正而为功也。故言穷理则格、致、诚、正之功皆在其中，言格物则必兼举致知、诚意、正心，而后其功始备而密。今偏举格物而遂谓之穷理，此所以专以穷理属知，而谓格物未常有行，非惟不得格物之旨，并穷理之义而失之矣。此后世之学所以析知、行为先后两截，日以支离决裂，而圣学益以残晦者，其端实始于此。吾子盖亦未免承沿积习，则见以为于道未相吻合，不为过矣。

【注释】

①九经：语出《中庸》"凡为天下国家有九经，曰：修身也，尊贤也，亲亲也，敬大臣也，子庶民也，来百功也，柔远人也，怀诸侯也"。

【译文】

你来信道："先生教人致知、明德，却又阻止他们即物就理，从事物上寻求天理。假若让懵懂昏沉的人深居端坐，不听教导和劝诫，就能够达到有了知识，德行清明的境界吗？纵然他们静坐时有所觉悟，对本性稍有领悟，那也是定慧之类的佛家的无用见识，难道果真可以通晓古今、通达事变，对治理国家有实际作用吗？你说：'知者意之体，物者意之用'，'格物如格君心之非之格'。这些话虽然显得高超而独到，不墨守陈见，但恐怕和圣道不大吻合吧？"

我所讲的格物致知，正是为了穷尽事物，我未曾禁止人们穷尽事理，让他们深居静坐，无所事事。如果把即物穷理讲成是前面所说的重视外在知识，忽略内心修养，那也是错误的。糊涂的人，如果能够在万物之上精察心中的天理，发现原有的良知，那么即使愚蠢也定能变得聪明，即使柔弱定能变得刚强。最后就能够行达道、立大本，九经之类的书也能一以贯之没有纰漏，难道还需担心他会没有经世致用的实际才干吗？那些只谈空虚寂静的佛、道弟子，恰恰是不能在万事万物上精察心中的天理，发现其心中本有的良知，以致抛弃人间伦常，把寂灭虚无当作是正常现象，所以他们才不能够齐家、治国、平天下。谁说圣人穷理尽性的学说也会有这样的弊病呢？

身体的主宰是心，心的虚灵明觉就是人原本的良知。虚灵明觉的良知因感应发生作用，就是意念。有识即是有意，无识即无意。怎么能说认识不是意念的本体？意念的运用，一定会有相应的东西，就是事。如果意念在侍奉双亲上起作用，那么，侍奉双亲便是一件事；意念在治理百姓上起作用，治理百姓便是一件事；意念在读书上起作用，那么读书就是一件事；意念在听讼上起作用，听讼也就是一件事。只要是意念起作用的地方，就有事物存在。有这个意就有这个物，没有这个意也就没有这个物，事物难道不是意念的运用吗？

《大学》里的"格物"和《易经》里的"穷理"，意思只有一些细微的区别，含义基本上是一样的。穷理里包括格物、致知、诚意、正心等功夫。所以谈到穷理，格物、致知、诚意、正心等功夫就已经都包含在其中了。谈到格物，就必然一同有致知、诚意、正心，这样，格物的功夫才能够是完整的。现在说到格物便说成是穷理，就只是把穷理当作了一种认识，而不认为格物里还包括实践了。这样，不但没有把握到格物的宗旨，就连穷理的本义也是一并丢掉了的。这就是后世的学者们，把认识、实践分而为二，并且让它日益支离破碎，圣学日渐残缺晦涩的原因所在。你承袭旧来的观点也在所难免，而觉得我的学说与圣道不符，这也不算什么。

【经典导读】

此段分析了后世学者之所以将知行分成两截的根源所在。阳明先生认为，《大学》中的"格物"和《易经》中的"穷理"，大义相近，但也有其微妙的区别。穷理，囊括了格物、致知、诚意、正心之功。而说格物，却必须先说致知、诚意、正心，然后格物的功夫才会完整而严密。如果片面地强调格物，便是忽视了行，所以，知行便分成了前后两截。

王阳明在讲知行合一时，特别强调两者的统一性，切忌片面思考。我们为人处世也应如此，多听取别人的意见，集思广益，切忌偏听偏信。一个人，如果片面地听取他人的话，凭着自己的想法做事，就会被小人利用。比如在日常生活和工作中，一些误会难免会发生，通常情况下，只要相互宽容就能化解。但是如果我们偏听偏信，就可能恶化与朋友的亲密关系，或破坏与他人的合作关系，甚至使双方关系破裂。

三国的时候，刘备的军师是众所周知的诸葛亮。当时刘备、曹操和孙权三国鼎立，他们之间征战连年，政治上和军事上都展开了激烈的斗争。诸葛亮辅佐刘备，而诸葛亮的哥哥诸葛瑾受到孙权礼遇，担任要职。结果江东人士对诸葛瑾嫉妒不已，更有流言说他明保孙吴，暗通刘备。

东吴有一名叫陆逊的大将，非常明白事理。他看到满城风雨，立刻上书孙权，说诸葛瑾是一个心胸坦荡的忠臣。孙权听了非常高兴："我知道你和诸葛瑾是好朋友，你能够不听信谗言为他保荐，实在难得啊！我也知道诸葛瑾对我一片真心。我很高兴，希望你们能携手共事，辅助我完成大业。"

陆逊没有偏听偏信流言蜚语，显示了对朋友的真诚信任；孙权没有偏听偏信小人谗言，显示了一个君主的圣明，和知人善任。

通常情况下，心术不正者以谗言为工具诽谤和离间他人。谗言会让无辜者身心疲惫、如负千钧，影响团结，破坏友谊。我们要时刻保持警惕，不要被眼前的假象迷惑，不要让他人的谗言误导。

一个人的能力总是有限的，我们无法全方位地认识某个人或某一事物，很多时候我们所了解的其实不过是事物的皮毛而已。这样一来，就容易造成对他人的偏听偏信。在生活和工作中，切不可偏听偏信，因为只听一面之辞常常让人糊里糊涂，作出错误的判断。

只有拒绝偏听偏信，广泛听取意见，集思广益，才能全面地看待一个人或一件事，也只有这样才能更好地采纳正确的主张。因而，我们需要听取尽可能多的意见，不能只是选择自己愿意听的，或者是自己想听的，而无视那些与自己内心旋律不同的声音。

【点睛之笔】

只有听取众人的意见，才能看到一个更加真实的世界。

9. 孝，听父母的话

【原文】

来书云："谓致知之功，将如何为温凊、如何为奉养即是诚意，非别有所谓格物，此亦恐非。"

此乃吾子自以己意揣度鄙见而为是说，非鄙人之所以告吾子者矣。若果如吾子之言，宁复有可通乎？盖鄙人之见，则谓：意欲温凊、意欲奉养者，所谓意也，而未可谓之诚意；必实行其温凊奉养之意，务求自慊而无自欺，然后谓之诚意。知如何而为温凊之节、知如何而为奉养之宜者，所谓知也，而未可谓之致知；必致其知如何为温凊之节者之知，而实以之温凊，致其知如何为奉养之宜者之知，而实以之奉养，然后谓之致知。温凊之事，奉养之事，所谓物也，而未可谓之格物；必其于温凊之事也，一如其良知之所知当如何为温凊之节者而为之，无一毫之不尽，于奉养之事也，一如其良知之所知当如何为奉养之宜者而为之，无一毫之不尽，然后谓之格物。温凊之物格，然后知温凊之良知始致；奉养之物格，然后知奉养之良知始致。

故曰："物格而后知至。"[①]致其知温凊之良知，而后温凊之意始诚；致其知奉养之良知，而后奉养之意始诚。故曰"知至而后意诚"。此区区诚意、致知、格物之说盖如此。吾子更熟思之，将亦无可疑者矣。

【注释】

①物格而后知至：语出《大学》"物格而后知至，知至而后意诚，意诚而后心正，心正而后身修，身修而后家齐，家齐而后国治，国治而后天下平"。

【译文】

你信中说："先生您所说的致知的功夫，是要保证父母的冬暖夏凉，怎样去奉养父母的诚意，而并非另有个什么格物，我想这恐怕不对吧。"

你按照自己的想法来揣度我的观点才这样说的，并不是我这样跟你说过。如果真像你说的那样，难道还有能讲得通的地方吗？我的看法是这样的：想让父母冬暖夏凉、想要侍奉父母，这只是所谓的意，而并不能把它当作诚意；一定是要笃行了让父母冬暖夏凉、侍奉他们的愿望，务必是自己在做的时候感到满意，没有违心，这样才能叫作诚意。知道如何让父母冬暖夏凉的礼节、知道怎样适宜地侍奉父母，只是所谓的知，而不能说已经是致知；必须知道了，并且切实完成所知道的礼节，才能称作致知。使父母冬暖夏凉的事，对父母奉养适宜的事，都只能算作是事物，而不能算作是格物；在父母冬暖夏凉和侍奉适宜的事情上，必须遵循自己的良知去做，而没有丝毫不到的地方，才叫作格物。父母冬暖夏凉的物"格"了，使父母冬暖夏凉的良知才是"致"了；奉养父母适宜的物"格"了，很好地侍奉父母的良知才算是"致"了。

所以《大学》里说："物格而后知至。"有了让父母冬暖夏凉的良知，才能产生使父母冬暖夏凉的真诚的意念；有了适宜奉养的良知，才能产生奉养适宜的真诚的意念。所以《大学》说"知至而后意诚"。我说的诚意、致知、格物的学说大概就是这样。你再好好思考一下这个问题，也就没有什么可以怀疑的了。

【经典导读】

《大学》中说，"格物而后知"，"知至而后意诚"。这条"格物——知至——意诚"的认识链，实际是一种认识逻辑。像这样的认识逻辑现实中还有很多例子。例如：大自然创造了万物，万物养育了生命，生命维系着大自然。可见，这种逻辑原本是一种圆圈，而不是线段，从这一端发展到了另一端。在"格物——知至——意诚"的逻辑链上，知与行并非两个端，它们互为起点和终点。

王阳明认为知至而后意诚。一个人只有明白世间道理以后，对世间的一切心明如镜，洞若观火，不会再被世俗物尘所蒙蔽，也不会再去干蠢事犯傻，道心必会深扎于性根里，坚定不移，岿然不动。知无不尽，然后才能去除意中的杂质，去假存真，性明意定，而无有不实。可见欲诚意者，必当先致其知，心明于前，意定于后。

在此处阳明先生再次提到了对父母的奉养之道，他认为，一个人不仅要持孝奉养，而且还要奉养适宜，这样才算真诚。

真正的孝顺就是尽心奉养父母，顺从父母的正确意志，这就是爱敬父母之心、顺父母之心的美好德行。孝顺老人的美德，是世界上最美丽的道德；孝顺老人的理智，是世界上最伟大的智慧。孝顺，不仅要孝，还要顺，这里的顺就是听父母的话，顺从父母的意志。

如果你想要做真善的人，首先要学会孝顺父母，适宜的奉养要求孝顺父母要有正确的方法，这正确的孝顺就是应父母的话，顺从父母的意志做事。

很早以前，有个母亲带女儿做乞丐，要饭过生活，后来女儿长得很漂亮，心地善良，变为当地酋长的妻子，从此以后，女儿的生活荣华富贵，财源茂盛，她和先生商量之后把母亲迎接过来，一起过生活，但她的母亲不习惯，也觉得不自由，她还是想做乞丐，女儿尊重母亲的想法，顺从母亲的意志，满足母亲的心愿，才同意母亲做乞丐，很多人不理解，都说女儿不孝，实际上，女儿已经尽心尊重父母的选择，顺从父母的意志，确实是个真正的孝顺。因为她的母亲跟随他们，也许一点不自由，不开心，没有自己的空间。

孝顺也需要智慧，没有智慧的孝顺，有时反而会伤害到父母。

孝顺是不可分割的，只有将孝和顺结合去做，才算真正的为父母好。孝顺父母也需要智慧，只有孝顺的心，却没有孝顺智慧，就会造成对于父母不肖与忤逆的后果，所以我们的孝顺不能缺乏智慧，做一个聪明的孝顺之人，不妨从顺从父母正确的一直开始。

【点睛之笔】

孝顺的智慧：顺从父母正确的意志。

10. 节目时变例子

【原文】

来书云："道之大端易于明白，所谓'良知良能，愚夫愚妇可与及者'①。至于节目时变之详，毫厘千里之谬，必待学而后知。今语孝于温清定省，孰不知之？至于舜之不告而娶，武之不葬而兴师，养志、养口②，小杖、大杖③，割股④，庐墓⑤等事，处常处变、过与不及之间，必须讨论是非，以为制事之本。然后心体无蔽，临事无失。"

"道之大端易于明白"，此语诚然。顾后之学者忽其易于明白者而弗由，而求其难于明白者以为学，此其所以"道在迩而求诸远，事在易而求诸难"⑥也。孟子云："夫道若大路然，岂难知哉？人病不由耳。"良知良能，愚夫愚妇与圣人同。但惟圣人能致其良知，而愚夫愚妇不能致，此圣愚之所由分也。

"节目时变"，圣人夫岂不知，但不专以此为学。而其所谓学者，正惟致其真知，以精审此心之天理，而与后世之学不同耳。吾子未暇真知之致，而汲汲焉顾是之忧，此正求其难于明白者以为学之蔽也。夫良知之于节目时变，犹规矩尺度之于方圆长短也。节目时变之不可预定，犹方圆长短之不可胜穷也。故规矩诚立，则不可欺以方圆，而天下之方圆不可胜用矣；尺度诚陈，则不可欺以长短，而天下之长短不可胜用矣；良知诚致，则不可欺以节目时变，而天下之节目时变不可胜应矣。毫厘千里之谬，不于吾心真知一念之微而察之，亦将何所用其学乎？是不以规矩而欲定天下之方圆，不以尺度而欲尽天下之长短。吾见其乖张谬戾，日劳而无成也已。

吾子谓"语孝于温清定省，孰不知之"，然而能致其知者鲜矣。若谓粗知温清定省之仪节，而遂谓之能致其知，则凡知君之当仁者，皆可谓之能致其仁之知；知臣之当忠者，皆可谓之能致其忠之知，则天下孰非致知者邪？以是而言可以知，"致知"之必在于行，而不行之不可以为"致知"也，明矣。知行合一之体，不益较然矣乎？

夫舜之不告而娶，岂舜之前已有不告而娶者为之准则，故舜得以考之何典、问诸何人而为此邪？抑亦求诸其心一念之良知，权轻重之宜，不得已而为此邪？武之不葬而兴师，岂武之前已有不葬而兴师者为之准则，故武得以考之何典、问诸何人，而为此邪？抑亦求诸其心一念之良知，权轻重之宜，不得已而为此邪？使舜之心而非诚于为无后⑦，武之心而非诚于为救民，则其不告而娶与不葬而兴师，乃不孝不忠之大者。而后之人不务致其良知，以精察义理于此心感应酬酢之间，顾欲悬空讨论此等变常之事，执之以为制事之本，以求临事之无失，其亦远矣。其余数端，皆可类推，则古人致知之学从可知矣。

【注释】

①愚夫愚妇可与及者：语出《中庸》"君子之道费而隐。夫妇之愚，可以与知焉；及其至也，虽圣人亦有所不知焉"。

②养志、养口：典出《孟子·离娄上》。

③小杖、大杖：典出《孔子家语·六本》。曾子在瓜地锄草时，锄掉了瓜苗。其父大怒，用大杖将其打昏在地。曾子醒来后，先向父亲请安，又回到屋里弹琴，使父亲知道自己安然无恙。孔子知道后很生气，教育曾子应像大舜侍奉父亲那样，父亲用小杖打时则坦然承受，用大杖打时就逃跑，以免使自己身体受伤，使父亲背上不义的罪名。

④割股：春秋时期，晋文公重耳流亡时，介子推曾割大腿上的肉给文公吃。后以割股治疗父母之病为至孝。

⑤庐墓：古时，父母亡故后，孝子在墓旁搭建草棚，一般要住三年，以表达对父母的哀思怀念之情。

⑥"道在迩"二句：语出《孟子·离娄上》。

⑦为无后：语出《孟子·离娄上》"不孝有三，无后为大。舜不告而娶，为无后也，君子以为犹告也"。

【译文】

你来信写道："圣道的宗旨很容易明白，就像先生说的'良知良能，愚夫愚妇可与及者'。至于具体的细节，随着时间的变化，往往差之毫厘、谬以千里，这需要学习之后才能明白。谈论孝道就是温清定省这些礼节，现在谁不明白？至于舜不请示父母就娶妻，武王还没有安葬文王便兴师伐纣，曾子养志而曾元养口，小杖承受而大杖逃跑，割股疗亲，为亲人守墓三年等事情，可能正常、可能不正常，这是处于过分与不足之间。必须讨论个是非曲直，作为处事的原则。然后人的心体没有遮蔽，这样临事才能没有过失。"

"圣道的宗旨很容易明白"，这句话是对的。只是后世的学者们往往忽略那些简单明白的道理不去遵循，却去追求那些很难明白的东西，这正是"道在迩而求诸远，事在易而求诸难"。孟子说："圣道像大路一样，难道很难明白吗？人们的毛病在于不去遵循罢了。"愚夫愚妇和圣人是同样拥有良知良能的。只是圣人能够意识并保存自己的良知，而愚夫愚妇则不能，这就是二者的区别。

"节目时变"，圣人对此岂有不知的，只是不一味地在这上面做文章罢了。圣人的学问，与后世所说的学问不同，它只是意识并保存自己的良知，以精确体察心中的天理。你不去保存自己的良知，而是念念不忘这些细节，这正是将那些难于理解的东西当作学问的弊病了。良知对于随着时间变化的具体细节，就像规矩尺度对于方圆长短一样。方圆长短的变化是无穷无尽的，具体细节随时间变化也不能够事先预测。因此，规矩尺度一旦确立，那么方圆长短就能够一目了然了，而天下的方圆长短也就用不完了。确实已经达到了致良知的境界，那么具体细节随时间的变化也就一览无余，天下不断变化的细节就能应付自如了。差之毫厘、谬以千里，不在我们本心的良知上的细微处去体察，那你怎么去应用你所学的东西呢？这是不依照规矩尺度想去确定天下的方圆长短。这种狂妄的说法，只会每天徒劳而一无所成。

你说"语孝于温清定省，孰不知之"，然而真正知道的人很少。如果说简单地知道一些温清定省的礼节，便能认为他已经做到了致孝的良知。那么凡是那些知道应当仁爱百姓的国君，都能认为他能够致仁爱的良知；凡是知道应当忠诚的臣子，都能认为他能致忠诚的良知，那么天下哪个不是能够致良知的人呢？由此便明显可见，"致知"必须实践，没有实践便不能够称他能够"致知"。这样知行合一的概念，不是更加清楚了吗？

舜不告知父母而娶妻，难道是在舜之前便已经有了不告而娶的准则，所以舜能够考证某部经典、或者询问于某人才这样做的吗？还是他依照心中的良知，权衡利弊轻重，不得已才这样做？周武王没有安葬文王便兴师伐纣，难道是武王之前便已经有了不葬而兴师的准则，所以武王能够考证某部经典、或者询问某人才这样做的吗？抑或是他依照自己心中的良知，权衡利弊，不得已才这样做？如果舜并非担心没有后代，武王并非急于拯救百姓，那么，舜不禀报父母而娶妻，武王不葬文王而兴师，便是最大的不孝和不忠。后世的人不努力致其良知，不在处理事情上精细地体察天理，只顾空口谈论这中间时常变化的事物，并执着于此作为处理事情的准则，以求得遇事时没有过失，这也差得太远了。其余几件事也能够依此类推，那么古人致良知的学问就可以明白了。

【经典导读】

大道理明白了，小事理却混淆了；事理上分清了，行动起来又糊涂了；行为上虽没有违反规则，事理上却又出现了偏离。这些都是不能"致良知"的原因。

心里有了良知，处世为人便有了衡量长短、方圆的规矩。王阳明在本段中提出圣贤致心不乱，自然良知显现，他们对凡事都有一个自己的判断，并能根据具体的事情，节目时变，具体地去解决它们。换句话说，也就是圣贤们对不同的事情有不同的解决方法，他们不守死理，懂得具体问题具体分析。

华佗是我国东汉名医。一次，府吏倪寻和李延俩人均头痛发热，一同去请华佗诊治。华佗经过仔细的望色、诊脉，开出两副不同的处方。给倪寻开的是泻药，给李延开的是解表发散药。二人不解：我俩患的是同一症状，为何开的药方却不同呢？是不是华佗弄错了？于是，他们向华佗请教。

华佗解释道：倪寻的病是由于饮食过多引起的，病在内，应当服泻药，将积滞泻去，病就好了。李延的病是受凉感冒引起的，病在外，应当吃解表药，风寒之邪随汗而去，头痛也就好了。你们病症相似，但病因相异，所以治之宜殊。二人拜服，回家后各自将药熬好服下，很快都痊愈了。

后来，人们就根据这个故事，把华佗这种治病的方法叫"对症下药"，意思是根据不同的病因开出不同的药，才能有很好的疗效。

看问题，不能只看表面现象，还要抓住问题的关键、抓住本质，并且要针对不同的"病因"开具不同的处方。这正是一代名医华佗的医术高明之处。用现在的话来讲，就是"具体问题具体分析"。

战国时代，有施氏和孟氏两家邻居。施家有两个儿子，一个儿子学文，一个儿子学武。学文的儿子去游说鲁国的国君，阐明了以仁道治国的道理，鲁国国君重用了他。那个学武的儿子去了楚国，那时楚国正好与邻邦作战，楚王见他武艺高强，有勇有谋，就提升他为军官。施家因两个儿子显贵，满门荣耀。

施氏的邻居孟氏也有两个儿子长大成人了。这两个儿子也是一个学文，一个学武。孟氏看见施氏的两个儿子都成才，就向施氏讨教，施氏向他说明了两个儿子的经历。孟氏记在心里。

孟氏回家以后，也向两个儿子传授机宜。于是，他那个学文的儿子就去了秦国，秦王当时正准备吞并各诸侯，对文道一点也听不进去，认为这是阻碍他的大业，就将这人砍掉了一只脚，逐出秦国。他学武的儿子到了赵国，赵国早已因为连年征战，民困国乏，厌烦了战争，这个儿子的尚武精神引起了赵王的厌烦，砍掉了他的一只胳膊，也逐出了赵国。

孟氏之子与邻居的儿子条件一样，却形成两种结果。这是因为孟氏及其儿子没能见机行事，观察和权衡事态的发展变化，只是重走别人的老路，最终导致不幸的发生。

一条路走不顺畅，可以硬着头皮走下去，也可以放弃原路，另辟蹊径。道理人人都懂，学习人人都会，主要在看怎样顺着人性和事物的变化而发展。鲁迅曾说："其实世上本没有路，走的人多了，也便成了路。"做人无常势，不懂得另辟蹊径者，将很难赢取成功和荣耀。人生的道路有千万条，每条路都是我们的选择之一。所以一旦这条路行不通，不要犹豫，立即换一条路。做人做事不能太死板，遇事也不要太爱钻牛角尖，我们应学会具体问题具体分析，前面若已是悬崖了，就不要固执地往下跳了。人不应被经验束缚了头脑，要冲出习惯性思维的樊笼。执着很重要，但盲目的执着不可取。

【点睛之笔】

换一种思想，换一个想法，往往能使人豁然开朗，步入新境，也能使人从"山穷水尽"中看到"峰回路转"和"柳暗花明"。

11. 良知与生俱来

【原文】

来书云："谓《大学》格物之说，专求本心，犹可牵合。至于《六经》、《四书》所载'多闻多见'①、'前言往行'②、'好古敏求'③、'博学审问'、'温故知新'、'博学详说'④、'好问好察'⑤是皆明白求于事为之际，资于论说之间者，用功节目固不容紊矣。"

格物之义，前已详悉，牵合之疑，想已不俟复解矣。至于"多闻多见"，乃孔子因子张之务外好高，徒欲以多闻多见为学，而不能求诸其心，以阙疑殆，此其言行所以不免于尤悔，而所谓见闻者，适以资其务外好高而已。盖所以救子张多闻多见之病，而非以是教之为学也。夫子尝曰："盖有不知而作之者，我无是也。"⑥是犹孟子"是非之心人皆有之"之义也。此言正所以明德性之良知，非由于闻见耳。若曰"多闻，择其善者而从之，多见而识之"，则是专求诸见闻之末，而已落在第二义矣，故曰"知之次也"。夫以见闻之知为次，则所谓知之上者果安所指乎？是可以窥圣门致知用力之地矣。夫子谓子贡曰："赐也，汝以予为多学而识之者欤？非也，予一以贯之。"使诚在于多学而识，则夫子胡乃谬为是说以欺子贡者邪？一以贯之，非致其良知而何？《易》曰："君子多识前言往行以畜其德。"夫以畜其德为心，则凡多识前言往行者，孰非畜德之事？此正知行合一之功矣。

"好古敏求"者，好古人之学，而敏求此心之理耳。心即理也，学者学此心也，求者求此心也。孟子云："学问之道无他，求其放心而已矣。"非若后世广记博诵古人之言词以为好古，而汲汲然惟以求功名利达之具于外者也。"博学审问"，前言已尽。"温故知新"，朱子亦以温故属之尊德性矣。德性岂可以外求哉？惟夫知新必由于温故，而温故乃所以知新，则亦可以验知行之非两节矣。"博学而详说之"者，将"以反说约也"。若无反约之云，则"博学详说"者果何事邪？舜之"好问好察"，惟以用中而致其精一于道心耳。道心者，良知之谓也。君子之学，何尝离去事为而废论说？但其从事于事为论说者，要皆知行合一之功，正所以致其本心之良知，而非若世之徒事口耳谈说以为知者，分知行为两事，而果有节目先后之可言也。

【注释】

①多闻多见：意为通过多闻多见增长知识。语出《论语·为政》。

②前言往行：语出《周易·大畜》卦辞"君子以多识前言往行，以畜其德"。意为君子应该多了解古代前贤的言行，以积蓄自己的德性。

③好古敏求：意为喜欢古学而勉力追求。语出《论语·述而》。

④博学详说：语出《孟子·离娄下》"博学而详说之，将以反说约也"。意为广泛地学习并详细地解说，等到融会贯通之后，再回头来简略地叙述其精髓大义。

⑤好问好察：意为喜欢请教别人，并且喜欢体察人们日常生活中的言谈，以便能了解民意。语出《中庸》。

⑥"盖有"二句：语出《论语·述而》"子曰：'盖有不知而作之者，我无是也。多闻，择其善者而从之；多见而识之，知之次也。'"

【译文】

你来信中说："您说《大学》里格物的学说，唯指寻求本心，还勉强说得通。至于《六经》、《四书》记载的'多闻多见'、'前言往行'、'好古敏求'、'博学审问'、'温故知新'、'博学详说'、'好问好察'等等，都是指在处事和辩论之中得到的，用功的内容和次序是不能弄乱和改变的。"

　　格物的含义，之前我都已经详细地谈过，你仍觉牵强，想必也不需要我再多加解释了。至于"多闻多见"，是孔子针对子张说的。子张好高骛远，只以多闻多见当作学问，而不能认真存养本心，所以心存疑惑，语言和行为里便难免有埋怨和悔恨，而他所谓的见闻，又恰恰滋长了他好高骛远的心性。所以孔子大概是为了纠正他多闻多见的毛病，而并非把多闻多见当作做学问。孔子曾说："盖有不知而作之者，我无是也。"就像孟子所说的"是非之心人皆有之"意思差不多。这话正好说明明德行的良知并不是从见闻中来的。孔子所说的"多闻，择其善者而从之，多见而识之"，则是专门从见闻的细枝末节中探求，是第二位的事情罢了，所以他又说"知之次也"。把见闻的知识当作是次要的学问，那么学问之首是指什么呢？从此处，对圣人致知用功的地方我们可以完全窥见了。孔子对子贡说："赐也，汝以予为多学而识之者欤？非也，予一以贯之。"如果果真在于多闻多见，那么孔子为何说这种话来欺骗子贡呢？一以贯之，不是致良知是什么？《易经》中说："君子多识前言往行以畜其德。"以积蓄德性为主，而更多地了解前人言行的人，不也是在做积蓄德性的事吗？这正是知行合一的功夫。

　　"好古求敏"，就是热衷于古人的学说并且勤奋敏捷地探求心中的理。心即是理，学习就是学习本心，探求就是探求本心。孟子说："学问之道无他，求其放心而已矣。"好古并不是像后世那样，广泛地背诵记忆古人的言辞，心中却念念不忘追求功名利禄等外在的东西。"博学审问"，前面也提及过。"温故知新"，朱熹也把它当作是尊德性的范畴。德性难道能从心外求得吗？知新必经由温故，温故才可知新，这又可作为知行并非两回事的有力证据。"博学而详说之"，是为了再返回至简约，如果不是为了返回至简约，那么"博学详说"到底是什么呢？舜好问好察，仅仅是中正平和地达到至精至纯合乎道心的境界。道心就是良知。君子的学问，什么时候离开过实践、废弃过辩说呢？但是实践和辩说的时候，都要知道知行合一的功夫，这正是致其本心的良知，而不是像后世学者那样只在口耳里空谈便当作认识了，把知行分而为二，才会产生用功有先后区分的说法。

【经典导读】

　　常人之所以将知行分为两截，就是由于他们把良知与知识混同一体。然而良知与知识是有区别的，"致良知"是以良知为标准，评判一切是非，因此王阳明称良知为试金石、指南针。良知具有验证具体事物变化无穷的能力。从体用上分，良知是本体，知识是本体发用之物；从先天与后天上分，良知是先天存在的，"不学而能，不虑而知"，而知识是后天产生的，"必待学而能，必待虑而知"。所以，学者应"务践履以充良知"，通过去恶存善的功夫，去把握人之本体——良知。事实上良知是人人都有的，就存在于人的心中，不需要到外面去寻求。

每个人心中都存有善念，善念与生俱来。因此，无论在任何情况下，我们都要相信，其实每个人的内心深处都有一份善念。只是因为环境等各种原因，一些人的善良之心被埋藏在了深处，也正因如此，我们更应该时刻心怀善念地生活在这个世界上，当善念充满了一个人心灵的时候，那么他一定会做个好人。

人们从小就应该培养善良的心，因为有了善良的心，你就会受到生活的眷顾；有了善良的心，你的思想也就纯洁无污，就不会做出奸诈险恶的事情，从而你也不会被各种名利所诱惑。在这个社会上，给予就会被给予，剥夺就会被剥夺，爱人就会被爱，恨人就会被恨。你如果对自己、对他人、对一切美好的事物都充满爱心，怀有善意，你的生活就会充满激情，爱心之花就会在你周围处处绽放。

因为善良，才会有人打抱不平；因为善良，才会有人慷慨解囊；因为善良，才会有人把慈善当成事业。能够尽自己微薄的力量，帮助别人，是一件多么开心的事情。

【点睛之笔】

平凡的一生，因为善良，变得多姿多彩。

答周道通书

1. 有"朋"远来

【原文】

　　吴、曾两生至，备道道通①恳切为道之意，殊慰相念。若道通，真可谓笃信好学者矣。忧病中会，不能与两生细论，然两生亦自有志向肯用功者，每见辄觉有进。在区区诚不能无负于两生之远来，在两生则亦庶几无负其远来之意矣。临别以此册致道通意，请书数语。荒惯无可言者，辄以道通来书中所问数节，略下转语奉酬。草草殊不详细，两生当亦自能口悉也。

【注释】

　　①道通：名冲，字道通，号静庵，江苏宜兴人。先师从王阳明，后师从湛若水，能够协调王、湛两家的学说。

【译文】

　　吴、曾两位年轻人到我这里，跟我详细备至地说了道通你恳切向道的心意，我深感欣慰和挂念。像你这样，真的可以称得上是笃信好学的人了。只可惜我正在为家父守丧期间，心情忧伤，未能和他们两个细谈，然而，他们两个极有志向，每次见面就会觉得他们有所进步。从我的角度而言，我实在不能辜负他们的远道而来的用意，对他们来说，也没有辜负远道而来的用意。临走时，我写了这封信表达对你的问候。在这个思绪糊涂不明的时候，只就你的来信里问到的几个问题，做个简单解释，算是交代。草草几句不太详细，他们两位应该自会向你口头转达的。

【经典导读】

　　本篇是王阳明给周道通的信的开篇，文中讲到吾、曾两人至时，阳明先生正在守丧，但看到他二人之诚，王阳明虽然心情忧伤也不愿辜负二人用意。由此可以看出，阳明先生对人的尊重之德。

　　在生活中，只有尊重人、体贴人，才能得到其他人由衷的尊重和体贴。

我们与他人的交往就是如此，你敬我一分，我便敬你一丈。反过来，如果刻意去打击人、欺侮人，也会遭到他人毫不留情的"回报"。

公元前592年，晋景公派遣大夫却克访问齐国和鲁国。却克在鲁国访问结束后要去访问齐国。这时鲁国也想与齐国交往，鲁宣公就派季孙行父与他同行。两国大夫中途遇见卫国的使臣孙良夫与曹国的使臣公子首，他们也去齐国，于是四人便一起来到齐国都城临淄，拜见了齐顷公。

齐顷公一见他们四个人，差点笑出声来，只见晋国大夫老是闭一只眼睁一只眼看东西，鲁国大夫脑袋瓜又光又滑像个大葫芦，卫国大夫是个跛子，曹国大夫总是弯着腰。他使劲地忍住笑，办完了公事之后，告诉他们第二天上后花园摆宴招待。

第二天，齐顷公特意挑了四个人招待来访的大夫，陪他们上后花园赴宴。陪同独眼龙的也是一只眼，陪同秃子的也是秃子，陪同跛子的也是跛子，陪同驼背的也是个驼背。当萧太夫人见了独眼龙、秃子、瘸子、驼背成双成对地走过来时，不由得哈哈大笑起来，旁边的宫女们也跟着笑。四位大夫起初瞧见那些陪同的人都有些生理缺陷，还以为是巧合呢，直到听见楼上的笑声，才明白是怎么回事。

四国使臣回到馆舍，感到受到了极大的侮辱，非常生气。当他们打听到讥笑他们的是齐国的国母后，更加怒不可遏。晋国大夫却克说："我们诚心诚意来访，他们却如此戏弄我们，真是岂有此理！"却克接着说："他们如此欺负人，此仇不报，就算不得大丈夫！"其余三位大夫齐声说："只要贵国领兵攻打齐国，我们一定请国君发兵，大伙都听你指挥。"四人对天起誓，一定要报今日被戏弄之仇。

两年以后，四国兵车绵延三十多里，大举伐齐，齐军被打得落花流水，齐顷公被围，仓皇逃跑之中和将军逢丑父迅速更换了服装，扮作臣下外出舀水，才保住性命。最后，齐顷公只好拿着厚礼求和。

四国的使臣肩负着国与国之间和平相处、互通友好的使命而来，可却被齐顷公拿他们的生理缺陷开玩笑，齐顷公丝毫没有尊重对方的人格尊严，引来了仇恨与战争。

人生纯朴的美是多姿多彩的，在各种美的个性之中，有一种共同的品性，那便是尊重。学会尊重别人，你便收获了人生中最美的心。智利作家尼高美德斯·古斯曼说过："尊严是人类灵魂中不可糟蹋的东西。"尊重他人就是尊重自己，一个肆意践踏别人的尊严的人，也绝不会得到他人的爱戴与怜惜。

尊严不分高低贵贱，每个人都有每个人的价值，每个人都有每个人的尊严。只有学会尊重别人，才能获得别人的尊重。

【点睛之笔】

尊重我们生命中的每一个人，其实也是在善待我们自己。

2. 立志需真心

【原文】

来书云："日用功夫只是立志，近来于先生诲言时时体验，愈益明白。然于朋友不能一时相离，若得朋友讲习，则此志才精健阔大，才有生意。若三五日不得朋友相讲，便觉微弱，遇事便会困，亦时会忘。乃今无朋友相讲之日，还只静坐，或看书，或游衍经行，凡寓目措身，悉取以培养此志，颇觉意思和适。然终不如朋友讲聚，精神流动，生意更多也。离群索居之人，当更有何法以处之？"

此段足验道通日用功夫所得。功夫大略亦只是如此用，只要无间断，到得纯熟后，意思又自不同矣。大抵吾人为学，紧要大头脑，只是立志。所谓困、忘之病，亦只是志欠真切。今好色之人，未尝病于困忘，只是一真切耳。自家痛痒自家须会知得，自家须会搔摩得，既自知得痛痒，自家须不能不搔摩得，佛家谓之"方便法门"。须是自家调停斟酌，他人总难与力，亦更无别法可设也。

【译文】

你来信中说："平日功夫仅仅是立志，近来时时体察检验先生的教导，更觉得明白了。但是我时时都离不开朋友，如果朋友们互相讲习，我的志向才会精健阔大，充满生机。但是如果有三五天我没有和朋友互相讲习，志向便变得微弱，遇事就会产生困惑，并且时时会忘掉。现在我没有朋友一起讲习的时候，便只静坐着，或者看书，或者随便走走，举目投足之间，我都是为了培育这个志，觉得心舒意适。然而终究还是不如朋友聚在一起讲习的时候那样精神振奋，更有生机。离群隐居的人，有什么更好的方法来帮助自己立志呢？"

这段话足以证明你平日里用功时所得到的收获。立志的功夫大概只是这样，只要每天坚持，没有不间断，等到功夫纯正熟练后，感觉自然会有所不同。一般来说我们做学问，最关键的只是立志。有困惑、遗忘的毛病，也只是因为志向不够真切。好色的人从来不会有困惑和遗忘的时候，只是因为他好色的欲望更真切罢了。自己的痛痒自己应当会知道，应当会自己瘙痒按摩，既然知道了痛痒，自己也就不得不瘙痒按摩了，佛教把这叫作"方便之门"。必须自己调整斟酌，别人总是很难帮忙的，也再没有别的方法可以借鉴的了。

【经典导读】

阳明先生在回复弟子的信中，待之以诚，直截了当指出做学问时每个人都会或多或少地存在疲劳、遗忘的缺点，这是无法避免的。因此做学问的关键并不在于形式上的付出而在于真切与否，并强调做学问的关键核心处就是立志，只有立志才能达到真切，有了真切，在做学问时也就不会感到疲劳和遗忘。

每个人对"立志"都不陌生，我们大多数在读小学的时候，老师就讲经常给我们讲有关立志的事情，但实际上为志付出真心的人并不多。很多人都立志，但很多人并不为自己的志向付出真心，所谓的立志成为很多人敷衍自己的借口……

一个人在立志之时，需要问问自己的心，此志是否是自己心中真正的追求。一个人的志向只有真正发自内心，他才会在追求志向的路上义无反顾。

历史上有一个慧可立雪断臂的故事：

慧可从小爱读《周易》《庄子》《道德经》等书，学问根基修养很扎实。后来因读佛书超然自得，就出了家，云游来到嵩山达摩师门下。可是达摩大师从早到晚、日复一日面壁端坐，一声不吭。慧可为示求道的恭敬虔诚，在一个大雪纷飞的夜晚，通宵达旦地倚立在面壁洞外，动也不动。第二天一早，积雪竟没过了他的膝盖。终于达摩开口了："你这样不顾寒冷，一直立在雪里，到底有何心愿？"

"但愿老师慈悲，打开甘露之门，普渡众生，教我佛法吧！"慧可毕恭毕敬，一片虔诚。达摩的回答却仍很冷漠："诸佛为求无上悟道，不惜穷毕生精力去作探求，而你仅仅凭了这点小德、小智、小决心，就想求大法不成？"听达摩这么一说，慧可竟毫不犹豫地暗中操起快刀，立时把自己的左臂砍了下来，放在达摩面前。达摩这才肯定地说："诸佛为求法体，不把身体当身体，生命当生命。你现在断臂求法，也是一种决心。"

看到慧可成佛之志如此真切，于是，达摩开始为慧可传授"安心"法门。这样过了九年，达摩圆寂之前，正式传法慧可，后来慧可为禅宗二祖。

慧可断臂求法的传说故事启示后人，立真心之志贵在对于你所碰上的一切困难，要有难忍能忍、难行能行、舍身求道的至真决心。

人们常说："精诚所至，金石为开。"珍珠是不会浮在水面上的，要想找到珍珠，就必须冒着一定生命危险潜到深水里才能获得，而要做到这一点就要看自己找到珍珠的念头真不真，是否足够驱动自己不畏艰难地前行。时至今日，苦行之法已不必再去仿效，但对追求理想、成就事业不惜献身的"真心"，值得现在的每个人学习。

【点睛之笔】

不因畏难而退志，笃定真心之志前行。

3. 何思何虑？

【原文】

来书云："上蔡①常问'天下何思何虑'，伊川云：'有此理，只是发得太早。'②在学者功夫，固是'必有事焉而勿忘'，然亦须识得'何思何虑'的气象，一并看为是。若不识得这气象，便有正与助长之病；若认得'何思何虑'，而忘'必有事焉'功夫，恐又堕于无也。须是不滞于有，不堕于无。然乎否也？"

所论亦相去不远矣，只是契悟未尽。上蔡之问与伊川之答，亦只是上蔡、伊川之意，与孔子《系辞》原旨稍有不同。《系》言"何思何虑"，是言所思所虑只是一个天理，更无别思别虑耳，非谓无思无虑也。故曰："同归而殊途，一致而百虑，天下何思何虑？"云"殊途"，云"百虑"，则岂谓"无思无虑"邪？心之本体即是天理，天理只是一个，更有何可思虑得？天理原自寂然不动，原自感而遂通。学者用功，虽千思万虑，只是要复他本来体用而已，不是以私意去安排思索出来。故明道云："君子之学，莫若廓然而大公，物来而顺应。"若以私意去安排思索，便是用智自私矣。"何思何虑"正是功夫，在圣人分上便是自然的，在学者分上便是勉然的。尹川却是把作效验看了，所以有"发得太早"之说。既然云"却好用功"，则已自觉其前言之有未尽矣。濂溪主静之论亦是此意。今道通之言，虽已不为无见，然亦未免尚有两事也。

【注释】

①上蔡：谢良佐（1050～1103），字显道，河南上蔡人，世称上蔡先生，进士，为程门四大弟子之一。

②"伊川云"句：《河南程氏外书·上蔡语录》记载谢氏与程颐的对话："二十年往见伊川。伊川曰：'近日事如何？'某对曰：'天下何思何虑？'伊川曰：'是则是有此理，却发得太早。'"

【译文】

来信中曾说："谢良佐先生曾经问'天下何思何虑'，程颐先生说'有此理，只是发得太早。'从学者的功夫来说，固然是'必有事焉而勿忘'，但也应当明白'何思何虑'的气象，放在一块综合起来看才对。若没有看清楚这种气象，就会滋生与助长期望过高的弊病；如果明白了'何思何虑'，但忘了'必有事焉'的功夫，恐怕又会掉入虚无的误区里。应该既不为有所牵滞，又不堕入虚无。是这样吗？"

你所说的也差不多正确，只是还没有领悟透彻。谢良佐先生与程颐先生的问答，实际上只是他们两个人的意思，与孔子《系辞》中的原意本就稍有出入。《系辞》所讲的"何思何虑"，是指所思虑的只是一个天理，之外再没有别的思虑，而并不是说完全没有什么思虑。所以说"同归而殊途，一致而百虑，天下何思何虑？"说"殊途"，说"百虑"，难道也是"无思无虑"吗？心的本体就是天理，而天理只有一个，除此之外还有别的什么可以思虑的呢？天理原本是寂静不动的，原本就是自己感应了之后就能通达的。学者用功，即使有百思千虑，也只是恢复他心的本体和作用而已，而并非用自己的私愿能安排思索出来的。所以程颢先生说："君子之学，莫若廓然而大公，物来而顺应。"如果凭着私愿去安排思索，便是在私欲上用才智。"何思何虑"正是做学问的功夫，在圣人是自然而然的，但是在学者就必须勉强才能做到。程颐先生却把它当作做学问的效果看待了，所以才会有"发得太早"的说法，接着又说"却好用功"，则是他自己觉察到前面所说的话还有欠缺。周敦颐先生主静的观点也是这个意思。现在你的看法，虽然不能说没有你自己的见地，但还是没有避免把功夫当作两回事来看待了。

【经典导读】

王阳明认为，《系》言"何思何虑"，是言所思所虑只是一个天理，更无别思别虑耳，非谓无思无虑也。故曰："同归而殊途，一致而百虑，天下何思何虑！"云"殊途"，云"百虑"，则岂谓无思无虑邪？天理只有一个，心之本体即天理，而且天下人的心之本体都是一致的，圣人与常人，上智与下愚，无不如此。之所以出现分别，全是在功夫上不一致。圣人唯在天理上思考、推算，事事不离天理，天理就是他的规尺；常人却在心外下功夫，任随眼、耳、鼻、舌、身所感知的外物恣意思虑，又从中生出种种分别，在这些纷繁复杂的分别中不可自拔。常人"一算"狭隘，圣人"千算"包罗万象。立志有大作为者都要心胸宽广，能海纳百川，不因生活中的细小琐事而与他人斤斤计较，不过多地计较个人得失，能宽容那些反对自己，歧视自己的人。不与人记仇蓄恨，能把敌人当作朋友来看待。

现实生活中，很多人发现自己越来越难处理好人际关系，常会为一些鸡毛蒜皮的小事情把自己与他人的关系搞得很僵。人与人之间总有差异，所以有时摩擦、争吵不可避免，这些本是很正常的事情。如果多些理解，学会包容，能够设身处地地为他人着想，就不会因他人与己见不同而生出隔阂，进而产生矛盾。在中国历史上，这类事例数不胜数。由此观之，古往今来，胸怀大度方成事，言之不虚。

据《桐城县志》记载，清代（康熙年间）文华殿大学士兼礼部尚书张英的老家人与邻居吴家在宅基地问题上发生了争执，两家大院的宅基地都是祖上的产业，时间久远了，本来就是一笔糊涂账。想占便宜的人是不怕算糊涂账的，他们往往过分相信自己的铁算盘。两家的争执顿起，公说公有理，婆说婆有理，谁也不肯相让一丝一毫。由于牵涉到张英大人，官府和旁人都不愿沾惹是非，纠纷越闹越大，张家人只好把这件事告诉张英。家人飞书京城，让张英打招呼"摆平"吴家。

张英大人阅过来信，只是释然一笑，旁边的人面面相觑，莫名其妙。只见张大人挥起大笔，一首诗一挥而就。诗曰："一纸书来只为墙，让他三尺又何妨。万里长城今犹在，不见当年秦始皇。"交给来人，命快速带回老家。家里人一见书信回来，喜不自禁，以为张英一定有一个强硬的办法，或者有一条锦囊妙计，但家人看到的是一首打油诗，败兴得很。

后来一合计，确实也只有"让"这唯一的办法，房地产是很可贵的家产，但争之不来，不如让三尺看看。于是立即动员家丁将垣墙拆让三尺，大家交口称赞张英和他家人的旷达态度。张英的行为正应了那句古话："宰相肚里能撑船。"张英一家的忍让行为，感动得邻居一家人热泪盈眶，全家一致同意也把围墙向后退三尺。两家人的争端很快平息了，两家之间，空了一条巷子，有六尺宽，有张家的一半，也有吴家的一半，这条巷子虽短，留给人们的思索却很长。于是两家的院墙之间有一条宽六尺的巷子。六尺巷由此而来。

张英以其宽宏大度避免了两家的矛盾，这就是包容处世的大智慧，在善待他人的同时也成全自己。心胸狭窄的人，心中容不下一粒沙子；心胸宽广的人，心中可以包容整个世界。不包容，则必睚眦必报，思想狭隘，最终也无法走入人生的大境界。

我们之所以总是烦恼缠身，总是充满痛苦，总是怨天尤人，总是有那么多的不满和不如意，多半是因为我们缺少宽容和感恩。一个豁达开朗、心胸开阔的人，往往不会为琐事而斤斤计较，也就不会为此烦恼不已。

世事无常，但不断变化，不断发展却是一个普遍现象。称心如意，生活安定当然是可喜悦、可羡慕的，但事物总处于变化中，称心和安局是相对的、一时的。反过来，不要作无谓的忧愁烦恼，因为失意正是得意的基础；也不要为一时的幸福而得意，因为得意正是失意的根源。在佛家来说，人生原无得意与失意之分，只是人观念上的感觉而已。就现实而言，世间一切事物总处于变化之中，在一定条件下可以转化，在人生道路上只有像蜗牛爬山一般步步辛苦前进，不惧困难，不怕艰险，才能有所收获。

一年四季，春夏秋冬，人生也如四季，悲喜交替，循环往复。快乐与悲伤会时常地跑来敲我们的门，就像抛起的硬币一样，你永远无法预测即将来临的是哪一个。人们既然无法控制即将遇到的幸与不幸，何不如淡定洒脱一些，凡事顺其自然，"不思不虑"。

【点睛之笔】

一个人要不断提升自己的人生境界，丰富自己的内心。拥有宽容的心态就能够远离纷扰。人们不再拘泥于人与人之间的是是非非、恩恩怨怨，能够以更加豁达、敞亮的心态迎接明天的阳光。

4. 心通于道，明辨是非

【原文】

来书云："凡学者才晓得做功夫，便要识认得圣人气象①。盖认得圣人气象，把做准的，乃就实地做功夫去，才不会差，才是作圣功夫。未知是否？"

先认圣人气象，昔人尝有是言矣，然亦欠有头脑，圣人气象自是圣人的，我从何处识认？若不就自己良知上真切体认，如以无星之秤而权轻重，未开之镜而照妍媸，真所谓以小人之腹而度君子之心矣。圣人气象何由认得？自己良知原与圣人一般，若体认得自己良知明白，即圣人气象不在圣人而在我矣。程子尝云："觑著尧，学他行事，无他许多聪明睿智，安能如彼之动容周旋中礼？"② 又云："心通于道，然后能辨是非。"③ 今且说"通于道"在何处？"聪明睿智"从何处出来？

【注释】

①圣人气象：程颐语，出自《河南程氏遗书》卷二十二"凡看文字，非只是要理会语言，要识圣贤气象"。

②"觑著尧"四句：语出《河南程氏遗书》卷十八。意为看着尧，学习他如何做事，但没有他的聪明睿智，怎么能像他那样一举一动都符合礼仪呢？

③心通于道，然后能辨是非：意为只有心与天理相通，然后才能明辨是非。语出《河南程氏遗书》卷五。

【译文】

来信中写道："但凡学者刚刚开始懂得做功夫，就应当认识圣人的气象。大概认识了圣人的气象，把它当作准则，真切实际地去下工夫，才不会有差错出现，才是作圣人的功夫。不知道是不是这样？"

先认识圣人气象，过去的人有这样说过的，然而也是欠缺要领，圣人的气象自然是圣人的，我们从何处能够体认到呢？如果不在自己的良知上真切体认，就像是用没有准星的秤去称轻重，用没有打磨过的铜镜去照美丑。真是所谓的以小人之心度君子之腹了。圣人的气象从何去体认得到呢？自身的良知原本就同圣人是一样，如果把自己的良知体认清楚了，那么圣人的气象不在圣人身上而在我们自己身上了。程颐先生曾说："觑著尧，学他行事，无他许多聪明睿智，安能如彼之动容周旋中礼？"又说："心通于道，然后能辨是非。"现在你姑且说说哪里可以与天理相通？而"聪明睿智"又从哪里得来？

【经典导读】

人人都想以圣人为楷模，借以修养自己的身心。但是各人引以为鉴的心态却各有不同，有人只看了圣人表面的气象，这样就像找到一柄无星的秤杆，度量不出事物的真正份量，容易"以小人之心度君子之腹"。怎样才能做出正确的衡量呢？王阳明指出要从真切的落实处——从自己的良知上去体认，此种效贤的方法才算得上是踏实的"圣算"。

一般来说，不管他人说什么过分的言辞，都一定有其原因。所以我们每个人心中都应有一个是非的标准。对于芸芸众生而言，每个人都喜欢被他人逢迎奉承，正因为这样，面对他人的"赞美"，大多数人都很难泰然处之——尽管明知自己的缺点和不足，还是会被表面的"巧言令色"所迷惑。

唐玄宗时期，李林甫在朝中担任宰相。他深知要巩固自己的地位，必须讨得皇帝的欢心，于是想方设法结交皇帝的宠臣，做让皇帝高兴的事。唐玄宗见他聪明，对他十分信任和宠爱。李林甫嫉妒心还很强，对有才能的人或皇帝信任的人都恨之入骨，总是想尽办法除掉他们。可他表面上对这些人却十分和善，当面甜言蜜语，其实心里却时时在盘算着害人的诡计，所以一些人被害以后并未察觉。后来，李林甫的这种虚假面具终于被人们识破了，大家都说他是一个"口有蜜，腹有剑"的人。

人的言语、行为等外在表征，多为其复杂内心的反映。按照王阳明所言，欲使人的言行符合一定的规范或是达到至善的境界，就要从其内心入手，而不是人心之外的事物，只有当内心修养达到了圣人的境地，其外在的言行举止才能表现出圣人气象的一面。

林先生站在两个珠宝店的柜台前，随手把皮包放在了旁边。在他挑选珠宝时，一个衣着讲究、仪表堂堂的男士也来挑选珠宝，林先生礼貌地把包移开。但来者却十分愤怒，告诉林先生自己是个正人君子，根本无意偷他的包，林先生的举动是对其人格的侮辱，话说完便重重地将门关上，怒气冲冲地走出了珠宝店。

林先生莫明其妙地被人嚷了一通，也怒气满怀，没心思再看珠宝了，便出门回家。他与一辆大型卡车同时到达一个交叉路口，林先生想："这家伙仗着他的车大，一定会冲过去。"

随即下意识地准备减速让行，此时，卡车却先慢了下来，司机将头伸出窗外，向他招招手示意他先过去，脸上挂着微笑。林先生将车子开过路口的一瞬间，心胸豁然开朗。

林先生内心坦荡无意冒犯别人，但在别人突然的爆发下终究没有按捺住怒火，从这个意义上，林先生原本的内心修养可以说符合一定的规范，但是他的行为还不足以被原始的内心左右，还表现出了对外界不认同的一种敌视。内心坦荡问心无愧，对于各种突如其来的状况我们也能应对自如，而不会被其搅乱心情。

"良知"作为人内心的是非准则，具有知善去恶的先验能力，人们能够凭借它去辨明是非善恶。也就是说，一个人发自内心的道德修养，会影响他的言语、行为以及为人处世的原则。大则影响他的人生道路是荆棘满布还是一片坦途，小则影响他在利益与仁义之间的取舍。

只有心通于道，明辨是非才能做出正确的决定。一个人对人若是花言巧语，常常恭维别人，所有的一切都是假装出来的，又怎么会有发自内心的仁？所以，我们应该学会明辨是非，防止自己陷入小人的口舌。

在我们的成长过程中，我们总会听到各种意见，面对这种情况，如果自己不能明辨是非，就可能让自己误入歧途、半途而废。行于人生路上的每个人都应谨记：只有培养内心的品德，用理智控制情感，拥有明辨是非的智慧，才能做到先舍后得，做事从容。

【点睛之笔】

一个人只有从心上去体认才能心通于道，一个人只有心通于道才能获得一柄有星的秤杆，如此便可以对他人所言有所衡量和权衡，便可明辨是非之理。

5. 事上磨炼之福

【原文】

来书云："'事上磨炼'，一日之内，不管有事无事，只一意培养本原。若遇事来感，或自己有感，心上既有觉，安可谓无事？但因事凝心一会，大段觉得事理当如此，只如无事处之，尽吾心而已。然仍有处得善与未善，何也？又或事来得多，须要次第与处，每因才力不足，辄为所困，虽极力扶起而精神已觉衰弱。遇此未免要十分退省①，宁不了事，不可不加培养。如何？"

所说功夫，就道通分上也只是如此用，然未免有出入在。凡人为学，终身只为这一事，自少至老，自朝至暮，不论有事无事，只是做得这一件，所谓"必有事焉"者也。若说"宁不了事，不可不加培养"，却是尚为两事也。"必有事焉而勿忘勿助"，事物之来，但尽吾心之良知以应之，所谓"忠恕违道不远"②矣。凡处得有善有未善，及有困顿失次之患者，皆是牵于毁誉得丧，不能实致其良知耳。若能实致其良知，然后见得平日所谓善者未必是善，所谓未善者，却恐正是牵于毁誉得丧，自贼其良知者也。

【注释】

①退省：意为退下来反省。语出《论语·为政》"吾与回言终日，不违如愚，退而省其私，亦足以发。回也不愚"。

②忠恕违道不远：语出《中庸》"忠恕违道不远，施诸己而不愿，亦勿施于人"。

【译文】

信中写道："先生所说'事上磨炼'，一天之内，不管有事没事，只一心培养心体的本原。如果遇到事情有了感触，或自己有了感应，心中已经感觉到了，怎么能认为是无事呢？但是大致上觉得事理应当是因为此事聚精会神地思考一会儿，而就像什么事也没有发生一样处理，则是尽我们的本心罢了。但是仍然会有事情处理得好或不好的区别，为什么呢？又或者事情发生得很多，需要分出先后顺序来依次处理，但是因为我才智不足，总会为事情所困扰，即使是极力坚持，精神也会觉得疲惫不堪。遇到这种情况，未免需要退下来自己反省，宁肯不完成事情，也不能不存养本心。这样做对吗？"

所说的功夫，按照你的天分，也就只能是这样，但是仍旧还有些出入。一般人做学问，终身只为了这一件事，从少到老，从早到晚，不管有事没事，只要能够做到这一件事就行了，所谓"必有事焉"。如果说"宁肯不做事，也不能不培养本体"，就是还把做事与培养本体当作两件事看待了。"必有事焉而勿忘勿助"，事情发生的时候，只需尽我们本心的良知去应付，所谓"忠恕违道不远"。处理事情有好有不好的区别，以及有困扰和混乱的担心，都是由于在意毁誉得失，不能真正地做到致良知罢了。如果能真切地致良知，然后就会明白平日所说的好未必就是真的好的，所谓不好的，恐怕正是为毁誉得失所牵累，而自己损害了自己良知罢了！

【经典导读】

王阳明始终强调：学者的真切功夫还应当用在"致良知"这个根本上。"致良知"的出处是《大学》中的"致知"。但"致知"中的"知"是指知识，而"良知"则是指知善知恶。做学问的人，从小到老，从早到晚，都是为了追求知识。周道通以为做事不是修养，只有诚心默坐，体认反思才是修养。但这正是阳明所反对的，他所提倡的事上磨炼，也恰恰是为此而发。

人的一生有苦有乐，只有在苦难中磨炼而得的幸福才能长久；在求学中，既要有信心又要有怀疑的精神，有疑就去考证，只有在不断考证中得到的学问才是真学问。

司马迁是西汉著名的史学家、文学家。他的祖上好几辈都担任过史官，父亲司马谈也曾是汉朝的太史令。受家庭的熏陶，司马迁立志要编写一部全面记载历史演变和发展的史书，留给后人。他从二十岁开始游历全国，搜集史料，为他的宏大构想做着充分的准备。

博学多才，满腹经纶的司马迁深受汉武帝的赏识，顺理成章地继承了父亲的职务，当上了太史令。然而就在他已经着手撰写《史记》的期间，因李陵事件意外获罪，遭遇宫刑。这种刑法对于男性的自尊无疑是一种重大的伤害，司马迁在夜里常常难以入睡。如果只是身体上的苦痛，以司马迁的忍耐力他绝对可以忍受，但是让他难以忍受的是内心的折磨。在司马迁看来，遭遇宫刑是件有辱门风、极不光彩的事。他本想绝食自尽，但转念一想，自己还有一件极其重要的工作没有完成，那就是完成父亲未竟的事业——编写一部史书。想到这书刚刚酝酿成熟，半途而废十分可惜，于是打消了自杀的念头。

后来，司马迁以历代名人鼓励自己：周文王被关在羑里，写了一部《周易》；孔子周游列国被困陈蔡，编写了一部《春秋》；左丘明眼睛瞎了，写下《国语》；孙膑被剜掉膝盖骨，写了《兵法》……这些宏伟著作，都是作者在困苦环境中和心情郁闷时写成的。每每想起这些，司马迁的眼前就会浮现出这些先贤忍着痛苦奋笔疾书的情形。他对自己说："他们尚且如此，我为什么不能把这部史书写成呢？"从此，司马迁把所有的痛楚和烦恼抛诸脑后，全身心投入到史书的编写中。最终于完成了中国历史上第一部纪传体通史——《史记》，司马迁本人也因这部著作和他的坚韧精神青史留名。

古人说有大智的人必有大勇，司马迁便是这样的人。他知道在他所处的年代里，死一个像他这样没有地位没有名望的人，无关紧要，无关痛痒，因此他勇敢地活下来，终于完成了对自己人生价值的定位，并让自己的生命和价值在人们的颂扬中无限延长。一个人的生与死不是生理上的概念，而是精神上的区别，而一个人生与死的置换装置就是苦难的磨砺。

无论是在谁的生命中，苦和乐往往相互渗透，没有永远的幸福的人生，也没有永远苦难的命运，一个人可以选择先享受、再奋斗，也可以选择先奋斗再享受，但是人生至美的圣境常常由苦难缔造。因为成就的获得不是天上掉馅饼的侥幸而是矢志不渝的求索。一个经历过苦和难的人，磨炼到达极致，他的人生就会获得幸福，而且这样得来的幸福会如陈年佳酿一样历久弥香。

现实生活中的我们会在生活中遇到不顺，会在工作中遇到瓶颈，也会在学习中受到打击，但是只要我们对未来抱有希望，为实现自己的目标，忍受它们、克服它们，那么我们终有一天会成为自己梦想成为的人。

能于做事上磨炼自己是一种福气，生活中我们遇到很多很多不能忍受的事情，但是我们不得不忍受，只有在这些事上磨炼，我们才能一步一步走向成功。倘若无法忍受于事上的磨炼，我们就没有时间和空间去提升自己，也就没有走向未来的能力。如果你想走向未来，最后变得更加强大，你就必须要做好让自己在事上磨炼的准备。

【点睛之笔】

孟子曾曰："天将降大任于斯人也，必先苦其心志，劳其筋骨，饿其体肤，空乏其身，行拂乱其所为，所以动心忍性，增益其所不能。"

6. 打破思维定势

【原文】

来书云："致知之说，春间再承诲益，已颇知用力，觉得比旧尤为简易。但鄙心则谓与初学言之，还须带格物意思，使之知下手处。本来致知格物一并下，但在初学未知下手用功，还说与格物，方晓得致知。"云云。

格物是致知功夫，知得致知便已知得格物。若是未知格物，则是致知功夫亦未尝知也。近有一书与友人，论此颇悉，今往一通，细观之当自见矣。

【译文】

来信中说："春天承蒙您再次教诲致知的学说，我已经深知如何用功，觉得比以前尤为简单了。但是我心中认为，对于初学者而言，还应当再带上格物的意思，使他们知道入门的地方。本来致知格物是一起用功的，但在初学者还不知道从何处下手的时候，先说格物，这样才能懂得致知。"等等。

格物是致知的功夫，懂得致知就是已经知道了格物。如果还不知道格物，那么就是致知的功夫还不曾弄明白。我先前有一封信给朋友，讨论了这个问题，很是详细，相信认真读后，就会明白。

【经典导读】

"格物致知"是《大学》中的古老命题，宋明儒学家对此有着各自不同的理解。朱熹强调穷理离不开格物，格物才能穷其理。物的理穷得愈多，我之知愈广。由格物到致知，有一个从积累有渐到豁然贯通的过程。格一物，理会一事都要穷尽，由近及远，由浅及深，由粗到精。博学之，审问之，慎思之，明辨之，笃行之，成为五重节次，重重而入，层层推进。王阳明认为"致知者，诚意之本；格物者，致知之实"，"格物是致知功夫，知得致知便已知得格物。"虽然阳明先生反复对学生讲"格物致知"之理，但他的学生仍时明时暗，纠结于朱子之理。由此可见，一个人的思维定势改变之难。正因为思想转变很难，我们才要敢于打破自己的思维定势。

吕班用脚传信的故事就是打破思维定势的最好例子。

一次，吕班受命潜入一位公爵的家，去偷取一份重要的外交信件。

当夜，吕班拿到了这封信件，刚要离开公爵的房子时，听到楼下有人走动。是公爵回来了，怎么办？从楼里冲出去，不但会暴露自己的身份，而且信件也保不住；跳窗逃走吧，窗下是一条河，跳到水里会弄湿信件。正在这时，他看见对面楼房的窗口外，他的帮手正等着接应他。于是，他站到窗外，探身，伸手把信件递过去，遗憾的是就差一点儿，对方接不到信，此时又没有棍子或绳子什么的可以利用。在这紧急关头，聪明的吕班灵机一动，想出了一条妙计，结果他只用了十几秒钟，便把信件稳妥地传给了他的帮手。然后，他跳入河中，安全离去。

吕班是怎样把信件传给他的帮手的呢？原来，吕班在危急中撇开了用手传信的习惯思路，想到了运用比手臂长的腿和脚。他用脚趾夹住信件，把脚伸向他的帮手，对方也照此行事，信件就巧妙地传递过去了。

吕班的主意看似简单，但是从思维的角度来分析，却有着不寻常的意义，给人以耳目一新的感觉。他成功的原因就在于，在选择行动方案时，他突破了思维的定势，抛弃了传统的做法，用脚完成了使命，创造性地解决了难题。

生活中人们都经常循于习惯思考，限于定势。穿新鞋走老路，旧瓶子装新酒，换汤不换药的事儿屡见不鲜。而老习惯被突破，既定的思维模式被改变，都往往使人难以接受。这实际上就是一种思维定势，即一种固定了的反应模式。

当我们面临新情况新问题而需要开拓创新的时候，思维的定势会变成思维枷锁，阻碍智慧的萌发。正如法国生物学家贝尔纳所说："妨碍人们学习的最大障碍，并不是未知的东西，而是已知的东西。"因此，打破思维定势对于我们探索发现显得尤为重要，它是一种思维的创新，更是一种智慧的飞跃。

【点睛之笔】

打破定势，是为了更高的飞跃。

7. 他人是非少妄言

【原文】

来书云："今之为朱、陆之辨者尚未已。每对朋友言，正学不明已久，且不须枉费心力为朱、陆争是非。只依先生'立志'二字点化人，若其人果能辨得此志来，决意要知此学，已是大段明白了。朱、陆虽不辨，彼自能觉得。又尝见朋友中见有人议先生之言者，辄为动气。昔在朱、陆二先生所以遗后世纷纷之议者，亦见二先生功夫有未纯熟，分明亦有动气之病。若明道则无此矣。观其与吴涉礼论介甫①之学云：'为我尽达诸介甫，不有益于他，必有益于我也。'②气象何等从容！尝见先生与人书③中亦引此言，愿朋友皆如此，如何？"

此节议论得极是极是。愿道通遍以告于同志，各自且论自己是非，莫论朱、陆是非也。以言语谤人，其谤浅；若自己不能身体实践，而徒入耳出口，呶呶度日，是以身谤也，其谤深矣。凡今天下之论议我者，苟能取以为善，皆是砥砺切磋我也，则在我无非警惕修省进德之地矣。昔人谓"攻吾之短者是吾师"④，师又可恶乎？

【注释】

①介甫：王安石（1021～1086），字介甫，号半山，江西临川人，进士，北宋文学家、政治家，神宗时为相，曾推行变法。

②"为我"三句：意为请替我向介甫先生转达我的全部观点，如果对他没有益处，则一定对我有益。语出《河南程氏遗书》卷一。

③与人书：指《答汪石潭内翰书》，见《王阳明全集》卷四。

④攻吾之短者是吾师：语出《荀子·修身篇》"故非我而当者，吾师也；是我而当者，吾友也；谄谀我者，吾贼也"。

【译文】

你信中说："现在为朱熹、陆九渊争辩的还大有人在，未曾停止。我每每对朋友说，圣学已经很久不得昌明了，姑且不必再枉费心机去为朱熹、陆九渊争辩谁是谁非了。只依据先生的'立志'来点化人，假若此人真能辨别出这个志向，决意要把圣学弄明白，那么他已经基本上明白了。朱、陆二人谁是谁非，即使不去辨别，他自己也会自然感觉到了。曾经看到朋友中有非议先生学说的，就觉得很生气。以前朱、陆两位先生给后世留下了这众多的争议，也可以看出二位先生的功夫有不纯熟的地方，明显有意气用事的弊病。程颢先生就没有这种毛病。他同吴涉礼讨论王安石的学说的时候说：'为我尽达诸介甫，不有益于他，必有益于我也。'是何等从容的气度啊！我曾经看到先生给别人的信中也引述了这句话，希望朋友们都能做到这样，是吗？"

这段议论说得很对很对。希望你告诉所有志同道合的人，各人暂且各自反省自己的是非，而不要去谈论朱、陆二人的是与非。用言语诽谤别人，这种诽谤是很肤浅的；如果自己不能身体力行去实践，而仅仅是从耳朵听进去又马上从嘴巴吐出来，成天夸夸其谈，实际上就是在自己诽谤自己，而这种诽谤是很厉害的。但凡现在天下议论我的人，如果能从中获益，那么，都是在与我砥砺切磋，对我来说，无非是更加警惕反省自己、修养品德。荀子说"攻吾之短者是吾师"，老师会有可恶的吗？

【经典导读】

明代儒家学者继宋代的程朱之后，以《大学》《中庸》为依据，纷纷在"格物"、"致知"等命题上争论不休。明初是朱学占有统治地位，至王阳明心学问世后，一方面，成为儒学的又一面旗帜，开了一代儒学之新风；另一方面，也成为众矢之的，遭到不少学者的异议。对于他人的异议和指责，王阳明倒表现得包容大度，他认为这是学术发展的正常现象。一个人应该多多反省体察自己的过错而不是议论别人的是非。

在王阳明看来，是与非相差的并不遥远——"所争毫厘耳"。但是，只差毫厘就有本质的变化了。正所谓"失之毫厘谬以千里"，好与坏、对与错、是与非只在一念之间。既然是这样，那么莫不如少谈论一些是非，多一些对自己的省察。

很多人都有"言人是非"的习惯，但很少有人知道，在我们所遭遇的痛苦和不幸中，至少有一半是由"言人是非"导致的。一个人的一生中，也许会受到很多伤害，在受到的所有伤害中，最频繁遭遇的、最刻骨铭心的可能就是因为别人的是非之词所造成的伤害。事实上，从一个人嘴里说出来的加在别人身上的是非之词，是一把杀人不见血的无形利刃，这把利刃会无情地刺伤人心，使人痛苦和悲伤，甚至留下一生都难以抹去的心灵伤痛。

父子俩赶着一头驴到集市上去。路上有人批评他们太傻，放着驴不骑，却赶着走。父亲觉得有理，就让儿子骑驴，自己步行。没走多远，有人又批评那儿子不孝："怎么自己骑驴，却让老父亲走路呢？"父亲听了，赶快让儿子下来，自己骑到驴上。走不多远，又有人批评说："瞧这当父亲的，也不知心疼自己的儿子，只顾自己舒服。"父亲想，这可怎么是好？干脆，两个人都骑到了驴背上。刚走几步，又有人指责他们不爱护动物。结果，不知所措的父子俩只好绑起驴扛着走了。

父子两人最后还是被他人的"闲谈是非"所左右，于是不知所措，只好背着驴走，让人啼笑皆非。其实，"是非"本身就是极其无聊的谈资，没有任何的意义。背后议论别人并非是什么好事，然而，嚼舌之徒往往不乏听众。其实，攻击性是人性的一部分，每个人或多或少都有一点，只不过普通人的人格中还包含着社会化与良心的成分，不允许其直接做出过分伤人的行为，所以听坏话成为间接满足攻击性的方式。心理学研究表明，人们最喜欢看到那些比自己强的人走霉运，因此，捕风捉影的花边新闻总在报端长盛不衰。

中国有句老话，叫"静坐常思自己过，闲谈莫论他人非"，这反映了中国人明哲保身的处世之道，意思就是说平时多想想自己的事情，少说别人的闲话，以防惹麻烦。闲谈莫论他人非，在我们工作生活中显得尤为重要。

俗话说："谁人背后不说人"，大家坐到一起总会对事、对人有所评论，无论是对事对人，还是对事不对人都不好。不说最好。为什么你要去传话呢？无论是张三说了李四，还是李四说了张三，都会给同事之间带来问题。尤其是在同事之间出现了问题、分歧的时候，更不能得什么说什么，造成同事间更大的误解。

如果不想陷入是非的恶性循环之中，我们就必须先要管住自己的嘴巴，堂堂正正做人，才能磊落地与他人相处。因此，无论是当面还是背后，言人是非都会给别人造成巨大的伤害。当面言人是非很少有不招致回击和争吵的；背后言人是非，很少有不招致怨恨和报复的。如果一个人想制造痛苦、争吵、仇恨，最简单快捷的方式就是当面愤怒地指责或抱怨一下某人，或在张三面前说一下李四的是非，然后让张三将这些是非之词转达给李四。

人生在世各种是非，怎能讲的清楚明白。谈论是非，只会蒙蔽自己的心性，障碍解脱之道，谈是非时，内心呈现的是纷扰的情况、不安的状态。而且，"说人者人恒说之"，若不谨言慎行，可以预见的，这个人将永难挣脱是非的困扰了。

【点睛之笔】

静坐常思自己过，闲谈莫论他人非。

8. 气性一体，心怀天下

【原文】

来书云："有引程子'人生而静以上不容说，才说性，便已不是性'①。何故不容说？何故不是性？晦庵答云：'不容说者，未有性之可言；不是性者，已不能无气质之杂矣。'二先生之言皆未能晓，每看书至此，辄为一惑，请问。"

"生之谓性"②，"生"字即是"气"字，犹言气即是性也。气即是性，人生而静以上不容说，才说"气即是性"，即已落在一边，不是性之本原矣。孟子"性善"是从本原上说。然性善之端，须在气上始见得，若无气亦无可见矣。恻隐、羞恶、辞让、是非即是气。程子谓"论性不论气，不备；论气不论性，不明"。亦是为学者各认一边，只得如此说。若见得自性明白时，气即是性，性即是气，原无性气之可分也。

【注释】

①"人生而静"三句：程颢语出自《河南程氏遗书》卷一。向朱熹问这话的是严时亨。人生而静，语出《礼记·乐记》"人生而静，天之性也；感于物而动，性之欲也"。

②生之谓性：语出《孟子·告子上》"告子曰：'生之谓性。'孟子曰：'知之谓性也，犹白之谓白与？'曰：'然。'"

【译文】

来信中说："严时亨引用程颐先生的'人生而静，以上不容说，才说性便已不是性'，问朱熹为什么不能说？为什么不是性？朱熹回答说：'不容说者，未有性之可言；不是性者，已不能无气质之杂矣。'两位先生的话我都看不明白，每次看书看到了这里，就会有疑惑，因此向先生请教。"

"生之谓性"，"生"字就是"气"字，也就是说气质就是天性。"气"就是"性"，人生而静以上是不容说的，才说"气就是性"，性就已经偏向一边了，就已经不再是天性的本原了。孟子的"性善"是从本原上说的。然而人性善的发端必须在气上才能看见，如果没有气也就无处可见。恻隐、羞恶、辞让、是非就是气。程颐先生说"论性不论气，不备；论气不论性，不明。"这也是因为学者们各执一词，只能这样说。如果能很明白地看见自己的天性，那么气就是性，性就是气，原本是没有性和气之区分的。

【经典导读】

王阳明先生在这里明确提出了"气即性，性即气"的观点，吴廷翰在《吉斋漫录》中也说："性之名生于人之本有。人未有生，性不可名"，性不是天生的，而是在有人生之后才有的，即"性即生"；就人性的本质而言，"其气之凝而有体质者，则为之人生，疑而有条理者，则为人之性"，性不是超乎形气之上的悬空之理，而是以气为其物质基础的，此乃"性即气"。因此，反对宋儒分人性为天地之性和气质之性，认为人来生不能有性，更不能有什么先天的善恶。如此对比之下，不难看出，他们这些人性论的认知都有其不彻底之处。

王阳明强调，一个人应具备"为己"内在修养的素质，更要有"与万物一体"的追求。这种追求就是内在的修养与社会相融合，每个人都应做到履行其社会责任，把自身的利益与社会的利益结合起来。

阳明先生时时刻刻心怀天下，心系民生，关心百姓疾苦。即使是在被贬谪期间也不忘造福百姓。王阳明在涮头剿匪时出奇制胜，为朝廷、为百姓扫除了一大祸患，可谓立下了大功劳。涮头匪患的消除，大大打击了整个南、赣、汀、漳、潮、惠等地土匪的嚣张气焰，迫于阳明先生的压力这些地方的山贼要么悄悄退出，要么也心中有所惧怕，不敢轻举妄动，当地的治安状况也得到了极大的改善。

为了加强对当地治安的管理，王阳明还将原本设在河头的巡检司迁移到枋头，这一举措彻底地杜绝了山贼的死灰复燃。在这之后，王阳明又相继在江西人烟稀少、交通不便、朝廷的行政管理尚未到达的横水设崇义县县治、闽粤赣三省交汇处设置和平县，并且都将当地的巡检司迁移至县城。这些地方原本因为缺少官府的治理，山贼们很容易在这些地方聚集。王阳明为其增设县治，极大地解决了这个困扰朝廷以及当地官府的大难题。

　　阳明先生的这一些系列举措，既下顺民心，又上合朝廷利益，他心怀天下的雄心壮志也由此体现了出来，他对自己也有着深远的考虑，那就是破百姓心中之贼，使百姓安居乐业。

　　心怀天下，是一种胸怀，是一种气魄，是一种责任，更是一种使命。观水学做人，时常自省，便能和光同尘，愈深邃愈安静；便能至柔而有骨，执着能穿石，以"天下之至柔，驰骋天下之至坚"。

　　一个有志于为社会做贡献的人，理应心怀天下，以天下为己任。心怀天下是中国读书人的传统，古人云：天下兴亡，匹夫有责。穷则独善其身，达则兼济天下。士不可以不弘毅，任重而道远。乐以天下，忧以天下。

【点睛之笔】

　　天下兴亡，匹夫有责。

钱德洪跋

用点心生活

【原文】

德洪曰：答原静书出，读者皆喜澄善问，师善答，皆得闻所未闻。师曰："原静所问只是知解上转，不得已与之逐节分疏。若信得良知，只在良知上用功，虽千经万典无不吻合，异端曲学一勘尽破矣，何必如此节节分解？佛家有'扑人逐块'之喻，见块扑人则得人矣，见块逐块于块奚得哉？"在座诸友闻之，惕然皆有惺悟。此学贵反求，非知解可入也。

【译文】

德洪说：答陆原静的书信公开之后，读者们都很喜欢陆澄的好提问和先生精彩的回答，都看到了以前从未听说过的东西。先生说："原静的提问，只在认知上纠缠，我不得已替他逐段做出了疏解。如果真的已经懂得了良知，只在良知上下工夫，千万经典都会与此吻合，而异端的典学则会一触尽破，又何必如此节节分解？佛家中有'扑人逐块'的比喻，狗看到石块去扑人，才能咬住人；见到石块便追逐石块，从石头那里能得到什么呢？"在座的朋友们听了，都立马有所醒悟。先生的学问贵在反省，并不是能够从认知上获得的。

【经典导读】

"此学贵反求，非知解可入也。"所谓反求就是不依靠语言文字上的解说，直接体悟内心的真理，王学的中心所讲即对人生的体悟，而不是仅仅的知道和了解，阳明先生认为依靠知解是无法进入圣道的，一切都在心中，只要心下自省，就是致"良知"；心下自省的功夫就是禅宗的"顿悟"。因此，任何人想有所成都要重视心的重要性，凡事用心而为，生活也需要你去用心感受。

生活犹如一本书，对于每个人来说，它都蕴藏着无限的哲理与深意，只有用心去读，才能品味到生活中的深奥哲理。我们虽然无法完全驾驭生活，但我们却可以用心体悟生活中的真理。只有这样，我们才能放眼未来，把握现在，珍惜过往；只有在生活中多用一点心，才能领悟生活的窍门，才能让自己活得更自在、更洒脱、更游刃有余。

很多人喜欢把作家写作时迸发的"灵感"神秘化，其实，"灵感"并非神秘物，如果你在日常生活中留心一些"偶然现象"，也许灵感就会在你的头脑中熠熠闪光。因为许多作品都是从对偶然现象的注意与研究开始的。戏剧家熊佛西说："创作劳动，是微妙的劳动。可以由于偶尔看到一件小事，听到一个故事，读一句感人的诗句而蕴育成大作品。"

茅盾创作著名短篇小说《春蚕》是由报纸上一条消息引起的。当年报纸上登了一条蚕茧丰收而蚕农破产的消息，这消息对一般人来说，看了后最多不过表示一下同情而已，可是茅盾看了后，浙东农民生活以及帝国主义盘剥农民的情景立即涌上脑际，他敏锐地感到这个事实后面隐藏着丰富的社会内容，于是写了这个名篇。

歌德的《少年维特之烦恼》也是听到一个消息后创作的。歌德年轻时，曾和一位已与人订婚的姑娘恋爱，尝受了失恋的痛苦，然而没有想到把它写成小说。一天他听到一位少年朋友失恋自杀的消息之后，"脑子里的发条忽然咔的一响"，多年来积压于胸中的感情爆发了，只花了两个星期就把这一部世界名著写成了。

由此可见，只有用心领悟生活，才能捕捉住生活中闪现着的智慧与学问，才能体验到自在的真谛。

现代社会，什么样的人最受欢迎？是头脑灵光、办事麻利的人？还是用心做事，老实为人的人？或许前者会很快的"脱颖而出"，因为前者被称为聪明人。其实，生活中最受欢迎的还是那些懂得"用心"的人。生活中能多用一份心的人，他们知道哪些规矩应该遵守，哪些规矩不能触碰。他们懂得规划自己的人生，并努力追求，努力实现自己的人生目标；就是勇往直前，义无反顾，向看似不可能的事情挑战；生活中多用点心，就是全身心投入到生活中去，认真地体味生活的每一刻。

【点睛之笔】

翠竹黄花皆有境界，一个无心的人视而不见，只能看到平淡无奇的一切，而一个有心人却能够空出心来，在平淡中窥见奇趣，从中汲取深刻的智慧。

答欧阳崇一

1. 把握事情的关键

【原文】

崇一①来书云："师云：'德性之良知，非由于闻见，若曰多闻择其善者而从之，多见而识之，则是专求之见闻之末，而已落在第二义。'窃意良知虽不由见闻而有，然学者之知，未尝不由见闻而发。滞于见闻固非，而见闻亦良知之用也。今曰'落在第二义'，恐为专以见闻为学者而言，若致其良知而求之见闻，似亦知行合一之功矣。如何？"

良知不由见闻而有，而见闻莫非良知之用。故良知不滞于见闻，而亦不离于见闻。孔子云："吾有知乎哉？无知也。"②良知之外别无知矣。故致良知是学问大头脑，是圣人教人第一义。今云专求之见闻之末，则是失却头脑，而已落在第二义矣。近时同志中，盖已莫不知有致良知之说，然其功夫尚多鹘突者，正是欠此一问。

大抵学问功夫只要注意头脑是当。若主意头脑专以致良知为事，则凡多闻多见，莫非致良知之功。盖日用之间，见闻酬酢，虽千头万绪，莫非良知之发用流行；除却见闻酬酢，亦无良知可致矣，故只是一事。若曰致其良知而求之见闻，则语意之间未免为二。此与专求见闻之末者虽稍不同，其为未得精一之旨，则一而已。"多闻，择其善者而从之，多见而识之。"既云"择"，又云"识"，其真知亦未尝不行于其间，但其用意乃专在多闻多见上去择、识，则已失却头脑矣。崇一于此等处见得当已分晓，今日之问，正为发明此学，于同志中极有益。但语意未莹，则毫厘千里，亦不容不精察之也。

【注释】

①崇一：欧阳德（1495～1554），字崇一，号南野，江西泰和人，王阳明的弟子，进士，官至礼部尚书。

②吾有知乎哉？无知也：语出《论语·子罕》"吾有知乎哉？无知也。有鄙夫问于我，空空如也，我叩其两端而竭焉"。

【译文】

欧阳崇一来信说："先生曾说：'德性之良知，非由于闻见，若曰多闻择其善者而从之，多见而识之，则是专求之见闻之术，而已落在第二义。'我自己私下以为，良知虽然不是由见闻生出来的，但是学者的知识，未尝不是由见闻中产生的。局限于见闻的层面上固然错误，但是见闻也是良知的作用。您说'落在第二义'，恐怕是对那些专门把见闻当作学问的学者说的，如果是为了致良知而在见闻上探求，似乎也是知行合一的功夫。这样理解怎么样？"

良知不是见闻产生的，但是见闻无一不是良知的运用。所以良知不会停滞在见闻上，也不会与见闻分离开来。孔子说："吾有知乎哉？无知也。"在良知之外再没有其他的知识了。所以致良知是学问的关键，是圣人教育人的第一要义。现在如果专门在见闻的细枝末节上探求，就是丢弃了关键，寻求的只是次要的东西了。最近大家大概没有不知道致良知的学说了，但是他们的功夫里还有许多糊涂的地方，正好是缺你这一问了。

大致说来，在学问上下工夫首先就需恰当地把握住关键。如果把致良知当作关键，那么多闻多见，也无一不是致良知的功夫。日常生活之中，见闻应酬，虽然千头万绪，也无非是良知的发挥和流传；去掉那些见闻应酬，也就没有良知可以致了，所以这些只是一件事罢了。如果说致良知是从见闻上求得的，那么它的意思就是把致良知和见闻分而为二，当作两回事了。这虽然和专门在见闻的细枝末节上探寻知识有所区别，但也同样没有领会精一的宗旨。"多闻，择其善者而从之，多见而识之"，既然说"择"和"识"，可见良知也在其间产生了很大的作用了，但是它的用意还是专门在多闻多见上去选择和认识，就已经失去了关键了。你对这个地方已经认识得十分清楚，今天的这个问题，正是为了阐明致良知的学说，对同学有很大的益处。只是语意表达不大清楚，难免会出现差之毫厘、谬以千里的问题，所以不得不精心体察。

【经典导读】

良知是种种经验认识活动中的主宰与头脑。在这里，王阳明首先将良知与见闻之知区别开来，但马上又将二者统一起来，甚至认为"致其良知而求之见闻的说法仍语意之间未免为二"。显然，阳明认为致良知与求见闻并非两样功夫，良知与见闻，似乎既有不同，又在实际的道德实践中难以分开。这就是阳明一方面反对"专在多闻多见上去择识"，另一方面也反对脱离见闻空谈的原因。王阳明学问的最大特点之一就是力求把握大头脑，即把握事情的根本或关键。阳明先生在这里强调"做学问的功夫必须把握住最关键的地方"启示我们无论做什么事，都要学会抓住事情的关键，这样才可以取得事半功倍的效果。

把握事情的关键，在关键的地方下工夫，这才是解决问题的道，因此，每一个人在思考问题的时候，要从问题本身出发，抓住问题的关键，拨开重重迷雾，一切自然迎刃而解。

刘邦平定天下以后，开始论功封赏功臣。他向大臣们说："运筹帷幄之中，决胜千里之外，这是张良的功劳，应封三万户。"

张良连忙起身拜谢："臣开始逃亡下邳，有幸与陛下相会，这是上天让臣跟随陛下。陛下用臣的计策，幸而时中。臣愿封留地足矣，不敢当三万户。"

刘邦对张良的辞让很满意，就封他为留侯。接着又封赏了二十多位有功之臣。这时，其他的文臣武将日夜争功不停，弄得刘邦心烦意乱，寝食难安。

一天，刘邦在洛阳南宫从阁道望见几位将领坐在沙中窃窃私语，觉得奇怪，就问张良："他们说什么？"

张良不安地说："陛下难道不明白？他们在商量谋反的事呀！"

刘邦大惊失色："天下刚刚安定，为什么要谋反？"

张良提醒刘邦道："陛下起于布衣，是依靠这些武将取得天下。现在您是天子，所封的侯爵全是像萧何、曹参那样的同乡、故人和您所喜欢的，而您诛杀的尽是平生所愤恨的仇人。现今军吏计功，有功的不能普遍受封，许多人担心得不到封赏，又害怕您抓住他们的过失而诛杀他们，所以他们才打算铤而走险，聚众谋反哪……"

刘邦愁容满面，如坐针毡："这……如何是好？"

张良深思熟虑地说："陛下不要担心，臣已经有了办法。"

"快说给朕听！"刘邦急不可耐。

"陛下平生最憎恨的而又是群臣所共知的人是谁？"

"当然是雍齿这个人。雍齿与我有旧仇，他污辱过我，只是因为他功劳大，才不忍杀他，这事群臣都知道……"刘邦不假思索地告诉张良。

张良站起身，胸有成竹地说："陛下，谋划就在此人身上！立即封赏雍齿，给群臣诸将摆个样子。像雍齿这样的仇人，陛下都能不计前怨，为他封功晋爵，别人还会有什么顾虑呢？他们必会心平气和，解除疑虑了！"

刘邦立即下令设置酒宴，召集文武百官，当众宣布命令，封雍齿为什方侯……接着又催促丞相、御史定功行封。

酒宴散后，大臣、将军欢天喜地，奔走相告："雍齿都能封侯，我等还担心什么呢！"

张良让刘邦封雍齿而平定众将之心，实际上这条计策并没有什么出奇的地方，但为什么达到了"制胜"的效果呢？其原因就是张良太了解众将官的所思所想了。雍齿是刘邦平时最憎恨的人，这样的人受封当然最有说服力。所以，雍齿被封侯后，众将心里的顾忌也就没有了。

狼群在战斗中很善于攻击对方的要害部位，抓住关键弱点结束战斗。我们在生活中也应学习狼群这种作战经验，抓住事物的关键和要害之处下手，在付出最少的情况下将事情成功处理。但要做到通过攻击要害完成任务、实现目标，首先要善于发现其要害和关键部位，其次在针对该要害和关键作出行动时要不遗余力，坚决出击。我国古代的军事战斗中，常把釜底抽薪之计用在战场上。

不管你做什么，无论你是领导他人还是被人领导，只要在关键的地方下工夫，把要点的地方解开了，枝节的地方自然迎刃而解，事情也就好办多了。

解决问题的过程就是一个思考问题的过程，在解决一个问题时，不要被问题的表面现象所迷惑，要找到问题的关键所在。只有抓住问题的关键，才能从根本上解决问题。切中肯綮，才是做事事半功倍的诀窍所在。

的确，"射人先射马，擒贼先擒王"。机智之人时时闪烁着智慧的光芒，懂得抓事物关键的人，才会能将自己的生活演绎得丰富多彩。世界是变化多端的——时而和风细雨，凉风习习，时而又狂风暴雨，有激流澎湃。只有学会把握生活的关键，找出自己的人生重点，才能让自己的人生充满生机与活力。

【点睛之笔】

把握住事情的关键，根据自身的特点寻求解决问题的途径，再经过自己长期的不懈努力，每个人都可以走出一片属于自己的天空。

2. 要有主见地思考

【原文】

来书云："师云：'《系》言"何思何虑"，是言所思所虑只是天理，更无别思别虑耳，非谓无思无虑也。心之本体即是天理，有何可思虑得？学者用功，虽千思万虑，只是要复他本体，不是以私意去安排思索出来。若安排思索，便是自私用智矣。'学者之蔽，大率非沉空守寂，则安排思索。德辛壬之岁著前一病，近又著后一病。但思索亦是良知发用，其与私意安排者何所取别？恐认贼作子，惑而不知也。"

"思曰睿，睿作圣。"① "心之官则思，思则得之。"② 思其可少乎？沉空守寂与安排思索，正是自私用智，其为丧失良知，一也。良知是天理之昭明灵觉处，故良知即是天理，思是良知之发用。若是良知发用之思，则所思莫非天理矣。良知发用之思，自然明白简易，良知亦自能知得。若是私意安排之思，自是纷纭劳扰，良知亦自会分别得。盖思之是非邪正，良知无有不自知者。所以认贼作子，正为致知之学不明，不知在良知上体认之耳。

【注释】

①思曰睿，睿作圣：意为思维要深远通达，深远通达就达到了圣人的境界。语出《尚书·洪范》。

②心之官则思，思则得之：语出《孟子·告子上》"心之官则思，思则得之，不思则不得也"。意为心的功能是思考，思考就能体认天道和人性，不思考则难以认识天理。

【译文】

来信说："先生曾说：'《系辞》中说"何思何虑"，是指所思所虑只有天理，而没有其他的思虑，并不是说没有什么思虑。心的本体就是天理，有什么能够思虑得到呢？学者下工夫，虽然千思万虑，也只是要恢复他的本体，并非用私意去安排、思索天理。如果安排、思索，就属于自私耍小聪明了。'学者的弊病，大概不是陷入空洞枯燥，就是去安排、思索天理。我在辛巳到壬午期间（明正德十六年到嘉靖元年，即1521～1522年），犯过前一个错误，近来又犯了后一个错误。只是，思索也是良知的运用，它和私意安排又有何区别呢？我担心自己认了贼做儿子，受了其间的迷惑还不明白它们的区分呢！"

"思曰睿，睿作圣。""心之官则思，思则得之。"岂能缺少了思考？死守沉寂与安排思索，正是自私耍小聪明，也是丧失了自己心中的良知。良知是天理昭然灵觉之所在，所以良知即是天理，思索是良知的运用。如果是良知运用时的思索，那么思索的就只有天理。良知运用的思索，自然明白简单，良知自然也能够知道。如果是凭私意安排的思索，自然是纷纷扰扰，千头万绪，但良知也自然能够分辨。思索的是非正邪，良知没有不知道的。会出现认贼作子的情况，正是因为还没有弄明白致良知的学问，不知道在良知上体察认知罢了。

【经典导读】

"心之官则思，思则得之。"是《孟子·告子上》中的话，意思是说，心的职能是思维，思维就能获得。荀子也说：心，是形体的统帅，是精神的主宰；它是发布命令的机关；它是自我限制，自我指使；自我裁夺，自我求取；自我主动，自我休止。它认为是的就接纳，它认为非的就拒绝。它对于事物的选择是不受限制的，对于事物的认识是无限博杂的。王阳明认为如此，正是由于心能思维，能思维就能明辨，就能"致良知"，就能精于"圣算"。一个人要有自己的思考，而且更要有主见地思考。

处在人群中，有时不免要随顺他人的行动，尤其在讲求流行的现今社会，衣食住行娱乐，哪一样跟不上别人的脚步，就可能被讥为落伍。但是，一个有识见的人，有当行则行、当止则止的智慧，有分辨真伪的能力，不会被视听混淆，不会盲动、蠢动；对有意义的事，有"虽千万人吾往矣"的勇气，对无意义的事，虽是众人趋之若鹜，他也会坚决拒绝。

有时，人们过于迷信他人的看法，反而失去了自己。其实，每个人的判断都像我们自己的钟表，没有一只走得完全一样，有时一味听从他人的意见，便会永远不知道时间，应该相信自己的判断，坚持自己的主见。

其实，人生的风风雨雨，只有靠自己去体会、感受，任何人都不能为你提供永远的庇荫。你应该掌握前进的方向，把握住目标，让目标似灯塔般在高远处闪光；你应该独立思考，有自己的主见，懂得自己解决问题。你不应相信有什么救世主，不该信奉什么神仙或皇帝，你的品格、你的作为，你所有的一切都是你自己行为的产物，并不能靠其他什么东西来改变。因此，学会有主见地思考，比什么都重要。

一名中文系的学生苦心撰写了一篇小说，请作家批评指导。因为作家正患眼疾，学生便将作品读给作家听。读到最后一个字，学生停顿下来。作家问道："结束了吗?"听语气似乎意犹未尽，渴望下文。这一追问，煽起学生的激情，立刻灵感生发，马上接续道："没有啊，下面的部分更精彩。"他以自己都难以置信的构思叙述下去。

到达一个段落，作家似乎又难以割舍地问："结束了吗?"

小说一定摄魂勾魄，叫人欲罢不能! 学生更兴奋，更激昂，更富于创作激情。他不可遏止地一而再，再而三地接续、接续……最后，电话铃声骤然响起，打断了学生的思绪。

电话找作家有急事。作家匆匆准备出门。"那么，没读完的小说呢?"学生问作家。

"其实你的小说早该收笔，在我第一次询问你是否结束的时候，就应该结束。何必画蛇添足、狗尾续貂? 该停就停，看来，你还没把握情节脉络，尤其是缺少决断。决断是当作家的根本，否则，绵延逶迤、拖泥带水，如何打动读者?"

学生追悔莫及，自认性格过于受外界左右，作品难以把握，恐怕不是当作家的料。

很久以后，这名年轻人遇到另一位作家，羞愧地谈及往事，谁知作家惊呼：你的反应如此迅捷、思维如此敏锐、编造故事的能力如此强盛，这些正是成为作家的天赋呀! 假如正确运用，作品一定脱颖而出。

故事中的年轻人因为缺乏有主见的思考，在他人的看法中断送了自己的写作之路。

因为人世间每一个人的眼光各不相同，理解事物的角度也不尽一样。所以遇事要用正确的思维方式，不要完全相信你所听到的和表面看到的一切，也不要因为他人一时的批评而迷失自己。要学会自己拿主意，坚定自己的立场，相信自己的力量，为自己而活，为自己而欢乐。

有这样一个故事：

美国著名的女演员索尼亚斯米茨，童年时，她在加拿大渥太华郊外的一个农场里生活。那时候，她在农场附近一个小学里读书。

有一天，放学后回到家，她很委屈地哭了，父亲问她为什么哭泣，她断断续续地说道："我们班里一个女生说我长得很丑，还说我跑步的姿势难看。"

父亲听完她的哭诉后，没有直接去安慰她，只是微笑地看着她。忽然父亲说："我能够得着咱们家的天花板。"当时正在哭泣的索尼亚听到父亲的话觉得很惊奇，她不知道父亲想要表达的意思，就反问了一句："你说什么？"

父亲又重复了一遍："我能够得着咱们家的天花板。"

索尼亚完全停止了哭泣，她仰着头看了看天花板，心想："将近4米高的天花板，父亲能够得着？"尽管她当时还小，但她不相信父亲的话。父亲看她一脸的不相信，就得意地对她说："你不信吧？那么你也别相信那个女孩子的话，因为有些人说的并不是事实。"

听父亲这么一说，索尼亚突然间就明白了，无论做什么事情，都不能太在意别人说什么，要自己拿主意，要自己有主见地思考。在索尼亚二十四五岁的时候，她已经成为一个颇有名气的年轻演员。

有一次，她准备去参加一个集会，但她的经纪人告诉她，因为天气不好，可能只有很少的人参加这次集会。经纪人的意思是索尼亚刚开始出名，应该用更多的时间去参加一些大型的活动，以增加自己的名气。可索尼亚坚持要参加那个集会，因为她在报刊上承诺过要去参加。结果，那次在雨中的集会，因为有了索尼亚的参加而使得广场上的人群拥挤起来，她的名气和人气骤升。

可见，凡事要靠自己拿主意，这并不意味着一意孤行，孤芳自赏，而是忠于自己，相信自己，要对自己的承诺负责，要敢于承认自己的缺点，更要敢于面对人生的挑战。在人生的路上，有很多时候，我们都要有自己的主见。

同样的人，面对同一件事，常常会出现不同的境遇，产生不同的结果。你应该独立思考，有自己的主见，懂得自己解决问题。人应该有自己的主见，坚持自己的正确见解，无论是做学问还是做人，都应该带着自己的主见努力探索自己的人生。世人常犯的错误就是不能坚守自己，而总是听信所谓权威的指导去改变自己。每个人不要因为大多数人都疑惑就放弃自己的独到见解，人，要靠自己活着，就要有自己的独立精神。

【点睛之笔】

遇事没有主见的人，就像墙头草，东风西倒，西风东倒，没有自己的原则和立场，不知道自己能干什么，会干什么，自然与成功无缘。

3. 量力而行大智慧

【原文】

来书又云:"师云:'为学终身只是一事,不论有事无事,只是这一件。若说宁不了事,不可不加培养,却是分为两事也。'窃意觉精力衰弱,不足以终事者,良知也。宁不了事,且加休养,致知也。如何却为两事?若事变之来,有事势不容不了,而精力虽衰,稍鼓舞亦能支持,则持志以帅气可矣①。然言动终无气力,毕事则困惫已甚,不几于暴其气已乎?此其轻重缓急,良知固未尝不知,然或迫于事势,安能顾精力?或困于精力,安能顾事势?如之何则可?"

"宁不了事,不可不加培养"之意,且与初学如此说亦不为无益。但作两事看了,便有病痛在。孟子言"必有事焉",则君子之学终身只是"集义"一事。义者宜也,心得其宜之谓义。能致良知则心得其宜矣,故"集义"亦只是致良知。君子之酬酢万变,当行则行,当止则止,当生则生,当死则死,斟酌调停,无非是致其良知,以求自慊而已。故"君子素其位而行","思不出其位"。凡谋其力之所不及而强其知之所不能者,皆不得为致良知。而凡"劳其筋骨,饿其体肤,空乏其身,行拂乱其所为,动心忍性以增益其所不能"者,皆所以致其良知也。若云"宁不了事,不可不加培养"者,亦是先有功利之心,计较成败利钝而爱憎取舍于其间,是以将了事自作一事,而培养又别作一事,此便有是内非外之意,便是"自私用智",便是"义外",便有"不得于心,勿求于气"之病,便不是致良知以求自慊之功矣。

所云"鼓舞支持,毕事则困惫已甚",又云"迫于事势,困于精力",皆是把作两事做了,所以有此。凡学问之功,一则诚,二则伪。凡此皆是致良知之意,欠诚一真切之故。《大学》言:"诚其意者,如恶恶臭,如好好色,此之谓自慊。"曾见有恶恶臭、好好色而须鼓舞支持者乎?曾见毕事则困惫已甚者乎?曾有迫于事势困于精力者乎?此可以知其受病之所从来矣。

【注释】

①持志以帅气可矣:语出《孟子·公孙丑上》"夫志,气之帅也;气,体之充也。夫志,至焉;气,次焉。故曰:持其志,无暴其气"。

【译文】

来信又说："先生您曾经说：'为学，终生只是一件事，不管有事没事，也只是这一件事。如果说宁愿做不完事情，也不能不培养良知，就是把致良知和做学问当成两回事了。'我私下以为，当感到精力衰弱，不能完成事情，就是良知。而宁愿不做事，也要修养本心，就是致良知了。怎么就成了两回事了呢？如果遇到了事情发生，不能不处理，即使精力衰弱，只需稍加勉励，也是能坚持下来的。由此可知，意志还是统领着气力的。但是，这个时候，言行始终是没有气力的，等事情完成了就会十分疲惫，这和滥用气力不是几乎相当吗？良知固然不会不明白这其中的轻重缓急，但是有时为形势所迫，怎么能再顾及得到精力？有时则筋疲力尽，又怎么能顾及得到形势？这究竟怎么办呢？"

宁可不去处理事情，也不可不去培养本源，对初学的人这样说，也不无好处。但是把做事情与存养良知分而为二了，本身就有毛病。孟子说"必有事焉"，那么"集义"，就成了君子终身做学问要做的唯一的一件事了。义，就是宜，心做到它应该做的就是义。能致良知，心便能做到它应该做的事，所以"集义"也只是致良知。君子酬酢万变，当行便行，当止便止，当生便生，当死便死，这样斟酌协调，也无非都是致良知，为了求得自我满足罢了。所以"君子素其位而行"，"思不出其位"。凡是谋求自己力所不能及的东西，强迫自己懂得自己才智不能懂的事情，都不是致良知。但凡"劳其筋骨，饿其体肤，空乏其身，行拂乱其所为，动心忍性以增益其所不能"的人，都是为了致良知。如果说"宁不了事，不可不加培养"，也是因为先有了一份功利的心思，计较其中的得失成败，从而做出爱憎取舍。因此把做事情当成了一回事，把存养良知又当作另一件事，这样就有了是非内外的区分，就是自私耍小聪明了，就是把义当作是外在的东西。于是就有了"不得于心，勿求于气"的弊病，就不再是致良知以求得自己内心满足的功夫了。

你所说的"鼓舞支持，毕事则困惫已甚"，又说"迫于形势，困于精力"，都是把做事情和存养良知当作两件事看了，因此才会有这样的情况出现。凡是做学问的功夫，一心一意就是真诚，三心二意就是虚伪。你所说的情况，都是致良知的心欠缺真切的缘故。《大学》中说："诚其意者，如恶恶臭，如好好色，此之谓自慊。"你什么时候见过讨厌恶臭、喜欢美色还需要鼓舞支持的？你见过做完这些事情之后会觉得疲惫不堪吗？何曾会有被事势所逼而精力不够用的人？由此，你就可以知道病根从何而来了。

【经典导读】

"培养"是在心内做功夫，"了事"是在身外做事情。王阳明认为内外一事，不可分开；培养离不开了事，了事必须要培养。崇一认为可能有因精力不够，或迫于事势，只能从事其中的一件的情况。阳明先生说，关键在于意诚还是不诚。另外，在王阳明看来，凡是谋求自己力所不能及的事情，强做自己才智达不到的事情，都不是致良知。如能像恶恶臭、好好色那样真诚实在，就不会产生这种问题。生活里，有人看到巨大的利益，所以不停地调整自己的路线，他们忘却了自己的本意所在，做着自己力不能及的事。他们忘记了只有量力而为，一步一步向前行走，才能逐渐地为自己的未来打开局面。

要知道，我们谁都不是天才，更不是一个能力挽狂澜的伟大人物，我们只是一个普通的人，如果我们追求的许多事一旦超过能力范围，那么我们就会成为一个自不量力的傻瓜。其实，心有余而力不足，这种尴尬其实算不上什么特别难堪的事情，就算是大人物也一样会有自己解决不了的事。所以说，量力而行是一种智慧，是对自己与周围环境的了解，是用最少的方法取得最大的成绩。

每个人都有自己的极限，只知道用高目标来激励自己，却不考虑自己能否实现，这就是自不量力，失败只能是注定的事。为了最大限度地实现自己的人生价值，在用目标激励自己的同时，也要考虑目标的现实性，不能好高骛远。要学会从最基础、最细微处做起，量力而行，才能逐渐实现自己的理想。

自从拿破仑从莫斯科撤走后，很多人为了谋生都在寻找各种东西。

有一天，一个农夫和一个商人在街上也在寻找东西，他们想要为自己多赚点钱，想要找更多的外快。偶然间，他们在一个拐角处发现了一堆未烧完的羊毛。两个人就各分了一半背在自己的背上，往家里走去。

在回家的路上，他们又发现了一些绸缎，农夫将身上沉重的羊毛扔掉，选些上好的绸缎背了起来。而贪婪的商人却将农夫扔下的羊毛和剩余的绸缎统统背起来，气喘吁吁地上路了。

走了不久，他们又发现了一些银器，农夫便将银器抱在怀里，将绸缎扔在地上。而商人却因背了那么多的羊毛和绸缎无力再拿这些银器了。走着走着，天忽然下起了大雨。筋疲力尽的商人背上的羊毛和绸缎被雨水全淋湿了，他再也支持不住了，一屁股坐在泥泞中。而农夫却一身轻松地回到家中，过上了幸福快乐的生活。

也许我们平时会把某个目标设定得很高，不过真正实行起来还是要量力而行，不能为了所谓的面子或其他原因轻质自己实行，这样做的结果，多半是让自己后悔不迭。在明知自己可能做不到的情况下还固执地前行，不是执着而是愚蠢。所以，凡事要做到量力而行，这才是智慧之举！

生活中，每个人都有自己擅长的方面，我们应该了解自己的能力去发展，千万不可不自量力。尽自己的能力去行动，不妄加负担，才能领略到生命别样的风采。

"尽人事，听天命"，能够做到的事，我们一定要尽力做，尽全力做，并且以高目标为努力的方向；但做不到的，我们也要做好获得最坏结果的准备，凡事做到量需而行、量力而行，此生便已无遗憾。

【点睛之笔】

做事虽然要尽力而为，但也要量力而行。只有量力而为，才不会力不从心。

4. 人生勿要自欺

【原文】

来书又有云："人情机诈百出，御之以不疑，往往为所欺，觉则自入于逆、臆①。夫逆诈，即诈也；臆不信，即非信也；为人欺，又非觉也。不逆不臆而常先觉，其惟良知莹彻乎？然而出入毫忽之间，背觉合诈者多矣。"

不逆不臆而先觉，此孔子因当时人专以逆诈、臆不信为心，而自陷于诈与不信；又有不逆、不臆者，然不知致良知之功，而往往又为人所欺诈，故有是言。非教人以是存心，而专欲先觉人之诈与不信也。以是存心，即是后世猜忌险薄者之事。而只此一念，已不可与入尧、舜之道矣。不逆、不臆而为人所欺者，尚亦不失为善，但不如能致其良知，而自然先觉者之尤为贤耳。崇一谓"其惟良知莹彻"者，盖已得其旨矣，然亦颖悟所及，恐未实际也。

盖良知之在人心，亘万古、塞宇宙而无不同。"不虑而知"，"恒易以知险"，"不学而能"，"恒简以知阻"，"先天而天不违。天且不违，而况于人乎？况于鬼神乎？"②夫谓"背觉合诈"者，是虽不逆人，而或未能自欺也；虽不臆人，而或未能果自信也。是或常有先觉之心，而未能常自觉也。常有求先觉之心，即已流于逆、臆而足以自蔽其良知矣。此背觉合诈之所以未免也。

君子学以为己③，未尝虞人之欺己也，恒不自欺其良知而已；未尝虑人之不信己也，恒自信其良知而已；未尝求先觉人之诈与不信也，恒务自觉其良知而已。是故不欺则良知无所伪而诚，"诚则明"矣；自信则良知无所惑而明，"明则诚"矣。明、诚相生，是故良知常觉、常照。常觉、常照则如明镜之悬，而物之来者自不能遁其妍媸矣。何者？不欺而诚，则无所容其欺，苟有欺焉而觉矣；自信而明，则无所容其不信，苟不信焉而觉矣。是谓"易以知险，简以知阻"，子思所谓"至诚如神，可以前知"者也。然子思谓"如神"，谓"可以前知"，犹二而言之，是盖推言思诚者之功效，是犹为不能先觉者说也。若就至诚而言，则至诚之妙用即谓之"神"，不必言"如神"；至诚则无知而无不知，不必言"可以前知"矣。

【注释】

①逆、臆：语出《论语·宪问》"子曰：'不逆诈，不臆不信，抑亦先觉者，是贤乎!'"逆诈，预先怀疑别人欺诈。臆不信，猜想别人不诚信。

②"先天而弗违"四句：语出《周易·乾卦·文言》"夫大人者……先天而天弗违，后天而奉天时。天且弗违，而况于人乎？况于鬼神乎？"意为掌握了天道的人，在天象出现之前行事，天不会违背他；在天象出现之后行事，则能够遵奉天时。天尚且不违背他，何况人和鬼神呢？

③君子学以为己：语出《论语·宪问》"古之学者为己，今之学者为人"。为己，意为是为了提高自己的修养；为人，意为想获得别人的好感。

【译文】

信中说："人情诡诈无穷，如果用诚信来对待它，往往会被它欺骗。要想觉察人情的诡诈，自己就会事先猜度别人会欺诈我，就会臆想别人不相信我。猜度别人会欺诈就是欺诈；臆想别人不相信自己就是不诚信；而被别人欺骗了，又是不觉悟。不怀疑别人的欺诈和不诚实，却能够事先察觉，这是恐怕只有那些良知晶莹透彻的人才做到。但是这其间的差别看起来很小，背离知觉而暗合欺诈的人太多了。"

不事先猜度别人的欺诈和不诚信，而能够事先察觉，这是孔子在当时的社会中，针砭时弊说出来的。当时人们专门把欺诈，不诚信当作自己的本心，而自己深陷进欺诈和不诚信的境地。还有不欺诈、诚信的人，他们因为不知道致良知的功夫，而常常被别人欺诈。孔子并非是教人们事先存这样的心去发现别人的欺诈和不诚信。专门留心别人，是后世刻薄、猜忌、险恶的人做的事。只要有了这样的念头，就已经和尧舜的圣道相背离了。不事先猜测别人的欺诈和不诚信而被别人欺骗的人，虽然还没有丧失他的善良，但还是不如那些能致其良知、先知先觉的人更加贤明。你说只有那些良知晶莹透彻的人才能做到，可知你已经领悟到孔子的宗旨了。但也可以知道你的聪颖所领悟到的，恐怕还没有落实到实践当中。

良知在人心里，横通万古、充塞宇宙，无不相同。正是古人所谓的"不虑而知"，"恒易以知险"，"不学而能"，"恒简以知阻"，"先天而不违。天且不违，而况于人乎？况于鬼神乎？"那些"背觉合诈"的人，虽然不猜度别人，但他恐怕不无自欺；虽然不臆不信，但却不能做到自信。他们虽然常常有寻求先觉的心，却不能常常做到自觉。常常希望能够先觉，这样就已陷入了逆诈和不臆信，已足能蒙蔽他的良知了。这正是他不免背离知觉而暗合欺诈的原因。这就是背觉合诈不能避免的缘故。

君子学习是为了修养自己，未曾会担心别人欺骗自己，只是永远不欺骗自己的良知罢了；未曾担心别人不相信自己，只是永远相信自己的良知罢了；不曾希望可以事先察觉到别人的欺诈和不诚信，只是永远地体察自己的良知罢了。所以，君子不欺骗，良知就没有虚伪而真诚，真诚则良知晶莹明亮了；君子自己相信自己，良知就没有迷惑而明彻，良心晶莹明亮这就真诚了。明彻和真诚相互促进，所以良知能经常觉悟、经常澄澈。经常觉悟、经常澄澈的良知就像高高悬挂的明镜，万事万物在它面前自然不能隐藏美丑的原形。为什么呢？因为良知不欺诈而诚信，也就不能容忍欺骗，遇到欺骗就能觉察。良知自信明澈，也就不能容忍不诚信，遇到不诚信，马上就能察觉。所谓"易以知险，简以知阻"，子思说"至诚如神，可以前知"。然而子思说的"如神"、"可以前知"，还是分成两件事来说了。因为他是从推究思诚的功效上来说的，也是对那些不能觉悟的人说的。就至诚而言，至诚的妙用就叫做"神"，不用说"如神"；至诚就能无知而又无所不知，所以不必说"可以前知"了。

【经典导读】

为人处世，应该不逆诈，不臆不信，但是对此又要事先觉察。因为不逆不臆固然好，为此吃亏上当却是不可取的。当然要做到这点相当不容易。王阳明认为最重要的是提高道德觉悟，做到不欺良知，相信良知，自觉良知。这样，不需要刻意进行猜测怀疑，一旦他人有了欺诈不信，我们由于心地清明，必能很快地觉察出来。一个人自己在道德上善恶不分、是非不明，他对于别人的种种不道德行为，是很难觉察的，更不要说先觉了。正因如此，一个人要想做到不明是非，不受他人欺骗首先应该做到对自己的行为先知先觉，不自欺。

人生如戏，戏如人生。现实的社会之中，人们早已自觉或不自觉地将自己置于演员的角色之中。要做到不自欺其实并不容易，尤其是在面对一些选择的时候。

在岔路口上选择看似占便宜的跑道，是自欺，也是欺人。众人皆选择了自欺欺人，唯独那个不善于长跑的士兵做到了诚，即言行一致、表里如一。

很多时候我们的行为并不为人们所关注，更多的时候我们只需向自己交代。或许外人看来并非真的表里如一，但自己不自欺便已足够。在人生需要进取的过程中，我们要认清自己，凡事不要明知做不到却故意为之。

蜗牛可以爬上金字塔，但如果说它也能翱翔在蓝天，那就是自欺欺人了。

【点睛之笔】
不自欺是一个人不断向上的动力，它让你认清自己。

答罗整庵①少宰书

1. 不宜捕风捉影

【原文】

某顿首启：昨承教及《大学》，发舟匆匆，未能奉答。晓来江行稍暇，复取手教而读之。恐至赣后人事复纷沓，先具其略以请。

来教云："见道固难，而体道尤难。道诚未易明，而学诚不可不讲。恐未可安于所见而遂以为极则也。"

幸甚幸甚！何以得闻斯言乎？其敢自以为极则而安之乎？正思就天下之道以讲明之耳。而数年以来，闻其说而非笑之者有矣，诟訾之者有矣，置之不足较量辨议之者有矣，其肯遂以教我乎？其肯遂以教我而反复晓喻，恻然惟恐不及救正之乎？然则天下之爱我者，固莫有如执事之心深且至矣，感激当何如哉！夫"德之不修，学之不讲"②，孔子以为忧，而世之学者稍能传习训诂，即皆自以为知学，不复有所谓讲学之求，可悲矣！夫道必体而后见，非已见道而后加体道之功也；道必学而后明，非外讲学而复有所谓明道之事也。然世之讲学者有二，有讲之以身心者，有讲之以口耳者。讲之以口耳，揣摸测度，求之影响者也；讲之以身心，行著习察，实有诸己者也。知此，则知孔门之学矣。

【注释】

①罗整庵：罗钦顺（1465～1547），字允升，号整庵，江西泰和人。进士，官至吏部尚书，明代著名理学家，对陆王、程朱均有所批评。少宰，次长，明清时侍郎一职的别称。正德十五年（1520年）夏，罗整庵请假住在老家，听说时任江西巡抚的王阳明将溯赣江至赣州，就写了《与王阳明书》，在王阳明经过泰和时交给他。此信即是王阳明对该信的答复。

②德之不修，学之不讲：意为不修养品德，不讲求学问。语出《论语·述而》"子曰：'德之不修，学之不讲，闻义不能徙，不善不能改，是吾忧也。'"

【译文】

阳明顿首谨启：昨天幸蒙您关于《大学》的教诲，因匆忙上船，未能一一作答。今早我趁着在船上的空闲时间，又把您的信取出来拜读了一遍。我怕到江西之后，各种人事繁杂，纷至沓来，先简略地回复您，请您教正。

您在信中说道："认识圣道固然很难，而体悟圣道则更难了。圣道确实不容易弄明白，但是学问也不能不讲。恐怕不能安于自己已有的见识，把它当作学问的最高标准吧？"

不胜荣幸！在哪里我还能听到这种教诲呢？我岂敢自以为见识已经达到了顶点而安于自己的见识呢？我正想要借助天下的有学之士来阐明圣道呢。然而多年来，听到我的学说的，嘲笑的有，非议的有，谩骂的有，置之不理、认为不屑一顾的也有，他们岂肯教导我呢？又岂肯为了教导我而反复设喻、心存忧虑恐怕不能来纠正我呢？所以，天下关爱我的人中，原本就没有谁会像您这样执着而深切，我该多么感激您啊！"德之不修，学之不讲"，孔子为此深感忧虑，而后世学者稍微能够传习经文训诂经典，便都以为自己已经懂得了学问，不再讲求探究学问，真是可悲呀！圣道必须体悟后才能认识，而并非认识了圣道之后才下体悟圣道的功夫；圣道必须学习之后才能明白，并非在讲学之外还有明道之事。然而世间讲学的人有两类，一类用身心讲学，还有一类用口耳来讲学。用口耳来讲学的，揣测估摸，讲的是捕风捉影的东西；而用身心讲学的，言与行，学习与观察，都是确确实实求诸于自己的良知。明白了这一点，就懂得了孔子的学说。

【经典导读】

王阳明认为，道不仅仅是一门知识，更重要的是一种心理体验，一种生命状态，所以对道的把握方式是"体"，即亲身体验、实践，而不是"见"（仅具理论认识）。所以号称见道的其实是不见，只有体道才真的是明道。他认为，朱子及其后学重点在见道，所以"讲之以口耳"；而他的目标在体道，所以"讲之以身心"。用口耳来讲的人，凡事往往通过自己主观的揣摸推断，讲的是捕风捉影的事；只有用身心来讲才能把握现象和本质。的确凡事都应讲究以事实为依据，不应捕风捉影。

"捕风捉影"这则成语的意思是比喻说话做事没有确切的事实根据，或无事生非。

两个旅行中的天使到一个富有的家庭借宿。这家人对他们并不友好，并且拒绝让他们在舒适的客房里过夜，而是在冰冷的地下室给他们找了一个角落。当他们铺床时，较老的天使发现墙上有一个洞，就顺手把它修补好了。年轻的天使问为什么，老天使答道："有些事并不像它看上去的那样。"第二晚，两人又到了一个非常贫穷的农家借宿。主人夫妇对他们非常热情，把仅有的一点点食物拿出来款待客人，然后又让出自己的床铺给两个天使。第二天一早，两个天使发现农夫和他的妻子在哭泣，他们唯一的生活来源——那头奶牛死了。

年轻的天使非常愤怒，他质问老天使为什么会这样，第一个家庭什么都有，老天使还帮助他们修补墙洞；第二个家庭尽管如此贫穷，却还是热情款待客人，而老天使却没有阻止奶牛的死亡。

"有些事并不像它看上去的那样。"老天使答道，"当我们在地下室过夜时，我从墙洞看到墙里面堆满了古代人藏于此的金块。因为主人被贪欲所迷惑，不愿意分享他的财富，所以我把墙洞填上了。昨天晚上，死亡之神来召唤农夫的妻子，我让奶牛代替了她。所以有些事并不像它看上去的那样。"

小天使为什么抱怨呢？因为他是以两个家庭对待他的态度为评判标准来断定善恶的，因此他埋怨老天使的"回报"，然而这恰好与事实相反。

有的人喜欢想当然地去识别人，没有事实根据，只是跟着感觉走。识别一个人忌主观臆想、凭空猜测，应该有一定的事实依据。其实，生活中的我们，在做人和处世方面也要时时注意，切莫捕风捉影，无论是识人还是做事，主观臆断与捕风捉影的实质是内心的不开阔与闭塞。

在职场中，有的人为了表示自己的忠心，他们时刻不忘显露出自己确实是耳听八方、眼观六路，有时甚至兴风作浪，故意制造虚假信息，无事生非，向上司交差。这类人很容易骗取上司的欢心和信任。但若上司是一名精明能干的老板，他决不会选用这种人作主管，因为这种人肯定在办事能力方面不会太突出，所以才以这种手段来博得领导的青睐。而且，时间一长，这种人必然会引起员工的不满，他们的所作所为对整个公司的团结协作也是一个严重的打击。所以在工作中要杜绝这种无事生非，捕风捉影的人。

古语有云："事不目见耳闻而臆断其有无可乎？"评价人和事，忽略了客观事实，捕风捉影，即使再情之切切也终归是无稽之谈，只能增大心理"扭矩"，毫无益处可言。真理不是那么轻而易举就能被我们掌握的。在很大的程度上很多事情并不是像它看上去的那样，因此需要我们事先对事物进行全面而深刻的了解和分析，避免自己捕风捉影冤枉了好人。

【点睛之笔】

你需要一双客观公正的眼睛，勿有捕风捉影之心。

2. 自尊无畏走人生

【原文】

来教谓某"《大学》古本之复，以人之为学但当求之于内，而程、朱格物之说不免求之于外，遂去朱子之分章，而削其所补之传"。

非敢然也。学岂有内外乎？《大学》古本乃孔门相传旧本耳，朱子疑其有所脱误而改正补缉之，在某则谓其本无脱误，悉从其旧而已矣。失在于过信孔子则有之，非故去朱子之分章而削其传也。夫学贵得之心，求之于心而非也，虽其言之出于孔子，不敢以为是也，而况其未及孔子者乎？求之于心而是也，虽其言之出于庸常，不敢以为非也，而况其出于孔子者乎？且旧本之传数千载矣，今读其文词，即明白而可通，论其功夫，又易简而可入。亦何所按据而断其此段之必在于彼，彼段之必在于此，与此之如何而缺，彼之如何而误，而遂改正补缉之？无乃重于背朱而轻于叛孔已乎？

【译文】

你的来信中说我，"《大学》的旧本的恢复，是因为我提倡做学问只需在心内探求，而程朱的格物学说却不免会向心外探求，于是我便废弃了朱熹分章的做法，并且删除了他增补的传注"。

我不敢这样。学习难道还会有内外的区分吗？《大学》古本是孔门流传下来的旧本，朱熹怀疑这其中有遗漏和错误的地方，便加以改正补充。而要我说，旧本里本来就没有遗漏和错误的地方，所以尽悉遵从旧本，仅此而已。我的过失在于过分相信孔子，而不是故意去废弃朱熹的分章且删掉他所做的传注。做学问，贵在用心体悟。即使是孔子所说的话，用心体会了，觉得不对，也不敢就把它当作是正确的，更何况对那些不如孔子的人所说的话呢？用心体会后认为正确，那么即使普通人说出来的话，也不敢认为是错误的，更何况是孔子说的话呢？而且《大学》旧本流传了几千年，我如今来阅读它的词语句子，仍觉得明白通顺，而其中的功夫，既简易又可行。又有什么依据能断定这段一定是在这里，那段一定是在那里，这里怎么有了缺漏，那里怎么有了错误，于是对它加以改正增补？这难道不是把背离朱熹看得过重，而把违逆孔子看得过轻了吗？

【经典导读】

　　这里阳明把自尊无畏的精神发挥到当时可能的最高点。他以为每一个人都应该通过自己的心去认识真理，鉴定真理。我心认为非的，即使那是孔子朱子所说也不敢以为是。我心认为是的，即使是平常人说的也不敢以为非。这就是说权威是我心而不是圣人，每个人都与圣人一样有认识真理与鉴别是非的能力。在尊孔尊朱的时代大胆地发表这样的意见，是难能可贵的。我们每个人都应学习阳明先生的自尊无畏，因为一个人只有自己尊重自己，才能获得别人的尊重，才能骄傲地活在这个世上。

　　智利作家尼高美德斯·古斯曼说过："尊严是人类灵魂中不可糟蹋的东西。"俄国作家陀思妥耶夫斯基也说过："如果你想受人尊敬，那么首要的一点就是你得尊敬你自己。只有尊重自己，才能赢得别人的尊重。"是的，许多智者都道出了自尊自爱是一个独立自主的人所必备的品格，只有自尊自爱的人，才能赢得他人的尊重；只有自己尊重自己，别人才会尊重你。林肯就是深谙其道的智者，他不会因为自己的家庭、面貌、吃穿等轻视自己，反而是更懂得自己尊重自己，可谓是我们学习的典范。

　　亚伯拉罕·林肯被称为美国历史上最伟大的总统之一，他出身于一个鞋匠的家庭，而当时的美国社会非常看重门第。林肯竞选总统前夕，在参议院做演说时，竟然遭到了一位参议员的羞辱。那位参议员不屑一顾地说："林肯先生，在你开始演讲之前，我希望你记住你是一个鞋匠的儿子。"

　　面对这种辛辣的讽刺，林肯先生却高高地扬起头，说："我非常感谢你使我想起我的父亲，他已经过世了，我一定会永远记住你的忠告，我知道我做总统无法像我父亲做鞋匠做得那么好。"一番话说完，使得整个参议院陷入一阵沉默，林肯又转头对那个傲慢的参议员说："据我所知，我的父亲以前也曾为你的家人做过鞋子，如果你的鞋子不合脚，我可以帮你改正它。虽然我不是伟大的鞋匠，但我从小就跟随父亲学到了做鞋子的技术。"

　　然后，他又对所有的参议员说："参议院的任何人都一样，如果你们穿的那双鞋是我父亲做的，而它们需要修理或完善，我一定尽力帮忙。但是有一件事是可以肯定的，我无法像他那么伟大，他的手艺是无人能比的。"说到这里，林肯流下了眼泪，所有的嘲笑都化成了真诚的掌声。后来，林肯如愿以偿地当上了美国总统。

　　任何时候都不要看轻了自己。你可以出身卑微，但灵魂同样是高贵的；你可以不漂亮，但心灵同样是美丽的；你可以很平凡，但你就是自己生命的主角。

事实上，人人都喜欢别人尊重自己，却忘记了自己尊重自己，也不知道要别人尊重自己，必须先从自己尊重自己做起。无论何时，即使别人不尊重自己，也不能允许他践踏自己的尊严。在捍卫自尊的行动中，别人会对你刮目相看。

晨光电子是某市最大的一家合资电子企业，第一次上门推销的赵丽对这样的企业有些敬畏。犹豫很久之后她还是进去了，整个楼层只有一名外籍经理在。

"你找谁?"他的声音很冷漠。

"我是保险公司的业务员，这是我的名片。"赵丽双手递上名片。在学校和外国人没少打交道，可面对眼前这个年轻的外国籍老板，感觉就有些异样。

"推销保险? 今天你已经是第三个了，谢谢你，或许我会考虑，但现在我很忙。"外籍经理的发音直直的，听不出感情色彩。

赵丽本来也没抱多大的希望，所以毫不犹豫地说了声"对不起"就离开了。但在无意间，赵丽回了一下头，看见自己的名片被那个外籍经理一撕就扔进了废纸篓里，她感到非常气愤。于是转身回去，对那个老外说："先生，对不起，如果你不打算现在买保险的话，请问我可不可以要回我的名片?"

外籍经理的眼中闪过一丝惊奇，旋即平静了，耸耸肩问她："为什么呢?"

"没有特别的原因，上面印有我的名字和职业，我想要回来。"

"对不起，小姐，你的名片让我不小心洒上墨水了，不适合还给你了。"

"如果真的洒上墨水，也请你还给我好吗?"赵丽看了一眼废纸篓。

片刻，他仿佛有了好主意："请问你们印一张名片的费用是多少?"

"五毛，问这个干什么?"赵丽有些奇怪。

外籍经理拿出钱夹，在里面找了片刻，抽出一张一元钱说："小姐，真的很对不起，我没有五毛零钱，这是我赔偿你名片的，可以吗?"

赵丽想夺过那一块钱，撕个稀烂，告诉他尽管她们是做保险推销的，可也是有人格的。但是她忍住了。她礼貌地接过一元钱，然后又从包里抽出一张名片，递给外籍经理说："先生，很对不起，我也没有五毛的零钱，这张名片算我找给你的钱，请您看清我的职业和我的名字。这不是一个适合丢进废纸篓的职业，也不是一个应该丢进废纸篓的名字。"说完赵丽头也不回地走了。

没想到第二天，赵丽就接到了那个外籍经理的电话，说他打算从她这里为全体职工购买保险。

赵丽没有因为别人有地位、有金钱就不自觉地矮人一截，她维护自尊的做法最终赢得了外籍经理的尊重。

自尊自爱，就是爱惜自己的身体、声誉等，不允许别人有侮辱自己的行为，自己也不去做卑躬屈膝或者有损自己尊严的事情。自尊自爱是一种良好的心理状态，也是一种高素质、文明的行为，一个人只有做到自尊自爱，才会得到别人的尊重，才会活得有尊严，才能有进步。

很多人从不懂得尊重自己，他们要么不喜欢自己的外表，要么不喜欢自己的声音、性格或智能，因而失去了自尊，认为自己比别人差劲。所以我希望你在得到别人的爱之前，必须首先学会自己尊重自己。一旦我们理解并欣赏自己的价值，我们就会开始欣赏别人的价值，并且尊重他们，而当我们有了尊重，我们就能够去爱了。因而，无论何时，无论为了什么原因，永远都不要放下自己的自尊，只有懂得自尊，才能在与他人的交往中，换取他人的尊重，否则丢失的只会是你自己。

【点睛之笔】

要别人看得起，就要具备被看得起的条件；要别人尊重，就要有被尊重的表现。而这条件和表现就是自己尊重自己。

3. 毫厘之差不能有

【原文】

来教谓："如必以学不资于外求，但当反观内省以为务，则'正心'、'诚意'四字亦何不尽之有？何必于入门之际，便困以'格物'一段功夫也？"

诚然诚然！若语其要，则"修身"二字亦足矣，何必又言"正心"？"正心"二字亦足矣，何必又言"诚意"？"诚意"二字亦足矣，何必又言"致知"，又言"格物"？惟其功夫之详密，而要之只是一事，此所以为"精一"之学，此正不可不思者也。夫理无内外，性无内外，故学无内外。讲习讨论，未尝非内也；反观内省，未尝遗外也。夫谓学必资于外求，是以己性为有外也，是"义外"也，"用智"者也；谓反观内省为求之于内，是以己性为有内也，是"有我"也，"自私"者也，是皆不知性之无内外也。故曰"精义入神，以致用也，利用安身，以崇德也"①；"性之德也，合内外之道也"②。此可以知"格物"之学矣。

"格物"者，《大学》之实下手处，彻首彻尾，自始学至圣人，只此功夫而已，非但入门之际有此一段也。夫"正心"、"诚意"、"致知"、"格物"，皆所以"修身"，而"格物"者，其所用力日可见之地。故"格物"者，格其心之物也，格其意之物也，格其知之物也；"正心"者，正其物之心也；"诚意"者，诚其物之意也；"致知"者，致其物之知也。此岂有内外彼此之分哉？理一而已。以其理之凝聚而言则谓之性，以其凝聚之主宰而言则谓之心，以其主宰之发动而言则谓之意，以其发动之明觉而言则谓之知，以其明觉之感应而言则谓之物。故就物而言谓之格，就知而言谓之致，就意而言谓之诚，就心而言谓之正。正者，正此也；诚者，诚此也；致者，致此也；格者，格此也。皆所谓穷理以尽性也。天下无性外之理，无性外之物。学之不明，皆由世之儒者认理为外，认物为外，而不知"义外"之说，孟子盖尝辟之，乃至袭陷其内而不觉，岂非亦有似是而难明者欤？不可以不察也。

凡执事所以致疑于"格物"之说者，必谓其是内而非外也；必谓其专事于反观内省之为，而遗弃其讲习讨论之功也；必谓其一意于纲领本原之约，而脱略于支条节目之详也；必谓其沉溺于枯槁虚寂之偏，而不尽于物理人事之变也。审如是，岂但获罪于圣门，获罪于朱子？是邪说诬民，叛道乱正，人得而诛之也，而况于执事之正直哉？审如是，世之稍明训诂、闻先哲之绪论者，皆知其非也，而况执事之高明哉？凡某之所谓"格物"，其于朱子九条③之说，皆包罗统括于其中。但为之有要，作用不同，正所谓毫厘之差耳。然毫厘之差而千里之缪，实起于此，不可不辨。

【注释】

①"精义入神"四句：语出《周易·系辞下》"精义入神，以致用也。利用安身，以崇德也"。意为精研义理达到神妙的境界，便可以运用；运用所学而安身，可以提高品德修养。

②性之德也，合内外之道也：意为这是天赋的德性，内则成己，外则成物，是综合内外的规律。语出《中庸》"诚者非自成己而已也，所以成物也。成己，仁也；成物，知也。性之德也，合内外之道也，故时措之宜也"。

③朱子九条：朱熹在《大学或问》中提出的关于格物致知功夫的九条方法。

【译文】

您的来信中说："如果觉得学问不需要去心外求得，需要专心致力在自己身上反省体察，那么'正心'、'诚意'这四个字，还有什么没说尽的呢？何必在入门的时候，便用'格物'的功夫来使人困惑呢？"

很有道理！如果说到学问的关键，"修身"两个字便已经足够了，何必再说"正心"呢？"正心"两个字也已经足够了，何必又说个"诚意"呢？"诚意"两个字也已经足够了，何必又说了"致知"和"格物"？之所以会这样，只是因为做学问的功夫详细周密，然而，概括起来也只是一件事，这才是所谓的"精一"的学问，这里正是我们不能不认真思索的地方。天理、人性都没有内外之分，因此学问也不分内外。讲习讨论，未曾不是内；反观自省，未尝就把外遗弃了。如果以为学问一定要在心外求得，那就是认为人性也有外的部分，就是"义外"、"用智"；如果认为反观内省是在自己的心内寻求，那就是认为人性还有内的部分了，就是"有我"、"自私"，这些都是不明白人性是不会有内外之分的。所以说"精研义理到了神妙的境界，便可以运用来安身，来修养品德"；"性之德，合内外之道也"。从这里，就可以知道"格物"的学说了。

"格物"，是《大学》指出的切实的下手的地方，自头至尾，从初学到成为圣人，都只是这个功夫，而不是仅仅在刚入门的阶段有"格物"的功夫。"正心"、"诚意"、"致知"、"格物"，都是用来"修身"的，而"格物"，则是所用的功夫里能看得见的地方。所以"格物"，就是格心中的物，格意念中的物，格见识中的物；"正心"，则是让待物之心得到纠正；"诚意"，就是使待物之心精诚；"致知"，就是得到待物的知识。这难道有内外彼此的区分吗？天理唯有一个，就天理的凝聚而言，叫作性，就天理凝聚的主宰而言，就是心，就天理主宰的发动而言，叫作意，从天理发动时的明澈感悟而言，就是知，从天理的明澈感悟的感应对象而言，便是物。所以从物上来说天理需格，从知上来说天理需致，从意上来说天理需诚，从心上来说，天理需正。正，就是正天理；诚，就是诚天理；致，就是致天理；格，就是格天理，全是所谓的穷尽天理以尽性。天下没有本性之外的理，也没有本性之外的物。圣学不能昌明于天下，都是由于后世儒生把天理与事物当作本性之外的东西，而不知道孟子曾经批判过"义外"的学说，以至重蹈了覆辙而没有觉悟，这里不是也有似是而非，难以弄明白的地方吗？所以不能不体察呀！

总观您之所以对我的格物学说有些怀疑，一定是因为觉得我肯定内心而否定向外寻求；一定是因为我放弃了讲习讨论的功夫，而专心在反观内省上用功；一定认为我执意在简洁的纲领本原上，而忽视了细枝末节的详细内容；

一定是认为我沉溺在偏执的枯槁虚寂中，而不能够穷尽物理人事的变化。若果真如此，我怎会仅仅是对圣门、对朱熹先生犯了错误？这是用异端邪说来欺骗百姓，离经叛道，人人都能够得而诛之了，更何况是您这样正直的人呢？若果真如此，世上略懂训诂的人、知道一点先哲学说的人，都会知道我的错误，更何况像您这样高明的人呢？我所讲的"格物"学说，已经将朱熹的九条学说全都统括了。只是我的格物学说有一以贯之的中心，与朱熹先生的九条学说相比，作用不同，正是所谓的毫厘之差。然而差之毫厘，谬以千里，所以不能不辨明。

【经典导读】

阳明研究的对象是价值理性，不是工具理性，而是一种道德伦理。因为在这里无论做事或修养，都是理与性的实现，自然可以说理无内外、性无内外、学无内外。格物看起来是向外的功夫，但同时也向内做，格物即是格知格意格心；致知诚意正心看起来是向内的功夫，但同时也向外做，它们都完全表现于格物上。正因如此，阳明认为朱子将内外分开，将格物视为向外的功夫，致知诚意正心等看作向内的功夫是不正确的。在王阳明看来，对良知的理解不能有毫厘之差，因为差之毫厘，就可能谬以千里，偏离圣学之道了。在日常生活中，我们也应该对"毫厘"有所重视，此处的"毫厘"就是指细节，也就是对细节有所重视。不是有一句话叫作细节决定成败吗？王阳明是一个重视细节的人，正是由于他重视细节，所以发现了内心的私欲。

无论是做学问还是做工作，细节都是很重要的。差之毫厘，谬以千里，有时细节关键到足以要命。有时，一件看起来微不足道的细节，或者是一个毫不起眼的变化，都可能造成无法挽回的后果。作为管理者，也许你经常面对的都是看似琐碎、简单的事情，但往往却最容易忽略，最容易错漏百出。其实，无论企业也好，个人也好，无论有怎样辉煌的目标，但如果在每一个环节连接上，每一个细节处理上不能够到位，都会被搁浅，而导致最终的失败。"大处着眼，小处着手"，与魔鬼在细节上较量，才能达到管理的最高境界。

诸立昌的第一次求职经历，令他一生都难以忘怀。

诸立昌是大专生，三年里他勤奋学习，英语、写作、专业课样样不懈怠，业余时间还参加了会计本科考试，到毕业前诸立昌即将获得学士学位。对自己的功底诸立昌是颇为自信的。

诸立昌应聘的是一家全国知名的国有大型企业。人事部对他的资料相当满意，对他的英语水平和写作能力也很欣赏。也许是由于惜才之故，人事部主管对诸立昌极为客气，当即电话通知财务经理对他进行面试。十分钟不到，财务经理就来了。财务经理是一位十分瘦削的老先生，衣着朴素。几句寒暄之后，便转入正题，财务经理说他想考几个会计科目方面的问题。如此简单的问题，让诸立昌不禁窃喜，"你说吧，你说吧。"诸立昌说，一点儿也不紧张。

考核极为顺利，对他的问题诸立昌几乎是不假思索，对答如流，同时还旁征博引，援引财政部最新颁布的有关会计法规加以论证。诸立昌想用自己的学识来赢得这位经理赏识。一个小时后，他被宣布留用了。成功如此容易，诸立昌骄傲的情绪自然也就滋长起来了。

上班的第一天，财务经理交给诸立昌的第一份工作就是依据凭证录入原材料明细账。这个过程极为简单，就是一个数字转抄的事。一千多张凭证诸立昌两天就抄完了，他不免有些看轻这份工作，言语之间有所流露。财务经理却依然是一副水波不兴的样子。到第七天开始与总账核对，诸立昌惊奇地发现自己竟对不上账。据其所登录的明细金额，十次二十次地加总，与总账总是对不上，诸立昌慌了手脚，几千笔金额要查出错误可不是一件易事，反复核查几次后仍与总账对不上。

诸立昌开始怀疑是总账有误。他再一次自信地找到财务经理，用极其肯定的语气告诉经理他没有错，应该是总账错了。财务经理并没有直接回答诸立昌的话，只是笑了笑说："小伙子，世上好像任何事都是相对的，没有太绝对的吧。"诸立昌不以为然。财务经理将其登录的明细账拿去复核，结果不到十分钟就查出了一笔错误，322579 误写成了 22579，二者之间相差近 14 倍！

诸立昌羞愧满面，无言以对。财务经理当即让诸立昌去人事部结账。

一份年薪 6 万元的工作就这样与他失之交臂了。从公司到学校是一段极长的路，平常都是公司的班车接送诸立昌上下班，而今天，诸立昌第一次要从公司走回去了。他为这错误的一步付出了高昂的代价。

可见，细节造就完美。世上没有人能做到真正的完美，但无论企业也好，个人也好都应该有一个不能有毫厘之差的完美心态，并将其作为生活习惯。目前，很多人虽然有远大的目标，但在具体实施时，由于缺乏对完美的执着追求，事事以为"差不多"便可，结果是：由于执行的偏差，导致许多"差不多的计划"到最后一个环节已经变得面目全非。

往往越是毫厘处，越能考验一个人的能力。生活本身就是由一个个毫厘构成的，一丝不苟地做好每件毫厘，才能保证大事不出错。真正想成就大事的人，从来不小看毫厘的作用，而是把工作做到每一个毫厘处，从而赢得赏识，获得更多的发展机遇，因此每个人都不应对生活中的毫厘轻视懈怠或敷衍应付。

【点睛之笔】

能够最终取得事业成功的人，他们在工作中不会满足于"差不多"、"还可以"，他们追求的是——把每一个毫厘做到最好。

4. 勇于突破的头脑

【原文】

孟子辟杨、墨，至于"无父无君"。二子亦当时之贤者，使与孟子并世而生，未必不以之为贤。墨子"兼爱"，行仁而过耳，杨子"为我"，行义而过耳。此其为说，亦岂灭理乱常之甚而足以眩天下哉？而其流之弊，孟子则比于禽兽、夷狄，所谓以学术杀天下后世也。

今世学术之弊，其谓之学仁而过者乎？谓之学义而过者乎？抑谓之学不仁、不义而过者乎？吾不知其于洪水、猛兽何如也！孟子云："予岂好辩哉？予不得已也。"杨、墨之道塞天下，孟子之时，天下之尊信杨、墨，当不下于今日之崇尚朱之说。而孟子独以一人呶呶于其间。噫，可哀矣！韩氏云："佛、老之害，甚于杨、墨。"韩愈之贤不及孟子，孟子不能救之于未坏之先，而韩愈乃欲全之于已坏之后，其亦不量其力，且见其身之危莫之救以死也。呜呼！若某者，其尤不量其力，果见其身之危莫之救以死也矣！夫众方嘻嘻之中，而独出涕嗟，若举世恬然以趋，而独疾首蹙额以为忧。此其非病狂丧心，殆必诚有大苦者隐于其中，而非天下之至仁，其孰能察之？

某为《朱子晚年定论》，盖亦不得已而然。中间年岁早晚，诚有所未考，虽不必尽出于晚年，固多出于晚年者矣。然大意在委曲调停，以明此学为重。平生于朱子之说，如神明蓍龟，一旦与之背驰，心诚有所未忍，故不得已而为此。"知我者，谓我心忧；不知我者，谓我何求？"①盖不忍牴牾朱子者，其本心也；不得已而与牴牾者，道固如是，"不直则道不见"②也。执事所谓"决

192

与朱子异"者，仆敢自欺其心哉？夫道，天下之公道也；学，天下之公学也；非朱子可得而私也，非孔子可得而私也。天下之公也，公言之而已矣。故言之而是，虽异于己，乃益于己也；言之而非，虽同于己，适损于己也。益于己者，已必喜之；损于己者，已必恶之。然则某今日之论，虽或于朱子异，未必非其所喜也。"君子之过，如日月之食，其更也，人皆仰之。"③而"小人之过也必文"。某虽不肖，固不敢以小人之心事朱子也。

【注释】

①"知我者"两句：语出《诗经·王风·黍离》。意为了解我的人明白我是在担忧，不了解我的人还以为我有什么个人目的。

②不直则道不见：语出《孟子·滕文公上》。意为不说直话，真理就不能显现。

③"君子之过"句：语出《论语·子张》"君子之过，如日月之食焉。过也，人皆见之；更也，人皆仰之"。

【译文】

孟子指责杨朱、墨子为"无父无君"。这两个人也是当时的贤明之士，假使他们和孟子是同一个时代出生的话，孟子未必不会把他们当作圣贤。墨子主张"兼爱"，是施行仁政过了分；而杨朱的"为我"思想，则是行义过了分。这样的学说，难道是泯灭天理扰乱纲常，甚至能够让天下人都迷惑的吗？然而孟子却把他们学说的弊病，比作禽兽、夷狄，所谓用学术杀害天下后世。

现今学术的弊端，能说是学仁太过分了吗？能说是学义太过分了吗？还是学不仁、不义太过分了？我不知道它们和洪水猛兽相比会怎么样！孟子说："难道我是爱好与别人辩论吗？我也是不得已。"孟子所处的时代，杨朱、墨子的学问在天下盛行，杨、墨的学说被天下人推崇的程度，应当不亚于当下人们推崇朱熹的学说的程度。然而孟子仍旧凭着独自一人在他们中间辩论。哎，可悲呀！韩愈说："佛、道的学说，其危害远远胜过了杨朱、墨子的学说。"韩愈的贤明比不上孟子，孟子尚且不能够在世道被败坏之前挽救它，而韩愈却想在世道人性败坏之后恢复它，他也是自不量力，我们只看到了他身陷危境，而没有人救他以至于他死去了。唉！像我这样的人，便更加是自不量力，真正看到自己的危险，却没有人救我以致于死去！大家正值欣喜嬉戏的时候，我却暗自泪流嗟叹；举世都心安理得，按部就班的时候，而我则独自痛心疾首、皱眉深虑。这并非我神经错乱、丧失理智，而是我真正地有极大的痛苦隐藏在心里，如果不是天下至仁，谁能体察得到呢？

我著写《朱子晚年定论》，其实也是迫不得已，书上年代的早晚，的确有些没有经过考证，虽然不一定全都出自于他的晚年，但很多都是晚年所做。我的本意是调停世上关于朱熹和陆九渊的纷争，用以昌明圣学。我一生对待朱熹先生的学说，都把它奉若神明，一旦与它背道而驰，心中真是不忍，只是不得已才这样做。"知我者，谓我心忧；不知我者，谓我何求？"不抵触朱熹先生的学说，这是我的本心。而又不得已这样，是因为圣道本来就是如此，"不直则道不见"！你所说的"决与朱子异"，我岂敢欺骗自己呢？圣道，是天下的公道，圣学，是天下共有的学，并非朱熹或是孔子能够私自有的。对天下公有的东西，只能秉公而论。如果说对了，虽然与自己的见解不同，对自己也是有益的；说错了，即便是与自己的见解相同的，也是在害自己。于自己有益的，自己定会喜爱；而于自己有害的，自己一定厌恶。所以我现在的论说，和朱熹的学说虽然不同，但未必不会是他喜欢的。"君子之过，如日月之食，其更也，人皆仰之。"而"小人之过也必文"，我虽然不够贤明，但也不敢以小人的心态对待朱熹先生。

【经典导读】

王阳明在编写《朱子晚年定论》时，并不直接批评朱子，而是说他晚年倾向于心学，深悔早年之非，"大意在委曲调停"，这便是他后来承认的乡愿心态。但此时他抛弃了这种心态，公开承认与朱子背道而驰，甚至指责朱子之学是洪水猛兽，不再把圣贤当作不可动摇的权威。因为道是天下之公道，学是天下之公学，无论孔子或朱子都不能垄断，他们有了错误，后人有权修正。阳明以其大无畏的勇气敢于质疑权威，敢于突破权威的束缚，成就了自己的心学大业。

现实生活中，我们往往容易被一些习惯性的东西所困扰，而不能发挥出自己最大的潜能，其实，最根本的原因就是没有突破思维定式，只把自己束缚在一个原有的框子里。因此，我们要积极思考，发挥自己的创造性，以其所能托其所不能——用自己能做到的弥补自己不能做到的，或者利用一方能做到的弥补另一方不能做到的。

时代在变，环境在变，竞争对手在变，作为企业的管理者，应该善于学习，要有突破自己的勇气，否定自己的精神。只有摆脱思维定式的束缚，才能创新性地开发出好产品。

突破常规这是多大的勇气啊！世界著名科学家贝尔纳说："构成我们学习最大障碍的是已知的东西，而不是未知的东西。"对于遵守常规的人来说，一切都是不可能的；而对于一个敢于突破的人来说，一切都是可能的。

不要迷信经验，不要被过去的知识套牢。在生活中，习以为常、耳熟能详、理所当然的事物充斥在我们周围，使我们逐渐失去了对事物的热情和新鲜感，经验成了我们判断事物的唯一标准。其实，每个人都可以突破常规，差别只在于面对人人信以为真的"不可能"，你是否有突破的勇气与力量。

每个人都会有自己的窠臼，若能及时地从中走出来，是一种可贵的醒悟。而事实上，当你努力突破那个心中的窠臼时，就能看到一些自己从未看到过的东西，认识一个自己连想都没有想到过的世界。勇于进取，绝不自损、自贬，在生活中鼓足勇气，勇于独立思考、突破常规，正是能够从自我囚禁的窠臼里走出来的鲜明标志。

【点睛之笔】

大多数人想要改造这个世界，但却罕有人想改造自己。大胆突破，人生才会有与众不同的可能。安于现状，只会使你丧失获得更卓越成就的能量。

5. 心怀感恩之情

【原文】

执事所以教，反复数百言，皆以未悉鄙人"格物"之说。若鄙说一明，则此数百言皆可以不待辨说而释然无滞。故今不敢缕缕，以滋琐屑之渎，然鄙说非面陈口析，断亦未能了了于纸笔间也。嗟乎！执事所以开导启迪于我者，可谓恳到详切矣，人之爱我，宁有如执事者乎！仆虽甚愚下，宁不知所感刻佩服？然而不敢遽舍其中心之诚然而姑以听受云者，正不敢有负于深爱，亦思有以报之耳。秋尽东还，必求一面，以卒所请，千万终教。

【译文】

您给我的教诲，反复数百字，都是因为您还没有完全理解我的格物学说。一旦您明白了我的学说，那么不需要辩论这数百字，问题也会迎刃而解的。所以现在我不再细说，以免琐碎累赘，而且我的学说如果不当面陈述分析，写信也绝对说不清楚，唉！你对我的开导启迪，可以说是详尽恳切，别人哪会像您这样关爱我！我虽然愚钝，也不会不知道对您感激佩服。只是我不敢就此放弃心中真切的想法而接受您的说法，正因为不敢辜负您的厚爱，也想以此来报答您。待秋天过后我回来时，定会登门求访，当面向您请教，请您千万不吝赐教。

【经典导读】

此段文字是学生对先生表示的敬佩之情，也是全信内容的总结。王阳明对他人的评价诚惶诚恐，感激不尽，我们也应学习阳明先生，对他人的赞赏心存感恩。

生活中人们也常说做人要懂得感恩。因为感恩是一种心态，是一种对生活发自内心的热爱。无论你处在多么恶劣的境地，感恩者都会记住自己拥有的那份爱。人生旅途纷繁复杂，不要忘记带上一颗感恩的心上路，这样你才会珍惜生命里拥有的东西，使内心得到安宁，使精神得享愉悦。

当然，善良的人们并不是为了得到回报才施与他人恩惠，但是生活需要一颗感恩的心来创造，一颗感恩的心需要生活来滋养。怀有一颗感恩的心，能帮助你在逆境中寻求希望，在悲观中寻求快乐。感恩是一种处世哲学，也是生活中的大智慧。阳明先生告诉我们常怀感恩心，一生无憾事。

鲁宣公二年（公元前607），宣子在首阳山（今山西省永济县东南）打猎，住在翳桑。一日外出时，他见一人饿倒在地，便上去询问。那人说："我已经三天没吃东西了。"宣子于是命人将食物送给他吃，那人吃着吃着却留下了一半。宣子问他为什么，他说："我离家已三年了，不知道家中老母是否还活着。现在离家很近，请让我把留下的食物送给她。"宣子被他的孝心所打动，就让他把食物吃完，另外又为他准备了一篮饭和肉让他带给家中的母亲。

后来，灵公想杀宣子，危急之际，灵公武士中的一人却在搏杀中反过来抵挡晋灵公的手下，使宣子得以脱险。宣子问他为何这样做，他回答说："我就是在翳桑的那个饿汉。"宣子再问他的姓名和家居时，他不告而退。

宣子的一念之善为他后来的大难不死埋下善因，为报一饭之恩而不惜违抗君令的武士也着实令人敬佩。知恩图报是情理之中之事，以德报怨却不是每个人都能做到的，这就更考验人的胸襟与气度了。有些人常挂在嘴边的一句话就是：以其人之道还治其人之身。大意是：你怎样对待我，我就怎样回敬你。这种做法表面上看来是合理的，但如果仔细考虑一下，我们就会发现它所带来的后果是沉甸甸的：原本是一个人痛苦，现在却是两个人痛苦。别人犯的错误，我们为什么还要重复呢？学会冰释前嫌、宽容他人，其实也是给自己留下余地。

感恩，是一个永恒的话题，"滴水之恩，当涌泉相报。"每个人的心中或多或少地都会有一些想要抱怨的事情，抱怨再容易不过，但却不是最好的方式，唯有放下心中的怨气，以一种感恩之心面对生活，人生才能摆脱灰暗的笼罩，重新恢复缤纷绚烂。可以说，感恩是整个人类的一种精神美德，知恩图报方可成就我们的美好人生。

一个猎人上山打猎，看见一只狼卧在山坳里，当他举起猎枪瞄向狼的时候，狼站起来没跑，又卧在那里。猎人不明，近前一看，发现是只怀孕的母狼，而且显得有些可怜，原来这只狼一条腿折了。狼看着猎人，像是在乞求猎人饶它不死，猎人心软了下来，不但没有杀它，还将它的折腿进行了敷药包扎。

冬天到了，一场大雪封住了家门，猎人一连好多天无法上山打猎。一天夜里，猎人听到自家靠山根的后院里，"扑通扑通"的，像是有人往院里扔东西。第二天，猎人开门一看，院里扔了几只野兔和山鸡。以后每逢下大雪不能出山的时候，都是这样，原来是狼在报恩。

动物尚且知道"知恩图报"，人在接受了别人的帮助以后更是应该懂得去感恩。要想拥有幸福的生活，就要怀有一颗感恩的心。怀有感恩的心，才更懂得尊重，尊重生命、尊重劳动、尊重创造。感受和感激他人恩惠的能力，是个人维护自己的内心安宁感、提高自己的幸福充裕感必不可少的心理能力。一个不知道感恩的人，他的生活会因此而缺少快乐，他将无法融入社会大家庭，甚至会做出危害社会的行为。

有人说，感恩是一盏灯，照亮你我前行的路；感恩是一棵树，让我们疲倦的时候有个栖息的地方；感恩是一股甘洌的清泉，能够滋润你我干涸的心田；感恩更是一种动力，推动你我去努力拼搏、进取！

不懂得感恩，就会惯看了世间冷暖；不懂得感恩，就会少了对生活的热情；不懂得感恩，就会少了对社会的责任；不懂得感恩，就会错过生命中最美丽的风景。感恩不需要讲什么大道理，而是一种本能，是一种潜移默化的品质，是做人的基本操守，是处事的基本原则。懂得感恩，我们的生活就会多出一份精彩；懂得感恩，我们的工作就会增添一份乐趣。

让我们学会感恩生命中的每个人、每件事，感恩父母给予我们生命，感恩对手，让我们拥有前行的力量，感恩生活，让我们的生命多姿多彩。让我们怀着一颗感恩的心，燃起爱的火把，用自己的实际行动和努力感恩生活。

学会了感恩，也就拥有了全部的自我，拥有了一个全新的世界，生活也会因感恩而精彩纷呈……

【点睛之笔】

　　人们因感恩而美丽，感恩因爱而精彩。一个懂得感恩的人，必定是一个具有高尚品德的人，也是一个具有丰富人格魅力的人。

下卷

陈九川录

1. 循序渐进，多年疑解

【原文】

正德乙亥，九川初见先生于龙江。先生与甘泉①先生论"格物"之说。甘泉持旧说。先生曰："是求之于外了。"甘泉曰："若以格物理为外，是自小其心也。"九川甚喜旧说之是。先生又论"尽心"一章，九川一闻却遂无疑。

后家居，复以"格物"遗质。先生答云："但能实地用功，久当自释。"山间乃自录《大学》旧本读之，觉朱子"格物"之说非是，然亦疑先生以意之所在为物，"物"字未明。

己卯，归自京师，再见先生于洪都②。先生兵务倥偬，乘隙讲授。首问："近年用功何如？"

九川曰："近年体验得'明明德'功夫只是'诚意'。自'明明德于天下'，步步推入根源，到'诚意'上再去不得，如何以前又有格致功夫？后又体验，觉得意之诚伪，必先知觉乃可，以颜子'有不善未尝知之，知之未尝复行'为证，豁然若无疑，却又多了格物功夫。又思来，吾心之灵何有不知意之善恶？只是物欲蔽了，须格去物欲，始能如颜子未尝不知耳。又自疑功夫颠倒，与'诚意'不成片段。后问希颜。希颜曰：'先生谓"格物"、"致知"是"诚意"功夫，极好。'九川曰：'如何是"诚意"功夫？'希颜令再思体看。九川终不悟，请问。"

先生曰："惜哉！此可一言而悟！惟浚所举颜子事便是了。只要知身、心、意、知、物是一件。"

九川疑曰："物在外，如何与身、心、意、知是一件？"

先生曰："耳、目、口、鼻、四肢，身也，非心安能视、听、言、动？心欲视、听、言、动，无耳、目、口、鼻、四肢亦不能。故无心则无身，无身则无心。但指其充塞处言之谓之身，指其主宰处言之谓之心，指心之发动处谓之意，指意之灵明处谓之知，指意之涉着处谓之物，只是一件。意未有悬空的，必着事物，故欲'诚意'，则随意所在某事而格之，去其人欲而归于理，则良知之在此事者，无蔽而得致矣。此便是'诚意'的功夫。"

九川乃释然破数年之疑。

又问："甘泉近亦信用《大学》古本，谓'格物'犹言'造道'，又谓穷理如穷其巢穴之穷，以身至之也，故'格物'亦只是随处体认天理。似与先生之说渐同。"

先生曰："甘泉用功，所以转得来。当时与说'亲民'字不须改，他亦不信。今论'格物'亦近，但不须换'物'字作'理'字，只还他一'物'字便是。"

后有人问九川曰："今何不疑'物'字?"曰："《中庸》曰'不诚无物'，程子曰'物来顺应'，又如'物各付物'、'胸中无物'③之类，皆古人常用字也。"他日先生亦云然。

【注释】

①甘泉：湛若水（1466～1560），字元明，号甘泉，广西增城人，历任礼部、吏部、兵部尚书，著有《湛甘泉集》。

②洪都：地名，今江西南昌。

③胸中无物：语出《河南程氏外书》卷十一"尧夫胸中无事如此"。邵雍，字尧夫，共城（今河南辉县）人，北宋哲学家，与周敦颐、张载、二程合称北宋五子，著有《皇极经世编》、《伊川击壤集》等。

【译文】

正德十年（1515年），九川在龙江第一次看到了先生。先生正与甘泉先生谈论"格物"的学说，而甘泉先生一再坚持朱熹先生的见解。先生说："这是在心外寻求了。"甘泉先生则说："如果以格物之理为外，那就把自己看小了。"九川心里十分赞同朱熹的说法。先生又谈到了《孟子》"尽心"一章，九川听了之后，马上对先生的"格物"学说不再有怀疑了。

后来九川闲居在家，又以"格物"的学说向先生求教。先生答说："只要能够切切实实地用功，时间长了，自然就会明白。"到了山间，又自己抄录了《大学》旧本来阅读，更感觉朱熹的"格物"学说不正确，但是也还怀疑先生把"意"的所在当作物，因为这个"物"字，我还觉得不太明朗。

正德十四年，九川从京师回来，在洪都（今江西南昌）又见到了先生。当时先生军务繁重，只能抓紧空闲时间，给我讲课。首先便问："近年来用的功夫怎么样?"

九川说："近年来体会到了'明明德'的功夫只是'诚意'。从'明明德于天下'，逐步追溯本源，但到'诚意'上就再追溯不下去了。怎么'诚意'的前面还有一个'格物致知'的功夫呢？后来又仔细体会，感觉到意的真诚虚伪，须先要有知觉，颜回曾说'有不善未尝知之，知之未尝复行'，这能当作证据，我由此豁然开朗，确信无疑，但是心里又多了一个'格物'的功夫。细细思考，凭着本心的灵明，又怎么会不明白意的善恶呢？只不过是被物欲所蒙蔽，需要格除物欲，才能做到像颜回那样，善恶尽知。我又想是不是自己把功夫用颠倒了，以致'格物'和'诚意'的功夫联系不到一起。后来我问希颜，希颜说：'先生所说"格物"、"致知"，都是"诚意"的功夫，我认为真的是这样的。'我又问：'为什么是"诚意"的功夫呢？'希颜让我再自个儿用心去体察。但我最终还是没能领悟到这其中的缘由，所以现在向先生您求教。"

先生说："真是可惜！原来这是可以一言而喻的！你所举的颜回的例子就能够把问题讲明白了。总之你只要懂得，身、心、意、知、物，全都是一件事就行了。"

九川不解地问："物在心外，怎会和身、心、意、知是同一件事呢？"

先生说："耳、目、口、鼻以及四肢，皆是人体的部分，心如果没有通过它们，怎么能够看、听、说、动呢？心想要看、要听、要说、要动，没有耳、目、口、鼻及四肢就不能够。所以说，没有心就没有身体，没有身体也就没有心，它们是统一的。只是从充塞空间上来说是身，而从主宰作用上来说它就叫做心，而从心的发动上来说就是意，从意的灵明上来说就是知，从意的涉及上来说就是物，这些都是统一的。意不会凭空存在，必须依附事物而存在。所以，想要'诚意'，就必须在意所涉及的事物上去'格'，就必须去除私欲遵循天理，这样，良知于此就不会再受到蒙蔽，并且能够'致知'了。'诚意'的功夫就在这里。"

听了先生这番话，九川终于消除了积存在心中多年的疑虑。

九川又问："甘泉先生近来比较偏向于《大学》的旧本，以为'格物'就像是求道，认为穷理的穷，就是'穷其巢穴'的穷，需要自己到巢穴中去走一趟。所以'格物'，也就是随处体察、明白天理，这和先生的学说有些相近了。"

先生又说："他下了工夫了，所以他能够转过弯来。当初我跟他说，'亲民'不能改作'新民'，他还不相信呢。现在他对'格物'的看法跟我的观点也有些接近了，只是'物'字还是不改成'理'字，这也可以。"

后来有人问："为什么现在就不怀疑这个'物'字了？"我说："《中庸》里有说'不诚无物'，程颢则说'物来顺应'、'物各付物'、'胸中无物'等，这些都是古人常用的字。"后来先生也这样说。

【经典导读】

王阳明因为深知人的天赋和能力不是相同的，有的可能好一点，有的可能差一点，所以不能用同一个标准来要求人。在他的思想里，他非常看重循序渐进和先后顺序。格一物，理会一事都要穷尽。由近及远，由浅而深，由粗到精。博学之，审察之，慎思之，明辨之，笃行之，此五节次第，重重而入，层层递进。朱熹说："穷理，穷究得尽，得其皮肤是表也，见得其奥是里也。"意思是说，必须经过这样由表及里的认识过程，才能得到良知，才能存善除恶。

佛家也讲究循序渐进，讲究水到渠成，不能强求一切符合自己的意愿，否则也是一种"执妄"。

言偃（字子游）说："子夏的学生们，每日洒水扫地、应酬对答、迎进送退，是过得去的。但这些只不过是应该学的细枝末节，而不是应该学的根本东西，怎么办？"

子夏听到后就说："噫嘻，子游错啦。君子应该认识的道理，哪些大道理应该先行重点传授？哪些小道理应该最后轻轻带过？这就像面对大小不同的草木一样，是需要分门别类的。君子所应该认识的道理，怎么能用不实之流加以歪曲呢？能够按照先小后大的次序，从始至终教导学生，恐怕只有圣人才能做得到啊！"

子游讥笑子夏的学生只学到了一些细枝末节的小道理，而子夏没有教会他们根本的大道理。

子夏认为子游的看法是错误的。教育学生，理当循序渐进，先从小道理做起，然后才能教授大道理。由浅入深、先易后难，就像人要先学会走路才能往前跑一样。

不论是学习还是工作，都需要按照一定的步骤逐渐深入或提高，只有这样才能练得"上乘功夫"。在现实生活中，很多人已容不得食物按着时序走向成熟，而需要用催熟剂将其一夜催熟；人们似乎也无法忍受孩童的天真，需要用"等身"的书籍、磁带、碟片和种种课外补习班剥夺其童年的欢乐，使其少年老成……

其实，生活和求知治学都是一个循序渐进的过程，谁都没有办法苛求在短期内有明显的提高。如果苛求人生的行进速度，只会徒劳增加自己的负担。在生活中，无论我们做任何事，都应当遵循先浅后深、先易后难、先小后大的顺序。因此，无论求知还是求道，我们都不能舍近求远，急于突飞猛进，我们必须踏踏实实，一步一个脚印地循序渐进，这样，最终才能到达我们事先所设定的目标。

【点睛之笔】

　　路漫漫其修道远，吾将上下而求索。

2. 何为不息正念？

【原文】

　　九川问："近年因厌泛滥之学，每要静坐，求屏息念虑，非惟不能，愈觉扰扰。如何？"

　　先生曰："念如何可息？只是要正。"

　　曰："当自有无念时否？"

　　先生曰："实无无念时。"

　　曰："如此却如何言静？"

　　曰："静未尝不动，动未尝不静。戒谨恐惧即是念，何分动静？"

　　曰："周子何以言'定之以中正仁义而主静'①？"

　　曰："无欲故静，是'静亦定，动亦定'的'定'字。'主'，其本体也。戒惧之念是活泼泼地，此是天机不息处，所谓'维天之命，于穆不已'②。一息便是死，非本体之念即是私念。"

【注释】

　　①定之以中正仁义而主静：语出周敦颐《太极图说》"五性感动而善恶分，万事出矣。圣人定之以中正仁义而主静，立人极焉"。

　　②"维天之命"二句：语出《诗经·周颂·维天之命》。

【译文】

　　九川问："近年我因厌恶泛览博观，每每想要静坐安神，以求屏息各种思虑念头。但是，我非但不能静心，反而更加感觉到思绪纷扰，这是为何呢？"

先生说："思虑念头怎么可能停止呢？只能让它归于纯正。"

九川问："会有自然没有念头的时候?"

先生说："实在不会有没有念头的时候。"

九川问："这样的话，该怎么解释'静'呢?"

先生说："静中未尝会没有动，动中也未尝会没有静。戒慎恐惧即是念头，怎么分动静呢?"

九川说："周敦颐为什么又说'定之以中正仁义而主静'呢?"

先生说："没有欲望所以宁静，这个'定'字也就是程颢所说'静亦定，动亦静'中的'定'。'主'，即本体。戒慎恐惧的念头是活泼的，正是天机运动不息的表现，所谓'维天之命，于穆不已'。一旦停止便是死亡，不是心的本体的意念都是私念。"

【经典导读】

王阳明不同意息念的说法，以为念无时可息，问题在于发出的意念是本体之念还是非本体之念。前者是好的，应该永远存在；后者是坏的，要及时消除。一些人不懂这个"无念"的真意，一直都以为是指没有任何念头。这种说法误人不浅，它把好端端的人，变成了一个对社会毫无用处的废物，实在是不对。"念"有两层意思：一是记忆，即以不忘失为性；二是指系念，即把某件事情放在心上。两者相近而不同，都是精神和思想的重要功能，没有这个功能，思想就没有积累和创造。儒者非但要用这个功能，还应把它锻炼得更加有用才行。

"戒慎恐惧"一语出自《礼记·中庸》。历来学者特别是东汉郑玄多从消极防范的意义加以解释，即认为是谨慎言词，如临深渊，战战兢兢之意。生活中，很多人认为自己是一个易于满足的人，认为自己不会被俗事牵绊，认为自己的修养很高，实则不然，这里有一个关于比丘尼玄机和禅师雪峰的故事，或许能让你对"正念"有所感悟。

有一天，玄机想："我整日打坐，是逃避吗？打坐，就是为了心无杂念，如果靠打坐才能达到这样的效果，打坐和吸食鸦片有什么两样呢？"

他眼神中充满了迷惘，目光渐渐黯淡了，然后起身去拜见雪峰禅师，希望能从他那里得到答案。

雪峰禅师看着眼前的这个人，觉得他虽然有向佛之心，但是本性中有许多缺点不自然地表露了出来，于是点点头，问道："你从哪里来?"

"大日山。"

雪峰微笑，话里暗藏机锋："太阳出来了没有?"意思是问他是否悟到了什么禅理。

玄机以为雪峰是在试探自己，心想：连这个我都答不上来的话，这几年学禅，岂不是白白浪费时间了吗? 便扬着眉毛说："如果太阳出来了，雪峰岂不是要融化?"

雪峰叹息着又问："您的法号?"

"玄机。"

雪峰心想："这个人太傲了，心里装的东西也太多了，且提醒他一下吧!"于是问道："一天能织多少?"

"寸丝不挂!"（其指的是出家人无挂无障之境界）玄机心想：就这个也能考住我，真是太小瞧我了!

雪峰看他这样固执，不由得感叹道：我用机锋来提醒他，他却和我争辩口舌，自以为是，却不知心中已经藏了多少名利的蛛丝!

玄机看雪峰无话可说，便起身准备离去，脸上还是那样得意的神态。

他刚转过身去，雪峰禅师就在身后叫道："你的袈裟拖地了。"玄机忙回头看，见袈裟好好地披在身上。玄机顿悟，红脸离开。

如果一个人真的修炼到了"寸丝不挂"之境界，又怎么会有衣服拖地的感觉? 又怎会有脏的概念? 所谓寸丝不挂，就是指心里不要装事，人要想活得快乐，就要尽可能的少思寡欲，活得简单，这样才没有烦恼。这应该就是自嘲和能自我剖析的人，能够生活得轻松自如的原因。

由此可以看出，假的无论如何都不能成为真的，它和真的之间总有距离。这个距离犹如窗户纸，被人轻轻一捅就破了。越是被一个人津津乐道挂在嘴边的，越是这个人所或缺的。真正的正"念"其实就是"寡念"，"寡念"就好，只有"寡念"的人内心才不染尘埃，不会想太多，没有过多重负，生活才能比别人更加快乐。

【点睛之笔】

快乐人生，寡念无欲。

3. 告别槁木死灰

【原文】

又问:"用功收心时,有声、色在前,如常闻见,恐不是专一。"

曰:"如何欲不闻见?除是槁木死灰,耳聋目盲则可。只是虽闻见而不流去便是。"

曰:"昔有人静坐,其子隔壁读书,不知其勤惰。程子称其甚敬①。何如?"

曰:"伊川恐亦是讥他。"

【注释】

①程子称其甚敬:语出《河南程氏遗书》卷二"许渤与其子隔一窗而寝,乃不闻其子读书与不读书。先生谓:'此人持敬如此。'"

【译文】

九川问:"专心用功的时候,声、色在眼前出现,如果还像往常那样去看去听,恐怕就不能专一了。"

先生说:"怎么能不想去听不想去看呢?除非是槁木死灰的人或者耳聋眼瞎的人。只是虽然听见或看见了,心却不跟着它分散了也就是了。"

九川说:"从前有人静坐,他的儿子在隔壁读书,他都不知道儿子是勤劳或懒惰。程颐称赞他很能持静。这又是为何呢?"

先生说:"程颐先生恐怕也是在讽刺他罢了。"

【经典导读】

儒释道三家的许多流派都认为,人在修养时要专注一境,摒绝感觉思虑。王阳明反对这种做法,他认为修养的目的不是做槁木死灰,而是清醒深刻地认识天理良知,所以在修养时应该保持常人的感觉,只是注意不要跟着感觉走。修养不能如槁木死灰,我们的生活也是如此,每个人都应学会惬意的生活,告别呆板单调的生活。

生活是用来享受的。没有真正体会到生活乐趣的人,就不算真正生活过,一个深爱人生的人,懂得全身投入地享受生活。人总要有份性情,才能活得洒脱、自在，才能在看似平淡无奇的生活里，体会它的真滋味。饱含深情的热爱生活的人，生活会回馈给他最精彩的人生。

唐代有一位丰干禅师，住在天台山国清寺。一天，他在松林漫步，山道旁忽然传来小孩啼哭的声音，他寻声望去，原来是一个稚龄的小孩，衣服虽不整，但相貌奇伟，问了附近村庄人家，没有人知道这是谁家的孩子，丰干禅师不得已，只好把这男孩带回国清寺，等待人家来认领。因为他是丰干禅师捡回来的，所以大家都叫他"拾得"。

拾得在国清寺安住下来，渐渐长大以后，上座就让他做行堂（添饭）的工作。时间久后，拾得也交了不少道友，其中一个名叫寒山的贫子，相交最为莫逆，因为寒山贫困，拾得就将斋堂里吃剩的饭用一个竹筒装起来，给寒山背回去。

有一天，寒山问拾得说："如果世间有人无端地诽谤我、欺负我、侮辱我、耻笑我、轻视我、鄙贱我、恶厌我、欺骗我，我要怎么做才好呢？"

拾得回答道："你不妨忍着他、谦让他、任由他、避开他、耐烦他、尊敬他、不要理会他。再过几年，你且看他。"

寒山再问道："除此之外，还有什么处世秘诀，可以躲避别人恶意的纠缠呢？"

拾得回答道：

"弥勒菩萨偈语说——老拙穿破袄，淡饭腹中饱，补破好遮寒，万事随缘了；有人骂老拙，老拙只说好，有人打老拙，老拙自睡倒；有人唾老拙，随他自干了，我也省力气，他也无烦恼；这样波罗蜜，便是妙中宝，若知这消息，何愁道不了？人弱心不弱，人贫道不贫，一心要修行，常在道中办。如果能够体会偈中的精神，那就是无上的处世秘诀。"有人谓寒山、拾得乃文殊、普贤二大士化身。台州牧闾丘胤问丰干禅师，何方有真身菩萨？告以寒山、拾得，胤至礼拜，二人大笑曰："丰干饶舌，弥陀不识。"

意指丰干乃弥陀化身，惜世人不识。说后，二人隐身岩中，人不复见。胤遣人录其二人散题石壁间诗偈，令行于世。

寒山、拾得二大士不为世事缠缚，洒脱自在，其处世秘诀确实高人一等。

生命需要活力，只有保持生命的活力，才能告别槁木死灰惬意地生活，要做到这一点，还要学会保持对生活的热情。有热情，活出未来有愿景，生命因热情而多姿多彩。

著名大提琴家卡萨尔斯在自己 90 高龄的时候，还仍然每天坚持练琴 4～5

小时，当乐声不断地从他的指间流出时，他俯曲的双肩又重新变得挺直了，他疲乏的双眼又一次充满了欢乐，他的生活也因练琴变得惬意无比。

美国堪萨斯州威尔斯维尔的莱顿直至68岁的时候才开始学习绘画。她对绘画表现出了极大的热情，在这方面获得了惊人的成就，同时也结束了折磨过她至少有30余年人生的艰难历程。

生活对于每个人来说，都蕴藏着无限的哲理与深意，只有驾驭生活中的真理，眼光才能看得更远，深知生活中的诀窍，才能活得更自在，更洒脱。

虽然，生活并不容易，但我们可以努力地让它有滋有味，让它因为我们的知性与理性的共融而达到某种和谐与自在。生活闪现着智慧与学问，只有用心去领悟，才能体验到自在的真谛。人无法改变生活，能改变的只有自己。其实我们自己本身就是生活的一部分，因此，生活也会因为我们的改变而在潜移默化中悄悄变换模样。

不要让自己的生活如槁木死灰般毫无生气。惬意地享受生活其实很简单——清晨起床，伸伸懒腰，对镜自视，冲着镜子里的自己做个鬼脸，调皮地眨眨眼，或泛一丝惬意的微笑，都能给你惬意的感觉，让人心情舒畅，一个微笑调动起了全天的情调，所以不要吝啬轻松的笑容，让自己的每一天都轻松开启，为生活插上欢快的翅膀，让自己如沐春风。

【点睛之笔】

在这个世界上，每个人每天同样拥有二十四小时，有的人活得很惬意，有的人却过得很苦恼。如何随性洒脱生活？

4. 事上磨炼自制力

【原文】

又问："静坐用功，颇觉此心收敛。遇事又断了，旋起个念头，去事上省察。事过又寻旧功，还觉有内外，打不作一片。"

先生曰："此'格物'之说未透。心何尝有内外？即如惟浚今在此讲论，又岂有一心在内照管？这听讲说时专敬，即是那静坐时心。功夫一贯，何须更起念头？人须在事上磨炼，做功夫乃有益。若只好静，遇事便乱，终无长进。那静时功夫亦差似收敛，而实放溺也。"

后在洪都，复与于中①、国裳②论内外之说③，渠皆云："物自有内外，但要内外并着功夫，不可有间耳。"以质先生。

曰："功夫不离本体，本体原无内外。只为后来做功夫的分了内外，失其本体了，如今正要讲明功夫不要有内外，乃是本体功夫。"

是日俱有省。

【注释】

①于中：陈荣捷先生认为"于中"是"子中"之误。夏良胜，字子中，与陈九川交往密切。

②国裳：舒芬（1487～1527），字国裳，号梓桐，江西进贤人，丁丑（1517年）状元，授翰林修撰。与陈九川一同上疏谏武宗南巡，被贬，后复原职，又上疏大礼之议，并同谏者哭于武庙，遭廷杖。

③内外之说：宋明理学，往往把静坐省察与躬行实践视为内外不同的功夫，而且以前为重，轻视后者。王阳明则认为本体不分内外。省察可以知道实践，实践可以深化省察，所以它们是一体的。王阳明还认为本体和功夫是统一不可分的。

【译文】

九川又问："静坐用功，很能感觉到本心是收敛着的。但遇到事情就会中断，马上就生起一个念头，到具体的事情上去省察。事情完成之后，再去寻找原来的功夫。所以我仍然觉得心有内外之分，不能融合成一处。"

先生说："这是你对'格物'的学说还不够明白。心怎么会有内外之分呢？就像你现在在这里讨论，岂会另有一个心在里边照管着？这个专心听讲和说话的心，就是静坐时的心。功夫是一以贯之的，何须再另起一个念头？人做功夫必须在具体的事情上磨炼，那才会有益处。如果仅仅是喜欢安静，那么遇到事情便会忙乱，最终也没有长进。而静坐时的功夫，也仅仅是表面看似乎收敛，而实际上却是放纵沉溺。"

后来在洪都时，九川又与于中、国裳讨论'内外'的学说。于中、国裳都说："事物本就有内外之分，要在内外并行用功，不能有所间断。"因此九川又问了先生这个问题。

先生说："功夫离不开本体，本体本来就是不分内外的。只是后来做功夫的人把功夫分出了内外，但已经丧失它的本体了。现在只要讲明，功夫不要有内外之分，那才是本体的功夫。"

这一天大家都有所心得。

【经典导读】

"在事上磨炼"的功夫，是从内向外的推及，体现了道德主体性和自觉性，它突出"自律"的作用，把一定社会的道德规范转化为人的自觉意识和行为。学习宋明理学的人，往往把静坐省察与躬行实践看作内外两种不同的功夫，而且以为前者重要，后者不重要。王阳明则认为本体（即性或理）不分内外，所以功夫也不可分内外。省察可以使实践有正确的指导思想，实践可以使体验深刻、省察深入，所以它们是一回事。由于许多人不重视实践，因而在实践中常常犯错误，所以阳明特别提倡在事上磨炼的重要性。我们在没有事情时，对什么是善，怎样做才能是善，无不说得井井有条，可往往一到具体事上就不知所措。这就需要在事上磨炼自己的自制力。

自制是日常行为的一把保险锁，它要求人们以理性来平衡自己的情绪，接受理性的指引，先"谋定而后动"，管住自己的言行和举止，而后引导所有积蓄的力量流入成功的海洋。

一个缺乏自制力的人，总是让自己的情绪主导着一切，行无规矩，随心所欲，口无遮拦，没有规划，也没有目标。很多时候无自制力的人如同脱缰野马，根本无法控制自己的意识行为，这样一来也很难实现既定目标；要么他的行为与环境格格不入，最终也达不到成功的彼岸。而自制力强的人，能够理智地对待周围发生的事件，有意识地控制自己的思想感情，约束自己的行为，成为驾驭自我的主人。能够驾驭自己的人，才能造就机遇，造就成功。正如传记作家兼教育家托马斯·赫克斯利所说："教育最有价值的成果，就是培养了自控力，不管是否喜欢，只要需要就去做。"有了自控力，才能有掌控人生的可能。

秦朝末年，陈胜、吴广在大泽乡揭竿起义以后，各地的英雄豪杰纷纷响应，没多久，反秦的风暴席卷了大半个中国。公元前206年，刘邦率领着一帮人马最先开进了秦王朝的首都咸阳。都城中恢宏壮丽的建筑群，奢华无比的陈设，数以千计的美丽宫女，让刘邦喜得头晕目眩，忘乎所以。刘邦正浮想联翩之时，他的部将樊哙闯了进来。一见刘邦那神不守舍的样儿，便直着嗓子喊了起来："沛公。""什么事？"刘邦头也不回，心不在焉地问道。樊哙说："你是要打天下还是只想当个富家翁？""我当然想打天下。"刘邦口中说着，眼睛却没有离开婀娜娇羞的宫女。樊哙说："臣下跟着沛公进了秦皇宫，您留意的不是珠玉珍宝，就是美娇娃，而这正是秦朝皇帝丢失天下的原因。沛公留此，就是重蹈亡秦的覆辙！恳请沛公立即出宫，到郊外驻扎。"

刘邦很不高兴地说："我们从关东打到关中，太累了。我只想在这儿歇几天，你就把我比作亡国的秦朝皇帝，真是胡说八道！"樊哙又急又气，找来张良。张良对刘邦说："沛公，您想过没有，您是怎样得以进入这座宫殿的？"刘邦说："是举义旗，兴义兵，一路攻杀换来的。"张良说："这正是秦王朝君臣荒淫无度、声色犬马，触怒了天下的老百姓，才使您得到举义旗，兴义兵的机会啊。秦朝皇帝因为骄奢失去了民心，沛公想取秦而代之，就要反其道而行，以节俭有度来争取民心。现在，我们的人马刚刚进入秦朝首都，沛公就带头享乐，老百姓会怎么看？他们会认为我们与秦朝君臣是一丘之貉，就会转而憎恨我们、反对我们。失去民心，您就失了天下啊！"刘邦听了悚然动容。

由此可见，自制力是多么的重要。面对世间的无数诱惑，我们更需要保持清醒的头脑和自制力，理性面对，勇于放弃。如果缺乏自制力，紧紧抓住诱惑不放，一味的放纵自己，就会让自己变得贪得无厌，无尽的压力和痛苦不安也会随之而来，严重者甚至毁灭自己。总而言之，一个人若想为人生的画卷描绘美丽的图案，就必须学会进行自我控制。

那么怎样才能提高自己的自制力呢？你可以从以下几个方面入手：

（1）要加强实践锻炼。一方面要加强学习，积累知识，开阔视野，用知识来武装和充实自己，提高自己分析问题和解决问题的水平，并通过学习别人经验来扩展自己决断事情的能力；另一方面，要积极投身到生活实践中去，刻苦锻炼，不断丰富经验，提高自己的适应能力。

（2）学会稳定自己的情绪。用合理发泄、注意力转移、迁移环境等方法，把将要引发冲动的情绪宣泄和释放出来，保持情绪稳定，避免冲动。

（3）调整好自己需求结构。当需要不能同时兼顾时，抑制一些不可能实现的需要。如古人所云："鱼我所欲也，熊掌亦我所欲也，两者不能得兼，舍鱼而取熊掌也。"

（4）努力提高自身文化素养。一般来说，一个人的文化素养同其承受能力和自控能力成正比。文化素质比较高的人往往能够比较全面正确地认识事物，认识自我和他人的关系，自觉地进行自我控制、自我完善。

（5）要强化自己的意志力量。要培养意志独立性的良好品质，对自己奋斗的目标要有高度的自觉。只要你经过自己的实践认准的事，就应义无反顾地走下去，想方设法达到预期目的。不必追求任何事情都做得十全十美，不必苛求自己没有一点失败，不必过多地注意别人怎样议论你。

（6）要强化自我意识。遇事要沉着冷静，自己开动脑筋，排除外界干扰或暗示，学会自主决断。要彻底摆脱那种依赖别人的心理，克服自卑，培养自信心和独立性。

（7）要强化积极思维。俗话说："凡事预则立，不预则废。"平时注意经常思考问题，增强预见性，关键时刻才能及时、果断、准确地做出选择。

（8）加强思想修养。人的自制力在一定程度上取决于他们的思想素质。一般来说，具有崇高理想抱负的人，决不会为区区小事而感情冲动产生不良行为。因此，要提高自制力最根本的方法是树立正确的人生观、世界观，保持乐观向上的健康情绪。

【点睛之笔】

自制是修身立志成大事者必须具备的能力和条件，而那些沉溺在自己的欲望当中不能自拔的人，必然会颓废不振，空耗一生。

5. 仔细观察生活

【原文】

又问："陆子之学何如？"

先生曰："濂溪、明道之后，还是象山，只是粗些。"

九川曰："看他论学，篇篇说出骨髓，句句似针膏肓，却不见他粗。"

先生曰："然，他心上用过功夫，与揣摹依仿、求之文义自不同。但细看有粗处，用功久当见之。"

【译文】

九川又问："陆象山先生的学说怎么样？"

先生说："在周敦颐先生、程颢先生以后，就是陆象山先生了，只是稍显粗疏。"

九川说："我看他探讨学问，篇篇都能指出精髓所在，句句都能针砭膏肓，没有发现他有粗疏的地方。"

先生说："对的，他在心上用过功夫，自然和那些仅仅在字面上揣测模仿、寻求字面含义的人不相同。但是仔细察看能发现，他的学说有粗糙的地方，用功时间长了自然就能发现了。"

【经典导读】

陆象山虽然提出并大力宣扬了"心即理"的观点，但是未能用它对《大学》的格物、致知、诚意、正心以及明明德、亲民等观念提出不同于朱子的新解释，形成一个严密的系统的本体与功夫的理论。因此王阳明说他粗。阳明先生认为只求个字面意思是看不出来问题的，只有仔细观察才能发现问题，可见其对仔细观察的重视。

我们生活的世界丰富多彩，认识世界最初的方式就是用眼睛去观察。观察在人们的一切实践活动中都具有非常重要的作用。

清朝康熙年间有一名叫曹福的捕快，由于他长期在衙门担任缉捕盗贼的差役，累积了丰富的经验，难以破获的盗窃大案或人命凶案交给他，很快就能破获，因而曹福很受上级的器重和同事的尊重。平时闲来无事，曹福就喜欢在外溜达，实际是在观察过往行人的行迹，从中发现可疑之处。

这天，曹福吃罢午饭，又在河堤上游逛。河中船舶如织，南来北往，好一派繁忙景象。这时，一条小舟靠岸了。这是一艘空船，船主将小船的缆绳拴在岸上的一块大石头上，然后就坐在石头上，掏出旱烟抽了起来。

曹福看了一会儿，立刻登上小舟，坐了下来。船主看见有生人上了船，立马跨上船来，催促曹福离开，曹福就是不走。船主说："你不走，我就要解下缆绳开船了。"曹福却笑着说："你开船吧，我愿意与你同行。"

船主还从来没遇到过这样的人，呵斥道："你这人真是岂有此理！为什么赖在我船上不走？"曹福不紧不慢地说："因为你船上有异物，我要搜查。我是衙门捕快。"船主听他这样说，走过去揭开舱板，怒气冲冲地对曹福吼道："你搜吧！"曹福也跟着过去一看，舱中空无一物。

"这下你该上岸了吧！"船主说道。谁知曹福并不挪步，继续说道："请把底板打开。"船主坚持不肯。曹福拿起一根铁棍，硬把底板撬开，发现底板下厚厚一层金帛。船主顿时色变。曹福将其扭送衙门，经审讯，船主是多年的老贼，此次终于落案，以前搁置多年的偷窃大案也都解开。

曹福平时漫不经心，此次却显现了他超人的智慧，大家不禁奇怪，问他如何发现船中赃物。曹福笑着说："其实这很简单，我看这船很小，船舱又未装什么货物，但它行驶在河中，风浪却不能使其波动；而船主在拴船缆时，牵拽也很是吃力，故我断定船夹层里一定有重物，一查果然如此。"

由于平时对船只吃水程度的细心观察，曹福立刻看出船有问题，抓住了其中的关键,最终抓获贼子,此等聪明机智,让人佩服。这个故事告诉我们要想成功地完成一件事情,在日常就要细心观察,只有仔细观察才能让自己不做无用功,把所有的能力用到最可能见效的地方。

有这样一则小故事,让人们深刻体会到观察的重要意义。多数人的失败不是因为他们的无能,而是因为他们缺少了对生活的留意。

有一个外科医生给大家上了一节非常生动的实验课。

这位外科医生一迈进课堂就听到了学生们各种各样的提问:"你觉得怎样才能成为一名好的外科医生呢?"

"要做一名优秀的外科医生有什么诀窍吗?"

外科医生沉吟片刻,便这样告诉学生:"当个外科医生,需要两项重要的能力:第一,不会反胃;第二,观察力要强。"接着,他端出一杯颜色混浊的液体,告诉学生这是一份病人尿液标本,然后伸出一只手指,将手指蘸入其中,然后张口舔舔手指。他要全班学生照着做,他们只好硬着头皮照做一遍。大家好不容易把这个试验挨个做完了,满心期待着外科医生给出答案。

可是,外科医生却颔首一笑说:"各位,恭喜你们通过了第一关测验。不幸的是,第二关你们都没通过,因为你们没注意到我舔的手指头,并不是我探入杯中的那根。"

故事中的学生有足够的勇气,却没有很好的观察能力。他们都被自己的眼睛骗了。之所以会出现这样的情况,就是因为他们忽略了"观察"的重要性。扪心自问:如果你是故事中的一名学生,你是否能顺利通过"第二关"的考验呢?

俄国伟大的生理学家巴甫洛夫在他实验室的建筑物上刻着:"观察、观察、再观察。"观察力是智力活动的源泉和门户,人们通过观察,获得大量的感性材料,获得有关事物的鲜明而具体的印象,经思维活动的加工、提炼,上升到理性认识,从而促进智力的发展。擦亮眼睛,用心去观察,带给你的将是"远近高低各不同"的别样风景。

真理往往为开放的心灵打开。人只有用自己的心去感悟,用自己的眼睛细细地观察,才能有真正的体悟。天大地大,气象万千,多观察世间万物,多留意身边的翠竹黄花,多体悟一切风云变幻,只要你有心,你就有可能从中体悟到妙不可言的韵味。

【点睛之笔】

细致的观察加积极的思维和敏锐的分析,能够让你对事物有更深层的理解，并且可以帮助你获得更多更实用的知识，得到更重要的发现。

6. 心中的良知

【原文】

庚辰往虔州，再见先生，问："近来功夫虽若稍知头脑，然难寻个稳当快乐处。"

先生曰："尔却去心上寻个天理，此正所谓理障①。此间有个诀窍。"

曰："请问如何?"

曰："只是'致知'。"

曰："如何致?"

曰："尔那一点良知，是尔自家底准则。尔意念着处，他是便知是，非便知非，更瞒他一些不得。尔只不要欺他，实实落落依着他做去，善便存，恶便去，他这里何等稳当快乐! 此便是'格物'的真诀、'致知'的实功。若不靠着这些真机，如何去'格物'? 我亦近年体贴出来如此分明，初犹疑只依他恐有不足，精细看，无些小欠缺。"

【注释】

①理障：佛教用语，即知障。意为把理看死了，理也会成为认识真理的障碍。《圆觉经》云："若诸众生永舍贪欲，先除事障，未断理障，但能悟入声闻缘觉，未能显住菩萨境界。"

【译文】

正德十五年（1520 年），九川再次看到了先生，问："最近我的功夫虽然能够掌握一些关键地方，但仍旧很难找到一个稳当快乐的所在。"

先生说："你正是要到心上去寻找天理，这便是所谓的'理障'。这里边有一个诀窍。"

九川问："是什么诀窍?"

先生说："只是一个'致知'。"

九川问："怎么去致呢?"

先生说："你心里的那一点良知，便是你自己的准则。你的意念所在之处，正确的就知道正确，错误的就知道错误，对它一丝一毫都隐瞒不得。你只需不去欺骗良知，切切实实地顺从良知去做，善便存养，恶便去除，这样何等稳当快乐！这就是'格物'的真正秘诀、'致知'的实在功夫。如果不凭借这些真机，如何去'格物'？我也是近几年才清楚明白地体会到这些，刚开始，我还怀疑，仅凭良知恐怕会有不足，但精细地看，就会发现并没有什么缺陷。"

【经典导读】

王阳明此时正式提出致良知的话头。他认为，无论多么复杂困难的问题，良知都知道何者为是、何者为非。如果将良知看作现成的知，这话肯定是错误的；但是如果把它看作无限的知的能力，这话便有相当的合理性。

孔子曾说："富而可求也，虽执鞭之士，吾亦为之；如不可求，从吾所好。"孔子所谓的求，不是"努力去做"的意思，而是"想办法"，如果是违反原则求来的，那是不可以的。孔子认为一个人做什么并不重要，关键在于他能否坚持自己内心的良知，一个品性正直的人，无论在什么时候，都不会违背自己的良知。

南宋奸臣秦桧以"莫须有"之罪害死岳飞，为世代百姓所痛恨。人们在位于杭州的岳王坟以铁铸成秦桧夫妇跪像，来表达对他们的愤恨。

后来有个姓秦的浙江巡抚，上任后见秦桧夫妇的跪像受辱，感到面目无光，想将铁像搬走。为免激起民愤，他命人在夜间偷偷把铁像搬走，扔进西湖。不料，次日湖水忽然散发出恶臭。由于岳王坟的奸像不翼而飞，百姓纷纷要求官府调查。不久，铁像竟然从湖底浮起。百姓将铁像捞起，放回岳王坟前，湖水又清澈如初，臭味全无了。百姓都认为是秦桧弄污了西湖。姓秦的巡抚见此情形，亦无可奈何。

秦桧遗臭万年，甚至后来有秦姓人做诗："人自宋后少名桧，我到坟前愧姓秦。"

人的名誉如同信用，一旦做了有损名誉的事，信用之塔就会开始崩塌，整个人生都会被抹上污痕，就像故事中的秦桧，害人亦害己，就连和他同姓的人都因与他同姓而倍感羞耻。若能以高尚的品德为人生的底色，保持着清白的良心屹立在天地间，才能无愧亦无憾。

阳明先生说："良知即是乐之本体。"良知就是我们自己的生活准则，人人心中有良知，这个良知要求我们有为有守，在任何事上都敢于坚持原则、择善固执。从这个角度来说，"为"与"不为"所说的正是人内心的良知与底

217

线。人做什么并不重要，关键在于他能否坚持自己的原则。

在美国南北战争的一场战役中，南方奴隶主率领的军队把萨姆特堡包围了。北方军队的一个陆军上校接到命令，让他保护军用的棉花，他接到命令后对他的长官说："我不会让一袋棉花丢失的。"

没过多久，美国北方一家棉纺厂的代表来拜访他，说："如果您手下留情，睁一眼闭一眼，您就将得到5000美元的酬劳。"

上校痛骂了那个人，把厂长和他的随从赶出去，说："你们怎么想出这么卑鄙的想法？前方的战士正在为你们拼命，为你们流血，你们却想拿走他们的生活必需品。赶快给我走开，不然我就要开枪了。"那个厂长见势不妙，就灰溜溜地逃走了。

战争为南北两地的交通运输带来了阻碍，许多南方农场主生产的棉花运不到北方，因此，又有一些需要棉花的北方人来拜访他，并且许诺给他1万美元的酬劳。

上校的儿子最近生了重病，已经花掉了家里的大部分积蓄，就在刚才他还收到妻子发来的电报，说家里已经快没钱付医疗费了，请他想想办法。上校知道这1万美元对于他来说就是儿子的生命，有了钱儿子就有救，可他还是像上次一样把贿赂他的人赶走了。因为他已经向上司保证过："不会让一袋棉花丢失。"

又过不久，第三拨人来了，这次给他的酬劳是2万美元。上校这一次没有骂他们，很平静地说："我的儿子正在发烧，烧得耳朵听不见了，我很想收这笔钱。但是我的良心告诉我，我不能收这笔钱，不能为了我的儿子害得十几万士兵在寒冷的冬天没有棉衣穿，没有被子盖。"

那些来贿赂他的人听了，对上校的品格非常敬佩，他们很惭愧地离开了上校的办公室。后来，上校找到他的上司，对上司说："我知道我应该遵守诺言，可是我儿子的病很需要钱，我现在的职位又受到很多诱惑，我怕我有一天把持不住自己，收了别人的钱。所以我请求辞职，请您派一个不急需钱的人来做这项工作。"

他的上司非常赞赏他诚实正直的品性，最终批准了他的辞职申请，并且帮助他筹措了资金来支付医药费。

面对如此的诱惑，陆军上校能始终坚持道义和良知，从他的身上我们看到了正义之光。君子身处世间，心中都应该有一个准则：天下事有的可为，有的不可为；有的应该做，有的不该做。

生活中，有很多"事后诸葛亮"——他们总是在作了一件事之后才明白或后悔自己的行为。为了避免自己这种情况的发生，我们就要以自己的良知为行事的准则，做每件事前都要慎重问问自己心中的良知。决不能为了自己的一时之勇，不计后果地去做一件事，否则就可能为自己的行为付出高昂的代价。

人生在世，每个人心中都应有一个行事准则，天下事有的应该做，有的则不应该做，一旦遇到违背良心与正义的事情，即使面对再大的诱惑，也应断然拒绝。该做的做，面对任何阻挠也一往无前；不该做的不做，面对再大的诱惑也永远拒绝良知的背叛。当然有所为，有所不为，也不可任意妄为，这样才能仰不愧天，俯不怍地，了无遗憾地走一生。

良知，是无愧人生的底色。谁愿意遗臭万年？想必只有那些没有良知、贪婪无耻之辈。而大多数人都想保持着清白的良心，屹立于天地间，问心无愧地过完此生，以求无憾。

【点睛之笔】

坚守自己的良知，宁可为正义穷困受苦，也不愿苟且现实，追求那些功名富贵，这就是圣人人格。

7. 胸怀自信圣心

【原文】

在虔与于中、谦之同侍。先生曰："人胸中各有个圣人，只自信不及，都自埋倒了。"因顾于中曰："尔胸中原是圣人。"

于中起，不敢当。

先生曰："此是尔自家有的，如何要推？"

于中又曰："不敢。"

先生曰："众人皆有之，况在于中？却何故谦起来？谦亦不得。"

于中乃笑受。

又论："良知在人，随你如何不能泯灭，虽盗贼亦自知不当为盗，唤他作贼，他还忸怩。"

于中曰："只是物欲遮蔽，良心在内，自不会失。如云自蔽日，日何尝失了？"

先生曰："于中如此聪明，他人见不及此。"

【译文】

在虔州的时候，九川与于中、谦之一同陪伴在先生左右。先生说："人的心里自然各有一个圣人存在，只是因为不够自信，便自己把圣人埋没了。"回头看着于中便说："你的心里原本也是圣人。"

于中连忙站起来说道："不敢当，不敢当。"

先生说："这是你本来就有的，为什么要推却？"

于中又说："不敢当。"

先生说："每个人都有，更何况你于中呢？可你为什么居然要谦让？谦让也是不对的。"

于中便笑着接受了。

先生又说："良知在人的心里，无论如何，都无法泯灭。即便是盗贼，他们也自己明白偷窃是不应该的，喊他是贼，他也会惭愧的。"

于中说："只是良知为物欲所蒙蔽，良知在人的心里，自然不会消失。就好比乌云遮蔽了太阳，但太阳何曾消失过。"

先生说："于中如此聪明，别人的见识可比不上他。"

【经典导读】

王阳明以"正心"、"诚意"来代替"格物"的观点，使许多学者仁人深受教益，但也遭到一些人的反对。这些人认为，王阳明的"格物"说只是些主观意念活动，只能称为"物格"，而不是探索客观事物的"格物"。并指责王阳明对《大学》"格物"的解释，即"使事物各得其正"和"为善去恶是格物"，违背了《大学》以三纲为主体，以八目为功夫的宗旨。

在本段中，阳明先生告诉于中他的胸中有个圣人，于中推辞，先生便鼓励他不要过谦要自信。可见自信在一个人生命中是非常重要的，人生需要自信。自信者，可望获得成功；不自信者，与成功无缘。

小泽征尔是世界著名的交响乐指挥家。在一次世界优秀指挥家大赛的决赛中，他按照评委会给的乐谱指挥演奏，敏锐地发现了不和谐的声音。起初，他以为是乐队演奏出了错误，就停下来重新演奏，但还是不对。他觉得是乐谱有问题。这时，在场的作曲家和评委会的权威人士坚持说乐谱绝对没有问题，是他错了。面对一大批音乐大师和权威人士，他思考再三，最后斩钉截铁地大声说："不！一定是乐谱错了！"话音刚落，评委席上的评委们立即站起来，报以热烈的掌声，祝贺他大赛夺魁。

原来，这是评委们精心设计的"圈套"，以此来检验指挥家在发现乐谱错误并遭到权威人士"否定"的情况下，能否坚持自己的正确主张。前两位参加决赛的指挥家虽然也发现了错误，但终因随声附和权威们的意见而被淘汰。小泽征尔却因充满自信而摘取了世界交响乐指挥家大赛的桂冠。

自信是人生成功的奠基石，人的成功之路必须踏着自信的石阶步步登高。有了自信，人才能达到自己所期望达到的境界，才能成为自己所希望成为的人，坚持自己所追求的信仰。信心使人充满前进的动力，它可以改变险恶的现状，达到令人满意的结果。

自信是生命的力量，是创业致富的根本。他不仅能使一个白手起家者成为富翁，还能使一个失败者在跌倒后重新爬起来创造新的辉煌。

美国商业巨子艾科卡在担任美国第二汽车公司福特公司总经理八年后，突然间被宣布解除职务，变成了一名失业者。尽管遭受了此番严厉的打击，艾科卡还是没有因此而丧失成就事业和创造财富的信心。年过半百的他，以坚毅的勇气和必胜的自信，决定破釜沉舟迎接挑战！他把一生中的所有积蓄作为赌注，毅然受聘于濒临破产的克莱斯勒汽车公司。在新的领导岗位上，必胜的信心使他成了该公司的救世主。五年后，他不仅还清了该公司的所有债务，而且还创造出了纯利润达二十四亿美元的纪录。

在艾科卡身上，自信让他在困境中挺拔不到，努力奋斗终至成功。如果他在被解雇后，对自己失去信心，那么他绝不可能重整旗鼓，创造出更辉煌的财富。

水滴虽小，足以穿石；蝼蚁卑微，却能溃堤。小的事物并不一定没有用，相反，有的时候小事物的威力巨大无穷。星星之火可以燎原，即是这个道理。因此，假如你是一个小人物，请不要自怨自艾，更不要感叹自己的渺小和不为人知，因为你有你的力量可以感动这个庞大的世界；假如你是一个举足轻重的人物，也不需要有所掩饰，不过是顺其自然表现自己而已。

希望尊贵，这是每个人所想的。人人都有自己可尊贵的东西，只是没有发现，不去思考它罢了。人既不能自持才高，目中无人，也千万不可妄自菲薄，总以为自己不如别人，于是自己看不起自己。寸有所长，尺有所短。千万不要一味羡慕别人而没有发现自己的长处。

当我们陷入困境，遭受挫折，遇到不幸的时候，更需要自信。相信自己，才能让自己的生活充满走下去的勇气。没有自信，人类将一事无成；没有自信，个人将毫无价值。只有充满信心的人才能永远站立不倒，不要对自己丧失信心，相信自己。从现在开始，自信起来，假如你本来就非常自信，那就再自信一点点，人生将会更加美好和成功。

【点睛之笔】

英国的罗伯脱·希里尔说过："对自己有信心，是所有其他信心当中最重要的部分。缺少了它，整个生命都会瘫痪。"

8. 良知乃人生指南针

【原文】

先生曰："这些子看得透彻，随他千言万语，是非诚伪，到前便明。合得的便是，合不得的便非，如佛家说心印①相似。真是个试金石、指南针。"

先生曰："人若知这良心诀窍，随他多少邪思枉念，这里一觉，都自消融。真个是灵丹一粒，点铁成金。②"

崇一曰："先生致知之旨发尽精蕴，看来这里再去不得。"

先生曰："何言之易也！再用功半年看如何？又用功一年看如何？功夫愈久，愈觉不同。此难口说。"

【注释】

①心印：佛教禅宗语。谓不用语言文字，直接以心相印证，以期顿悟。

②"灵丹"二句：语出《景德传灯录》"灵丹一粒，点铁成金；至理一言，点凡成圣"。

【译文】

先生说："把这些道理都理解透彻了，随便他万语千言，是非真伪，到眼前一看便会明白了。这和佛教所说的'心印'相似，符合的就正确，不符合的就错误，真是个试金石、指南针。"

先生说："如果人熟知这良知的诀窍，无论多少歪思邪念，良知一旦察觉，自然会把它们消融掉。就像是一颗灵丹，能够点铁成金。"

欧阳崇一说："先生已经把致良知的宗旨解说得淋漓尽致，看来在这个问题上，无法再进一步阐发。"

先生说："怎么说得这么随便？你再用半年的功夫，看看会怎么样？再用一年的功夫，看看又会如何？功夫用的时间越长，就越会感觉不相同。这种感觉难以言表！"

【经典导读】

阳明先生于 1520 年提出致良知，对于他来说，良知是道德觉悟，是不同于普通认知的直觉。王阳明认为良知能让人分辨是非，可谓人生的指南针。

的确，人生需要良知为其指南，有了良知为自己指明方向我们才有了奋斗的目标，这样的人生才有充实感。

孙子曾说，"将者，智、信、仁、勇、严也"，五个品德必须都具备，才能成为一名大将。古为今用，古代军事家的选才观、用人观对当今经商之人有很好的借鉴意义。"德"是创大业者做人兴事之本。具有"五德"不光是自己的内在修养，而且是良好声誉的最切实的外在体现。一个人的良知体现在他的人品上，在当今重视品德的社会里体现得尤为突出。

投机取巧，没有良知的人，肯定无法得到单位的重用。一个人的良知、品行胜于能力，人品就像一艘船的舵，控制着人生之船航行的方向。只有以良知作为自己人生的指南针，端端正正地走下去，才能以最快的速度到达心中想要的目标。

人生在世要先学会做人，这是自古不变的道理，只有先做人才能做大事，而做人就需要用良知为人生指明方向。先人孔子告诉我们"子欲为事，先为人圣"，"德才兼备，以德为首"，"德若水之源，才若水之波"。因此可见，中华民族历史来讲究做人的良知之理。

【点睛之笔】

面对世事的变幻莫测，唯良知可助你辨别真伪与是非；面对世间的技巧无穷，唯有良知可助你立德，立功，行走一生！

9. 用到实处方为学

【原文】

先生问："九川于'致知'之说，体验如何？"

九川曰："自觉不同。往时操持常不得个恰好处，此乃是恰好处。"

先生曰："可知是体来与听讲不同。我初与讲时，知尔只是忽易，未有滋味。只这个要妙，再体到深处，日见不同，是无穷尽的。"

又曰："此'致知'二字，真是个千古圣传之秘，见到这里，'百世以俟圣人而不惑'。"

【译文】

先生说："对于致知的学说，九川你体会得怎么样了？"

九川说："自己感觉与以往有所不同了。以往时常把握不到恰到好处的地方，而现在就能感觉到恰当的地方了。"

先生说："由此可见，体会得来的与听讲听到的就会有所不同。我最初给你讲解的时候，就知道你只是糊里糊涂的，没有真正体会到其中滋味。只要从这个恰到好处，再往深处体会，自然会日新月异，那是没有止境的。"

先生又说："这'致知'两字，真是个圣贤们千古流传的诀窍，理解了这个'致知'，就能够'百世以俟圣人而不惑'。"

【经典导读】

王阳明主张知行合一，认为知行的本体并不是先知后行或者可以将知与行分为两件完全不同的事来看待。在阳明先生看来，认识和实践是不可分割的一件事。读书的目的是知，而知的目的是行，所以读书必须用来指导行，是谓之"经世致用"。

读书是为了什么呢？是为了有丰富自己的知识后，用这些知识去认识世界，进而改变一些东西。现代社会需要的不是只会背书的读书人，需要的是从书本中得到知识来改变我们生活的人。晚清名臣曾国藩也特别注重"经世致用"，他强调将书上的学问运用到当官和做人当中去。

兵书上说"兵马未动，粮草先行"，两江总督曾国藩在带兵时十分注重筹饷工作。因此，湘军的饷银是当时最高的。这样一来，士兵自然愿意加入曾国藩的队伍。曾国藩是一个十分重视将学问用到实处的人。兵书上说治军要"上下同心"，曾国藩就注重对士兵们信念的培养，按照兵书上的说法，他把"湘军"打造成了上下齐心的军队。曾国藩的手下大多是流落民间的知识分子。这些人得到了曾国藩不遗余力的提拔和重用，因此形成了以曾国藩、胡林翼、左宗棠、李鸿章为首的"湘军"政治集团。曾国藩成为"湘军"政治集团的事业领袖和思想领袖。

读书使人知识丰富，眼光开阔。然而有些读书人会给人们留下呆板而木讷的印象，就是因为他们没能把死的知识用双手变成活的创造力。如果学问不能用来指导自己，我们就很难取得任何进步，这样的学习毫无意义可言！

由此可知，我们学习知识，不能只知学习，不知联系实际。要做到知行合一，经世致用。倘若埋头苦读若干年却不知道学来有何用，便容易失去继续求学的动力，无法树立人生的目标，难以明确前进的方向。

【点睛之笔】

求学说到底还是为了将学问用到实处。

10. 知之为不知之智

【原文】

九川问曰："伊川说到'体用一原，显微无间'处，门人已说是泄天机。①先生'致知'之说，莫亦泄天机太甚否？"

先生曰："圣人已指以示人，只为后人掩匿，我发明耳，何故说泄？此是人人自有的，觉来甚不打紧一般。然与不用实功人说，亦甚轻忽，可惜彼此无益。与实用功而不得其要者，提撕之，甚沛然得力。"

又曰："知来本无知，觉来本无觉，然不知则遂沦埋。"

【注释】

① "伊川"二句：语出《河南程氏外书》卷十二"和靖尝以《易传序》请问，曰：'至微者，理也。至著者，象也。体用一原，显微无间。莫不泄露天机否？'伊川曰：'如此分明说破，犹自人不解语。'"

【译文】

九川问："当程颐先生说到'体用一源，显微无间'的时候，这个弟子就已经说他是泄露天机了。那先生'致知'的学说，岂不是泄露了太多的天机了吗？"

先生说："圣人早就已经把致良知的学说告诉世人了，只是被后人遮蔽了，我只不过是让它重新显现出来罢了，怎么能说是泄露天机呢？良知是人人生来就具有的，只是觉察到了也觉得无关紧要。但如果我和那些不切实用功的人说这个，他们也只会轻视这个，这样对彼此都没有什么好处。如果和那些切实用功但还把握不住要领的人谈'致知'，他们就会感到受益匪浅。"

先生又说："知道了原本不知道的，觉察到了原本没有觉察到的。但是如果不知道，良知就随时会被淹埋。"

【经典导读】

王阳明看到，他的理论对于希望提高道德修养、扎实用功的人才是有用的，而对不想修养的人则毫无用处。他认为"知道了才发现本来无所谓知道，觉察到了才发现本来无所谓觉察到"。事实上，知识到达最高处即为"无知"，始终宁静，没有先入为主，没有绝对的肯定和否定，包容一切可得到的知识，对一切知识都存有质疑，这才是最高的学问境界。大智者总给人"若愚"的印象，也是同样的道理。

孔圣人就勇于承认自己的"不知"，他认为承认不知，是一种诚实。学问的最高境界是什么？是无所不知吗？或许我们能从下面的故事中找到答案。

希腊著名哲学家苏格拉底也是一位"无知"的智者，他说："你们把我看成有学问，真是笑话！我什么都不懂。"他曾经作过一个生动的比喻，他画了两个圆圈，一大一小。他对他的学生们说，大圆好比是他，小圆好比是某个学生，圆的面积代表知识，圆的周长代表与未知领域的接触，两圆之外的空白都是他们的无知面。圆的面积越大，相应的周长也越长，这就表明知识越丰富的人，他所不知道的东西就越多。苏格拉底一再宣称自己"毫无智慧"，同时又津津乐道于这样一个神谕，即当他向神殿提出"有什么人比我更贤明"时，得到的回答是"没有一个人比你更贤明"。

真正的学问到了最高处便是"无知"。把"不知"作为修身养性的人生准则，学问充实了以后，自己却感觉到空洞无知，这才是有学问的真正境界——无所不知而又一无所知。

人的"不知"是探索未知世界奥秘的动力。因为人若能时刻保持"无知"的精神状态，对求知的渴望就会更加强烈，所以才能不断有新的探索和发现，使自己从"不知"变为"知之"。当一个人清楚地知道自己"不知道什么"，才是真正的知道。每个希望自己不断进步的人都要记住这一点，在"不知"中寻求真知。

【点睛之笔】

正所谓"绝顶聪明绝顶痴"。

11. 宽待友人

【原文】

先生曰："大凡朋友，须箴规指摘处少，诱掖奖劝意多，方是。"

后又戒九川云："与朋友论学，须委曲谦下，宽以居之①。"

【注释】

①宽以居之：意为以宽厚的态度待人接物。语出《周易·乾卦·文言》"君子学以聚之，问以辩之，宽以居之，仁以行之"。

【译文】

先生又说："但凡朋友们相处，应该少一些规劝指摘、多一些奖励鼓舞，这样才对。"

后来先生又训诫九川说："与朋友讨论学问，应当委婉谦让，宽厚待人。"

【经典导读】

"与朋友论学，须委曲谦下，宽以居之"是王阳明论学的态度。阳明一贯强调朋友之间要相互谦下，这不仅仅是一种待人接物的策略，而是为人处世的本原之道。朋友之间原本互有长短，如不懂得宽容相待，而是自高自大，看不起他人，那么这样的人不但会失去朋友，也会失去进步的动力。

与人相处就要互相宽以待之，求大同存小异。有度量，能容人，你就会有许多朋友，反之，过分挑剔，对待他人的错误丝毫不宽容，他人便会躲得你远远的，最后你只能关起门来"称孤道寡"，成为使人避之唯恐不及的异己。

"金无足赤，人无完人。"生活中，每个人都会做错事。因此，当我们面对他人那些不违反原则、不失大雅、无关紧要的小错误时，我们应该给别人一个机会，给别人一个面子，给别人一个自尊。那么别人会感激我们的理解、包容、大度，从而会使他记住这次的教训，改进提高自己的能力素质，避免出现类似的错误，也会加深人们之间的情谊。由此也会更加体现我们的心胸宽阔、坦荡容人的博大的胸怀。否则，不给他人面子，让别人在公共场合下不了台，那就是做人的最大失败了。

《国语》中记载了这样一个故事：

一次，鲁国大夫公父文伯宴请南公敬叔时，以年高德劭的露睹父为上宾。然而，在上菜的时候，放在露睹父面前的一只鳖，不知怎么，竟比别的客人的鳖小了些。要知道，在极其讲究礼仪和尊卑的古代，把最大的甲鱼给上宾以示尊崇是基本的礼仪，否则就是轻慢无礼。露睹父看着四周的鳖都比自己的大，大为恼火，在众宾客面前大声说："等这只鳖长大以后再吃罢!"说完便拂袖而去，搞得公父文伯十分尴尬，好好的宴会不欢而散。

在众目睽睽之下，露睹父为了一只鳖的大小，直接翻脸走人，真是太不给公父文伯的面子了，这样就在两人的关系中竖起一面无形的墙，彼此生疏、甚至相互仇视起来。生活中，每个人身边的很多事情，其实都可大可小、可有可无，身边的每个人的身上也总有几处污点，如果吹毛求疵，总是盯着那些地方看，势必会让我们的心中充满了怨气，而且还会阻碍我们自身的提高。而换种方式去了解、包容，反而会同时给双方提供更大的提升空间。

古今中外，凡有所成就者都具有一种优秀的品质，他们能宽待友人，能容友人的与众不同；他们胸怀豁达而不拘小节，从不斤斤计较。

钱明有一位非常古怪的朋友老王，平时大家聚会，他都不来参加，而且从来都只有钱明主动联系他，而他似乎从来不联系任何人。大家都知道钱明喜欢结交热情开朗的朋友，所以对他有这么一位孤僻的朋友感到很奇怪。一次，小李问钱明："老王那个人很特别啊，别人都不和他来往，怎么就你贴上去呢?"钱明笑着回答说："那是你们都不了解情况，像咱们这种凡夫俗子每天都奔着钱生活，老王不同，自己做了一些专利发明，每年都资助好几名贫困学生，所以说有个性的人总有可爱之处!"

老王在钱明的生活中是一个不同的亮点，如果我们每个人的生活圈中都只有和其他朋友同质的朋友，那么自己的生活也就像死水一般了。

在生活中，每一个人都拥有自己的生活习惯和思维方式，当然我们无法保证所有的思维和习惯都是对的，但是我们应该用谅解和宽容去面对朋友的习惯和个性。若朋友未能满足自己的需求或有什么过错或做了对不起自己的事情，切不可怀恨在心。因为怨恨不仅会加深朋友间的误会，影响友情，而且会扰乱正常的思维，引起急躁情绪。凡事要站在朋友的角度想想，这样或许能够理解朋友的所作所为。

真正的谅解是从内心里不计较。对朋友宽以待之，需要真诚地接受，需要有退一步海阔天空的胸怀。学会了宽待朋友，你才会真正明白什么叫"反观自己难全是，细论人家未尽非"。学会了宽待朋友，你才能真正享受到"处处绿杨堪系马，家家有路到长安"的潇洒。

【点睛之笔】

做一个宽宏的人，假装看不见生活中一些疏漏，并设法往好处看，我们的心中就自然会充满喜乐和完满。

12. 身心愉悦亦功夫

【原文】

九川卧病虔州。

先生云："病物亦难格，觉得如何？"

对曰："功夫甚难。"

先生曰："常快活，便是功夫。"

【译文】

九川在虔州病倒了。

先生说："疾病作为一个'物'，很难去'格'，你觉得呢？"

九川说："这个功夫实在很难。"

先生说："常常有快活的心态，那就是功夫。"

【经典导读】

对于病的不正确态度往往是愁苦悲观，陈九川想必也是这样。王阳明教他"格病物"的方法是"常快活"，就是要他持乐观态度。乐观无论在生理上或心理上都是积极的，是战胜病魔提高思想境界的有力武器。

日常生活中，我们都希冀全世界都要绕着我们转，唯有如此才觉得是理所应当。殊不知，这份"希冀"已让我们在不经意间丢掉了自己心中的愉悦与充实。长此以往，我们会发现生活中似乎已经没有什么值得我们开心的事情，也难以找到值得我们身心愉悦的事情了。

其实，人生快乐就在你自己身上，这不是遥远的虚无的，而正是每个人实实在在的活动。

只要你使自己经常保持心情的愉快，你的人生就会充满和谐与光明。

　　有一个企业老总，辛辛苦苦创下了国内的龙头产业，却因为身体状况不得不停下工作，修养身体。在修养的时候，他的妻子死了，对自己的健康状况变得非常担忧，因为家中已经有好几个人死于瘫痪性中风，因此他认定他必会死于同样的症状，所以一直在这种阴影下极度恐慌地生活着。

　　为了摆脱这种烦恼，他经常去找云崖禅师下棋，悟禅。

　　一天，他与云崖禅师下棋，突然手垂了下来，整个人看上去非常虚弱，脸色发白，呼吸沉重，云崖禅师关切地问道："怎么了？"

　　"最后它还是来了，"老总乏力地说，"我得了中风，我的整个右侧瘫痪了。"

　　"你是怎么知道的呢？"云崖禅师问道。

　　"因为，"老总答道，"刚才我在右腿上捏了几次，但是一点感觉也没有。"

　　"可是，"云崖禅师笑道，"你刚刚捏的是我的腿啊！"

　　很多人身体不舒服时，就老怀疑自己得了病，整天陷入恐慌之中。其实，大多时候，这只是些小病或者根本没有病，只不过是心病而已。心病还需心药医，不要猜疑自己的健康，要保持阳光的心态，心病自然就会消除。

　　人活得快乐与否，不是取决于外在客观条件，而是取决于内在心理变化的历程。能否保持愉悦的身心，全凭自己的意念决定。

　　有一位禅师非常喜爱兰花，除了平日讲经弘扬佛法之外，他几乎把剩下的时间都花在了栽种兰花上。有一天，他要外出云游，临行前交代弟子：要好好照顾寺里的兰花。

　　在这段时间，弟子们总是细心照顾兰花，但有一天在浇水时却不小心将兰花架碰倒了，所有的兰花盆都摔碎了，兰花散了满地。弟子们都因此非常恐慌，打算等师父回来后，向师父赔罪领罚。

　　禅师回来了，闻知此事，便召集弟子们，不但没有责怪，反而说道："我种兰花，一来是希望用来供佛，二来也是为了美化寺里环境，不是为了生气而种兰花的。"

　　禅师说得好："不是为了生气而种兰花的。"而禅师之所以看得开，是因为他虽然喜欢兰花，但心中却无兰花这个挂碍。因此，兰花的得失，并不影响他心中的喜怒。

　　在日常生活中，我们牵挂的太多，我们在意的太多，所以我们的情绪起伏不定，无法体会人生真正的快乐其实我们都忽略了，我们应在保持身心愉悦上下点功夫。

　　一般来说，一个能保持身心愉悦的人，都具备乐观开朗的性格，他的人生态度是积极的，不管在工作中还是在生活上，都能很好地完成任务。人们在愉悦的身心状态下自己的潜力能得到最好的发挥，因此人们在这段时间里自我价值的实现也相对比较多。自我价值实现得越多，自我肯定的成就感也就越多，这样就能拥有一个好的心情，形成一个良性循环。既然世界的变化完全是由自己的感觉来决定的，那么，何不让自己永远保持身心的愉悦呢？

　　人生就是一次奇异的探险，世界的色彩可以由自己亲手把握，要让自己时时保持愉悦的身心状态，因为你拥有什么样的身心状态，世界就会向你呈现什么样的颜色。

　　保持愉悦的身心状态，别让悲观、消极挡住了生命的阳光，当你的心情愉悦的时候，你的世界便是一片晴天。

【点睛之笔】

　　保持身心愉悦会创造成功的人生，身心愉悦温暖整个生命。

黄直①录

1. 心就是天

【原文】

黄以方问："先生格致之说，随时格物以致其知，则知是一节之知，非全体之知也。何以到得'溥博如天，渊泉如渊'②地位?"

先生曰："人心是天、渊。心之本体，无所不该，原是一个天。只为私欲障碍，则天之本体失了。心之理无穷尽，原是一个渊，只为私欲窒塞，则渊之本体失了。如今念念致良知，将此障碍窒塞一齐去尽，则本体已复，便是天、渊了。"

乃指天以示之曰："比如面前见天，是昭昭之天；四外见天，也只是昭昭之天，只为许多房子墙壁遮蔽，便不见天之全体，若撤去房子墙壁，总是一个天矣。不可道眼前天是昭昭之天，外面又不是昭昭之天也。于此便见一节之知即全体之知，全体之知即一节之知，总是一个本体。"

【注释】

①黄直：字以方，江西金溪人，进士，王阳明弟子。曾以抗疏论救下狱，出狱后安贫乐道。

②溥博如天，渊泉如渊：语出《中庸》"夫焉有所倚？肫肫其仁，渊渊其渊，浩浩其天！"

【译文】

黄以方问先生："关于先生'格物致知'的学说，是随时格物来致良知，那么这个良知就只是良知的一部分，而不是良知的全体，这怎么能够达到'溥博如天，渊泉如渊'的地步呢？"

先生说："人心是天，是深渊。心的本体，无所不包，原本就是一个天，只是因为被私欲蒙蔽，天的本来面目就迷失了。心中的理是无穷无尽的，原本就是一个深渊，只因为被私欲阻塞，深渊的本来面目也就迷失了。如今心心念念都是致良知，将这些蒙蔽、阻塞都全部除去，那样本体才能恢复，就又是天和深渊了。"

先生指着天告诉他说："比如现在面前的天，是光明晴朗的天。而四方之外的天，也会是光明晴朗的天，只是被许多房子和墙壁遮挡住了，就不能看到天的全部，如果撤去了房子和墙壁，总还是那一个天。不能说在我们面前的天就是光明晴朗的天，而外面的天就不是光明晴朗的。由此可见，部分的良知便是全体的良知，而全体的良知也就是部分的良知，都是同一个本体罢了。"

【经典导读】

王阳明的"致良知"，也就是去除私欲的障碍窒塞时，将具体的道德行为嵌入到人心意念的深处，把"心"作为自觉的意志能力，以此确立其"知行合一"的根本论点。人心之本体，在不为私欲蒙蔽时，知行是一回事。知行不合一也是由于知行的本体被私欲隔断。王阳明认为人心就是天，就是深渊。其实不正是说明了，人之所以为人，因有人心吗？

有一次，石屋和尚和一个偶遇的青年男子结伴同行，天黑了，那个男子邀请石屋和尚去他家过夜，便说道："天色已晚，不如在我家过夜，明日一早再行赶路？"

石屋和尚向他道谢，与他一同来到了他家。半夜的时候，石屋和尚听见有人蹑手蹑脚地来到了他的屋子里，石屋和尚大喝一声："谁？"

那人被吓得跪在地上，石屋和尚揭去他脸上蒙着的黑布一看，原来是白天和他同行的青年男子。

"怎么是你？哦，我知道了，原来你留我过夜是为了钱财！我没有多少钱，你要干就去干大买卖！"

那男子说道："原来是同道中人！你能教我怎么干大买卖吗？"他态度是恳切、虔诚。

石屋和尚看他这样，慢腾腾地说道："可惜呀！你放着终生享用不尽的东西不去学，却来做这样的小买卖。这种终生享用不尽的东西，你想要吗？"

"这种终生享用不尽的东西在哪里？"

石屋和尚突然紧紧抓住男子的衣襟，厉声喝道："它就在你的怀里，你却不知道，身怀宝藏却自甘堕落，枉费了父母给你的身子！"

一语惊醒梦中人，这个人从此改邪归正。

每一个人在他的生命之中，总会失去一些东西，例如权势和金钱，但是总有一种东西是始终伴随我们的，那就是我们的自性。

每个人都有自性，也就是自己的本心。真正的自性是不生不灭的，这个自性是空性，空性必须要无我才能达到。当我们修炼到一个无我的境界，就得到一个智慧，就是唯识中所讲的平等性智。无我就无人，无人就无他，无众生相，无烦恼，无一切，等等。一切皆空，即无众生之相。

然而在我们的个人生活中，世间众生总是智慧颠倒。我们会用生命的大部分心力追求金钱、权势地位以及物质享受，却单单忘了真正能和我们永远在一起，并被我们带到另一个世界的只有我们的自性和本真。所以如果我们想过自己喜欢的生活，就必须先真正看清自己，看清自己的本来面目，看清我们心里真正想要的未来，只有这样我们才能充满自信和活力地去生活，去奋斗，也只有这样的人生才不是违背本心的人生。所以少花些心力逐名利，多花些时间和自己交谈，才不会给自己留有遗憾。

人人都有自己的良知，而古圣先贤只在自己内心求道，使得修心养性的能力超人。可惜很多人不自知不自修，抛却自家无尽宝藏。做事做学问的人更要以不自夸不自满为戒，不能只追求形式上的完美而忽视实质上的成效；不能妄想走捷径，搞短、频、快，而忽视扎实刻苦的基础；不能总想着外力作用，而忘却自身努力的重要性。

你的心就是那你的天，心中不想太多，不要对世界苛求太多，你的心就是你的天，守住自己的心，让自己处于一种无可无不可的快乐无忧的境界。我们渴望成功，但要知道，真正的成功是在虔诚的心灵指引下取得的成功，这样的成功才深沉而有价值。

【点睛之笔】

有"心"之人，可以让心里的莲花开遍时时处处。

2. 乐以忘忧就不苦

【原文】

先生曰："圣贤非无功业气节，但其循着这天理，则便是道。不可以事功气节名矣。"

"'发愤忘食'①是圣人之志如此，真无有已时；'乐以忘忧'是圣人之道如此，真无有戚时。恐不必云得不得也②。"

【注释】

①发愤忘食：语出《论语·述而》。

②恐不必云得不得也：语出朱熹《论语集注》。

【译文】

先生说："圣贤不是没有功业和气节，只是他们能够遵循这个天理，这就是道。圣贤不可凭着功业气节求名声。"

先生说："'发愤忘食'，因为圣人的志向本来就是这样，真的没有尽头；'乐以忘忧'，也因为圣人的道本是这样，真的不会有悲伤的时候。不必说什么'得'和'不得'的。"

【经典导读】

王阳明认为发愤忘食是圣人一贯之志，乐而忘忧是圣人一贯之道，从来如此，不因得与不得而有不同。圣人"发愤忘食"、"乐以忘忧"，从发用上看，只是一种品行，从本体上看，这种品行并非做作，亦非勉强而为之，更非他人强令其而为之，这是圣人"良知"的表现，有良知即为有道，道在心中，忧可以转化为乐，苦可以转化为甘，祸可以转化为福。这就是圣人遵循天理的缘故。

历史上以苦为乐最典型的人物便是孔子的弟子颜回。孔子曾说："贤哉！回也！一箪食，一瓢饮，在陋巷，人不堪其忧，回也不改其乐。贤哉！回也！"颜回的物质生活很匮乏，但是，由于他通过道德修养而达到了一种极高的人生境界，所以能充分体会人生的乐趣而没有烦恼和忧愁。

在激烈竞争的市场环境中，"乐以忘忧"是每一个人保持充沛的精力与昂扬的斗志必须具备的一种修养。

人生真正的苦痛往往是来自精神上的。当一个人看透生死离别，不再抗拒无常，亦不再执着于情爱，我们眼中的物质上的痛苦，对他而言又怎能算得上苦呢？

做事不宜提倡形式主义，关键是思想上要达到忘我之境。栽花种竹、闲云野鹤的生活可以忘我，可以隔去人世间许多烦恼；谈书论道潜心研究学问，也可使一个人完全进入忘我状态，孔子说："发愤忘食，乐以忘忧，不知老之将至。"人之忘我境界，不能以形式而论，要从本质上看。

现实生活中，很多情况下，人们都是难以做到无欲无求的，但是，争名之心、夺利之行却往往并不能给人们带来真正的名与利，只会给人徒增烦恼。

235

有一个青年苦于现实生活的郁闷、惆怅，情绪非常低迷，于是便到庙里走一走。

到了寺院，但见寺庙里香客不断，檀香馥郁。再看香客们的脸，一张张都写满坦然、安详、幸福，他有些迷惑：莫非佛门真乃净地，果真能净化众生的心灵？流连寺院中，但见一位在枯树下潜心打坐的佛门老者，那入迷之态止住了他的脚步。走近细看，老者那面露慈祥却心纳天下的表情强烈地震撼了他——原来一个人能超然物外地活着是多么美好！

他悄然坐在了老者身边，请求老者开示。他向老者谈了他心中的苦痛，然后问："为什么现代人之间钩心斗角，纷争不已？"

老者拈须而笑，铿锵而悠长地说："我送你一句佛语吧。"老者一字一顿说的是："爱出者爱返，福往者福来！"

青年幡然醒悟！听佛门一偈语，胜读十年书啊！如果芸芸众生都能明白这个道理，这个世界岂不成了人间净土，又何来那么多的失意、忧烦、痛苦啊？

故事中的青年因为现代人之间的钩心斗角而迷惑不已，"爱出者爱返，福往者福来"这句话不仅解开了这个青年的心头疑团，也给现实中的人们些许启发。获取快乐，回归平和的心境没有什么秘方，一切都在于人们的内心。

心灵空虚、贪欲满腹之人，即使家财万贯，也未必能够快乐，因为他们不懂知足常乐；只有当他们舍弃了欲望，懂得贫富皆是福，才能摆脱痛苦的泥淖，享受生命的自在与欢乐。如果人们能够无欲无求，看淡名利，那么世上争名夺利之人自然渐少，世人争名夺利之心也自然渐淡；如果人们能够以爱己之心爱人，那么恶念自然无处遁形，恶隐善彰，天下太平。

【点睛之笔】

我们可能会遇到各种各样的麻烦，但仍要学会身处困境不忘微笑，"乐以忘忧"，得苦不入心，才是真正的人生智慧。而想做到这一点，就要学会承受苦，享受苦。

3. 放低姿态

【原文】

先生曰:"我辈'致知',只是各随分限所及。今日良知见在如此,只随今日所知扩充到底;明日良知又有开悟,便从明日所知扩充到底。如此方是'精一'功夫。与人论学,亦须随人分限所及。如树有这些萌芽,只把这些水去灌溉,萌芽再长,便又加水,自拱把以至合抱,灌溉之功皆是随其分限所及。若些小萌芽,有一桶水在,尽要倾上,便浸坏他了。"

【译文】

先生说:"我们这些人做致良知的功夫,也只是各自随自己的能力尽力而为。今天认识良知到了这个地步,便根据今天的认识延伸到底;等明日良知又有新的领悟,那么就根据明日的认识延伸到底。这样才是'精一'的功夫。和别人探讨学问,也需要根据对方的能力所及。就像是树苗,萌芽的时候,只能用一点水去浇灌。等到再长一点,就再加大适当的水量,等树长到了两手合抱或者两臂合抱,浇的水量都需根据树的发育情况来定。如果只是些刚萌芽的小树苗,就把一桶水全都倒上去,就会把它们淹死了。"

【经典导读】

王阳明在这里阐释的是一个"致知"必须循序渐进的问题。良知在具体时间条件下是各有分限的,又是可以不断开悟的。这就是说在具体的时间里,良知不一定能够"是便知是,非便知非"。但是经过学习、实践、体验,它有可能逐步提高知的能力,扩大知的范围。在日常生活中,我们做任何事都不能急于求成,先将自己的姿态放低,慢慢地依序而来才能顺利到达成功的彼岸。

放低姿态,不是让你低声下气、奉承谄媚,而是一种谦谨的人生态度。其实,我们最缺少的就是把自己看低些,这并不是看不起自己,而是一种谦谨为人的处世态度,它所折射的正是一颗光明磊落的心。将自己放低的人总是很知足,对获得的成功珍惜有加。一个身居高位仍然能放低自己的人,他将不会专横和贪婪,从而展示出自己的君子风度,使自己充满亲和力。当你从困境中走出来时，就会发现，看低自己是一种多么难得的超凡脱俗、淡泊平和。

一位计算机博士在美国找工作，他奔波多日却一无所获。无可奈何，他来到一家职业介绍所，没出示任何学位证件，以最低的身份作了登记。

很快他被一家公司录用了，职位是程序输入员。不久，老板发现这个小伙子的能力非一般程序输入员可比。此时，他亮出了学士证书，老板给他换了合适的职位。

又过了一段时间，老板发觉这位小伙子能提出许多有独特见解的建议，其本领远比一般大学生高明。此时，他亮出了硕士证书，老板立刻提拔了他。

又过去了半年，老板发觉他能解决实际工作中遇到的所有难题，在老板反复盘问下，他才承认自己是计算机博士，因为工作难找，就把博士学位瞒了下来。第二天一上班，他还未出示博士证书，老板已宣布他就任公司副总裁。

想要长立于天地之间，就要懂得放低姿态。科学巨人牛顿曾谦卑地说过"我只是一个在海边玩耍的孩子，有幸捡到了五彩的贝壳。我的成功是我有幸踩在了巨人的肩膀之上。"如此的一位伟人竟能这般渺小地看待自己，放低了自己的姿态，也正因如此他创造了科学的奇迹。

我们在说话时也应该注意放低自己的姿态，这样的讲话方式更容易使彼此的谈话处在一种和谐的氛围里。

美国有位总统，在庆祝自己连任时开放白宫，与一百多位朋友亲切"会谈"。

"小时候哪一门功课最糟糕，是不是也挨老师的批评？"小约翰问总统。"我的品德课不怎么好，因为我特别爱讲话，常常干扰别人学习。老师当然要经常批评的。"总统告诉他说。

总统的回答，使现场气氛非常活跃。

后来有一位叫玛丽的女孩，她来自芝加哥的贫民区。她对总统说，她每天上学都很害怕，因为她害怕路上遇到坏人。

此时，总统收起笑容，严肃地说："我知道现在小朋友过的日子不是特别如意，因为有关毒品、枪支和绑架的问题，政府处理得不理想，我希望你好好学习，将来有机会参与到国家的正义事业之中。也只有我们联合起来和坏人作斗争，我们的生活才会更美好。"

这位总统紧紧抓住了小朋友的心，使小朋友在心里面认为总统和他们是好朋友。即使场外的大人们看到这样的对话场面，也会感到总统是一个亲切的人。

总统告诉小朋友们，自己的过去和他们一样，也常被老师批评，但只要经过自己的努力，也会成长为有用的人。总统在认同小朋友对社会治安担心时，还鼓励小朋友参与正义事业，因为那样正义者的力量会更大。

总统放低姿态的谈话方式使小朋友们发现，总统和他们之间没有任何距离，也像他们一样是普通人，是可亲近的、可以信赖的"大朋友"。

大人物和普通人说话时放低姿态，不仅拉近了双方的距离，而且更容易沟通，也让自己在潜移默化中走进了对方的心里，让对方在心理上更容易的接受自己。

放低姿态前行能给人高品位的精神享受，然而一开始就以高傲的姿态展示自己，是现代人的通病。在这个世界上，我们都在为自己的成功拼搏，都想站上成功的巅峰上俯瞰天下。但是成功不是一路的狂傲向前，每个人都应该放低姿态，不断学习，不断地进步。无论何时，人生之路都没有捷径可走，没有人能够岿然不动地傲立顶峰。只有撇开那颗"高高在上"的心，将自己放低，慢慢地循序而行，才能在求知的路上不断前行。

【点睛之笔】

看低自己是对人的真实本性的理解和把握，是对人性的和历史的继承和超越。放低自己，就能宽容他人的缺陷和过错，看到更多的精彩，使自己在和谐的心态中生活。

4. 不知就要问

【原文】

问知行合一。

先生曰："此须识我立言宗旨。今人学问，只因知行分作两件，故有一念发动，虽是不善，然却未曾行，便不去禁止。我今说个知行合一，正要人晓得一念发动处便即是行了。发动处有不善，就将这不善的念克倒了，须要彻根彻底，不使那一念不善潜伏在胸中。此是我立言宗旨。

"圣人无所不知，只是知个天理；无所不能，只是能个天理。圣人本体明白，故事事知个天理所在，便去尽个天理。不是本体明后，却于天下事物都便知得，便做得来也。天下事物，如名物度数、草木鸟兽之类，不胜其烦，圣人须是本体明了，亦何缘能尽知得？但不必知的，圣人自不消求知；其所当知的，圣人自能问人，如'子入太庙每事问'①之类。先儒谓'虽知亦问，敬谨之至'②，此说不可通。圣人于礼乐名物不必尽知，然他知得一个天理，便自有许多节文度数出来。不知能问，亦即是天理节文所在。"

【注释】

①子入太庙每事问：语出《论语·八佾》。

②"虽知"二句：语出朱熹《论语集注》引伊和靖之语"礼者，敬而已矣。虽知亦问，谨之至也"。

【译文】

有人问知行合一。

先生说："这必须知道我的立论的主旨。如今人们做学问，因为把知与行分而为二，所以虽然有不善的念头萌发，如果还没有不善的行动，便不去禁止。我如今提出'知行合一'的论说，就是要让人们晓得只需有念头的萌发了，那就相当于做了。不善的念头萌动了，就把这个不善的念头克制住，必须要彻底地连根拔起，不让它潜留在心里。这就是我立论的主旨。"

先生又说："圣人无所不知，也只是知道一个天理；圣人无所不能，也只是能做到一个天理。圣人的本体清澈明白，所以事事都知道它的天理所在，只去尽一个天理就行了。而不是在本体变得清澈明白之后，才知道了天下的事物，才能做到。天下的事物，比如名物度数、草木鸟兽等等，不计其数，圣人即使是本体明澈了，也不可能什么都知道。但凡是那些不需要知道的，圣人自然不必去弄明白；而那些应当知道的，圣人自然就能够去向别人询问，就像'子入太庙每事问'这种。先儒们说'孔子虽然知道了还问，真是非常恭敬谨慎了'，此种说法不全对。圣人对于礼乐名物，不必全都懂得，然而他知道一个天理，就自然会明白许多规矩礼节。不知道便问，也是规矩法度的其中一个。"

【经典导读】

王阳明心目中的圣人只是"知个天理，能个天理"，也就是有高度的道德自觉的人，而不像过去所理解的无所不能的人。天下有许多具体的事情圣人不知道，不了解，但只要有必要，他都应该也能够去认识和理解。阳明学并不排斥具体知识，它强调的是这一切都要有一个大头脑来统率，遇到不明白，不了解的东西要善于提问。

圣人无所不知，是指圣人知天理，而世界万事万物只是一个天理。但这并不是说圣人是一部囊括一切知识的百科全书，而是说圣人知道自己该做什么，不该做什么。对于一件他不知道的事情，如果需要的话，圣人自然会去孜孜以求。就像孔子入太庙那样，每事必问。

明代方以智在《东西均·疑何疑篇》说："善疑者，不疑人之所疑，而疑人之所不疑。"

不知就要问，遇到了不明白的事就勇于向人求教，由不知到知，知的事情多了，我们的水平也就得到了提高。

孔子是一位博学多才的伟大教育家，但他的学识并非与生俱来，他"每事问"的习惯值得我们每个人学习。

有一次，孔子奉命到鲁国太庙参加各国国君祭祀祖先的典礼。这一行他是干过的，传授礼乐又是他办教育的重要内容，可以说他对那套礼乐仪式是轻车熟路的。

孔子到了周公庙，每件事都要问一问。有人便说："孰谓鄹人之子知礼乎？入太庙，每事问。"

鄹人之子就是指孔子，鄹又作陬，地名，是孔子的出生地。

孔子听说后说道："这正是礼啊。"

"君子好问"就是从这个故事来的。它的意思是，对于自己不知，不懂，不明白的每件事情都要问个明白。不懂就要问，然而生活中，很多人为了所谓的"博学面子"不懂装懂，闹出了很多笑话。

一个博士被分到一家研究所，在那里，他学历最高。

有一天，他到单位后面的小池塘钓鱼，正好正副所长在他两旁，也在钓鱼。他只是微微点了点头，这两个本科生，有啥好聊的呢？

不一会儿，正所长放下渔竿，伸伸懒腰，"噌、噌、噌"从水面上如飞地走到对面上厕所。博士眼珠瞪得都快掉下来了。水上漂？不会吧？这可是一个池塘啊。

正所长上完厕所回来的时候，同样也是"噌、噌、噌"从水上飘回来了。怎么回事？博士生又不好去问，自己是博士生啊！

过了一会儿，副所长也站起来，走几步，"噌、噌、噌"飘过水面上厕所去了。这下子博士更是差点昏倒：不会吧？到了一个江湖高手云集的地方？

博士生也内急了。这个池塘两边有围墙，要到对面上厕所非得绕 10 分钟的路，而回单位又太远，怎么办？

博士生也不愿意去问两位所长，憋了半天后，起身往水里跨：我就不信本科生能过的水面，我博士生不能过。只听"咚"的一声，博士生栽到了水里。

两位所长将他拉了出来，问他为什么要下水，他问："为什么你们可以走过去呢？"

两所长相视一笑："这池塘里有两排木桩子，由于这两天下雨涨水正好在水面下。我们都知道这木桩的位置，所以可以踩着桩子过去。你怎么不问一声呢？"

博士把学历看得高过一切，他甚至以为学历高的自己是无所不能的，不愿意问清楚两所长"水上漂"原因，所以才在两位学历比自己低的人面前闹了笑话。

中国有句话，叫"敏而好学，不耻下问"，意思是说不懂就要问，不以向不如自己的人问问题为耻。

世界之大，无所不有。我们不可能对一切都尽知熟知，有所不知是人之常情，面对不知每个人都应该坦然释之。遇事不要不懂装懂，不懂就要问。在求学的路上，学了就要会，不要一知半解，糊里糊涂，不懂就是不懂，大胆说出来，一定弄个明明白白。

总之，要毫不隐讳地去问，不知就要问。

【点睛之笔】

不懂装懂，糊涂做人，必然会闹笑话。

5. 善固性也

【原文】

问："先生尝谓'善恶只是一物'。善恶两端，如冰炭相反，如何谓只一物？"

先生曰："至善者，心之本体。本体上才过当些子，便是恶了。不是有一个善，却又有一个恶来相对也。故善恶只是一物。"

直因闻先生之说，则知程子所谓"善固性也，恶亦不可不谓之性"①。又曰："善恶皆天理，谓之恶者本非恶，但于本性上过与不及之间耳"②。其说皆无可疑。

【注释】

① "善固性也"二句：程颢语，语出《河南程氏遗书》卷一。

② "善恶皆天理"三句：程颢语，语出《河南程氏遗书》卷二"天下善恶皆天理，谓之恶者本非恶，但或过与不及，便如此"。意为善与恶都是天理，所谓的恶，本身并不是恶，只是对于天理来说，表现得过分或不足罢了。

【译文】

黄直问："先生曾说'善恶只是一个事物'。善和恶，就像冰和炭一样互相对立，怎么能把它们一同说成是一个事物呢？"

先生说："最高境界的善，就是心的本体。本体上刚有一点过错，便成了恶了。而并非有了一个善，又还有一个恶来和它相对应，所以善恶是一个事物。"

因为听了先生的学说，黄直终于明白了程颢先生所说的"善固性也，恶亦不可不谓之性。"及"善恶皆天理，谓之恶者本非恶，但于本性上过与不及之间耳。"这两句话的含义。之后黄直对这些话就不再有疑惑了。

【经典导读】

王阳明认为心之本体原无善恶，善与恶本不是客观本体的表现。违背本体，就产生憎嫌之情，于是有了恶；顺符本体，就产生仁爱，仁爱之心即为善。其实每个人心中的善就存在于他的日常行为当中，善对于任何人来说都是一件平常的事。

善是人性中固有的一种美德。善行既可以帮助身处困境中的人，又可以使自己的心灵得到安慰，使自己的修养得到提升。

一位名叫冕的大乐师来看孔子。古代的乐师，多半是瞎子，孔子出来接他，扶着他，快要上台阶时，告诉他这里是台阶了。到了席位时，孔子又说这里是席位了，请坐吧。等大家坐下来，孔子就说某先生在你左边，某先生在你对面，一一详细地告诉他。

等冕走了，子张就问，老师，你待他的规矩这样多，处处都要讲一声，待乐师之道，就要这样吗？孔子说，当然要这样，我们不但是对他的官位要如此；对这样眼睛看不见的人，在我们做人做事的态度上，都应该这样接待他。

孔子心中的善意，不用言表，信手做来，在他而言，既是帮助看不见的乐师，也是一件非常快乐的事情。慈悲不是出于勉强，它是像甘露一样从天上降下尘世，它不但给幸福于受施的人，也同样给幸福于给予的人。

有位刚刚退休的资深医生，称得上是看病的专家了。为了培养出一名得意弟子，他便与自己的得力助手分开看诊。一段时间后，专家发现指明挂号让年轻医生看诊的病患者比例明显增加。专家心想："为什么大家不找我看诊？难道他们以为我的医术不高明吗？我刚刚才得到一项由医学会颁发的'杰出成就奖'，登在新闻报纸上的版面也很大，很多人都看得到啊！"

原来，年轻医生的经验虽然不够丰富，但因为其有自知之明，所以问诊时非常仔细，慢慢研究推敲，跟病人的沟通较多，也较深入，且为人亲切、客气，也常给病人加油打气："不用担心啦！回去多喝开水，睡眠要充足，很快就会好起来的。"类似的鼓励话语，让他开出的药方更有事半功倍的效果。

年轻的医生，正是用最平凡的"医者父母心"收获了病人的青睐。人生亦是如此，只有真正的智者，才能发现平凡的珍贵，也才能超越平凡。善其实就在最平凡的生活中，是如空气、水、阳光一般最平常无奇又最最重要的生命养分！

善是人的本性，人之行善，并不是体现在喋喋不休的说教中，有时一个小小的善举也可以让我们成为拯救他人脱离苦难的人。在生活中，让人深深感动、给人留下深刻印象的许多事物，不一定都是荡气回肠的大事件，反而那些平凡的小事常常在不经意间温暖了每个人的心。

善，犹如暗夜里的一盏明灯，照亮自己的同时，也能够为他人前行的路带来光亮。善，能让我们感悟真正的人生；善，体现在每个日常的点滴付出里；善，是予人玫瑰手留的余香；善，是对他人帮助的感谢之意；善，就是在做正确且有益的事情，不仅是对自己负责，同时也有益于这个世界。多关心他人，也能让自己的生活质量在不知不觉中得到提高。因为，当一个人被善包围时，他拥有最佳的心态，并借着有规律的自律行动，越来越了解生命的意义。

【点睛之笔】

每个人的心房都像是一座孤独而隐蔽的城堡，其实善早已在你的平常中容纳了整个世界。

6. 心诚则灵

【原文】

先生尝谓:"人但得好善如好好色,恶恶如恶恶臭,便是圣人。"

直初时闻之,觉甚易,后体验得来,此个功夫着实是难。如一念虽知好善恶恶,然不知不觉,又夹杂去了。才有夹杂,便不是好善如好好色、恶恶如恶恶臭的心。善能实实的好,是无念不善矣;恶能实实的恶,是无念及恶矣。如何不是圣人?故圣人之学,只是一诚而已。

【译文】

先生曾说:"人但凡能够做到喜欢善良像喜爱美色、厌恶恶行像讨厌恶臭,那便称得上是圣人了。"

黄直最初听到的时候,觉得应该很容易,可是之后亲身体验,才发现这个功夫实在很难的。虽然念头里知道应该好善恶恶,但是不知不觉地,就会有私意掺杂进去。而一旦掺杂了私欲,就不再是那颗能够喜好善行像喜好美色那样、厌恶恶行那样厌恶恶臭那样的心。对善行能够实实在在地喜好,那么不会有念头是不善的了;如果厌恶恶行能够实实在在地厌恶,也就没有什么念头会关系到恶了。这怎么不是圣人呢?所以圣人的学问,也只是一个诚罢了。

【经典导读】

王阳明认为做圣人或道德高尚的人,看起来困难,其实不困难,只要能够好善如好好色、恶恶如恶恶臭,就可以了。但是,好善如好好色,恶恶如恶恶臭,看起来容易,做起来不容易。试想,时时刻刻不间断不夹杂地好善恶恶,岂是容易的?就此他认为心之本体就是一分"诚",心诚则善生,诚失则恶生。所以圣人不是高不可攀的,成圣是可能的,方法也不复杂,圣人的学问只是一个"诚"字罢了,"诚"不变,则善恶不生。修心修性本是内在的精神活动,外在的形式只是一种辅助,并不是决定性的行为,所有的一切旨在于心诚罢了。

心诚则灵,怀着一颗永不放弃、至死不渝的真诚的心,就会给人带来永不言败、锲而不舍的精神意念。对于心诚之人来说，成与不成在很大程度上都取决于个人的内心。

有一次，一个穷人来到荣西禅师面前，向他哭诉："我们家已经好几天揭不开锅了，上有老，下有小，一家人眼看就要饿死了。请师父发发慈悲，救救我们吧，我们一家人将感激不尽，永远记得师父的恩德……"

荣西禅师面露难色，虽然他想救这家人，可是连年大旱，寺里也是吃了上顿没下顿，让他如何救这家可怜的穷苦人呢？荣西禅师一时束手无策。

突然，他看到身旁的佛像，佛像身上是镀金的，于是他就毫不犹豫地攀到佛像上，用刀将佛像上的金子刮下来，用布包好，然后交给穷汉，说道："这些金子，你拿去卖掉，换些食物，救你的家人吧！"

那个穷人看到禅师这样，于心不忍地说道："我这是罪过呀，逼得禅师为难！"

荣西禅师的弟子也忍不住说："佛祖身上的金子就是佛祖的衣服，师父怎可拿去送人！这不是冒犯佛祖吗？这不是对佛祖大不敬吗？"

荣西禅师义正词严地回答："你说得对，可是我佛慈悲，他肯定愿意用自己身上的肉来布施众生，这正是我佛的心愿啊，更何况只是他身上的衣服呢！这家人眼看就要饿死了，即使把整个佛身都给了他，也是符合佛的愿望的。如果我这样做要入地狱的话，只要能够拯救众生，那我赴汤蹈火也在所不辞！"

心诚则灵，一个人只要心诚，就可能战胜任何艰难险阻，甚至可以创造奇迹。

人们内心都是渴望诚的。生活中我们总是乐意跟真诚、信得过的人打交道，讨厌虚伪的、说谎成性的人。日本著名佛学大师池田大作说：一个诚实的人，不论他有多少缺点，同他接触时心神就会感到清爽。这样的人，一定能找到幸福，在事业上有所成就，这是因为以诚待人，别人也会以诚相见。"真诚是财富，而且是最宝贵的财富，虽然没有谁必须做一个富人或伟人，也没有谁必须做一个聪明人，但是每个人都应该做一个诚实的人。

诚，是人生的保护色。一个心诚之人，他的人生将发出耀眼、灿烂的光芒。生活中，我们需要以诚面对生活的态度。事业需要我们的诚心，在开始追求自己的事业时，必须下定决心，诚心做事，做任何事都不违背自己承诺。对待朋友也要以诚待之，不欺骗，不虚伪。

【点睛之笔】

心诚则灵，当一个人拥有一颗至诚之心时，他就拥有了成功的力量。内心深处没有真诚，只能偏离成功之路越来越远。

7. 修炼自己的道

【原文】

问《修道说》言，"率性之谓道"属圣人分上事，"修道之谓教"属贤人分上事。

先生曰："众人亦'率性'也，但'率性'在圣人分上较多，故'率性之谓道'属圣人事。圣人亦'修道'也，但'修道'在贤人分上多，故'修道之谓教'属贤人事。"

又曰："《中庸》一书，大抵皆是说'修道'的事，故后面凡说君子，说颜渊，说子路，皆是能'修道'的；说小人，说贤、知、愚、不肖，说庶民，皆是不能'修道'的；其他言舜、文、周公、仲尼至诚至圣之类，则又圣人之自能'修道'者也。"

【译文】

有人问："您的《修道说》说，'率性之谓道'，是圣人分内的事，'修道之谓教'，则是贤人分内的事。"

先生说："一般人也是'率性'的，只是'率性'在圣人身上，表现得要多一些，所以说，'率性之谓道'属于圣人的事。圣人也'修道'，只是'修道'在贤人身上，表现得要较多些，所以说，'修道之谓教'是贤人的事。"

先生又说："《中庸》这部经典，大多说的是'修道'。所以之后凡是讲君子、颜回、子路等，都是能够'修道'的；而讲到小人、贤者、智者、愚者、不肖者、庶民，都是不能够'修道'；而其他的比如舜、文王、周公、孔子等至诚至圣的人，则又是能够自然'修道'的了。"

【原文】

问："儒者到三更时分，扫荡胸中思虑，空空静静，与释氏之静只一般。

两下皆不用，此时何所分别?"

先生曰:"动静只是一个。那三更时分空空静静的，只是存天理，即是如今应事接物的心；如今应事接物的心，亦是循此天理，便是那三更时分空空静静的心。故动静只是一个，分别不得。知得动静合一，释氏毫厘差处亦自莫掩矣。"

【译文】

有人问先生:"儒生到了三更时分的时候，清除了心中的思虑，空灵虚静，就跟佛教的静一样。静时，儒佛两家的学说都不再应事接物，发挥作用，那这个时候他两家有什么区别呢?"

先生说:"动与静是一回事。三更时分时的空灵虚静，只要心同样在存养天理，也就是像现在这样应接事物；而现在正在应接事物的心，也只是遵循天理，也同样是三更时分那空空寂寂的心。因此，动静是一回事，不能分开。知晓了动静合一的道理，佛教同儒家的细微区别自然也会显现了。"

【经典导读】

王阳明认为圣人固然率性，但也要修道；贤人固然要修道，但也率性。所以圣人虽然高于贤人，但本质上是一样的。阳明先生在这里讲圣人与贤人的关系犹如前面讲的圣人与众人的关系一样，目的是教普通人知道自己与圣人之间没有不可逾越的鸿沟，只要认真地致自己的良知，就可以达到圣人境地。

阳明先生要求过于矜持者在内心用功，过于直率者在外有所检束。因为内心修养与行礼做事是统一的，两者不可分割。特别重视外表和特别不重视外表这两种片面性有一个共同点，即割裂心与事、内与外。内心修省，就感到外物轻微，过分直率和矜持，最终流于弊端。

圣人其实就是脱俗的凡人，他们按自己亘古不变的法则去实践对自我的塑造，奋斗至最后一刻。成为圣贤的首要条件，就是有德。此德并非由遗传而来，需靠后天的努力以获得，做或不做的权力全在自己。只需心中坚定而执着地追求道德，就能从平淡中超脱，在凡人中凸显，成为备受世人敬仰的圣贤。

诺贝尔和平奖获得者特蕾莎修女，便是用服侍穷人的方式度过了她仁慈而善良的一生。

特蕾莎修女不仅为穷人和孤独者提供衣食住处，为病人和遭难者提供医疗服务，还给这些人带去爱心和尊严！她立志要服务穷人，所以先变成了穷人，穿上穷人的衣服，一头扎进贫民窟、难民营和传染病人之中。她说："除了贫穷和饥饿，世界上最大的问题是孤独和冷漠。孤独也是一种饥饿，是期待温暖的饥饿。"

她和其他修女一起办起了儿童之家，收养从路上拣来的先天残疾的弃婴，把他们抚养成人，告诉他们"你是这个社会重要的一分子"。还建立了麻风病人康复中心，收治照顾那些甚至被亲人抛弃的人，让他们感到自己"并没有被天主抛弃"。最著名的是她在贫民区创办的临终关怀院，使流落街头的垂死者得以在呵护中度过生命中最后的时光。她说："这些人像畜生一样活了一辈子，总该让他们最后像个人样。"那些被背进关怀院的可怜人，有的躯体已经被鼠蚁咬得残缺不全，刚入院洗澡时往往用瓦片才能刮去身上的污垢，最后握着修女的手，嘴角戴着微笑"踏上天国之路"。

特蕾莎修女之所以放弃修道院里闲适而宁静的生活，换下修道服而穿上与穷人一样的衣服完全是因为特蕾莎修女清醒地认识到，居高临下地给予，接受者会有被施舍的屈辱感觉，这对一个人的尊严是极有害的，它可能导出苦涩的敌意，而不是和谐与和平。她亲手握住快要在街头横死的穷人的手，给他们临终前最后的一丝温暖，让他们含着微笑离开这个残酷的世界。德蕾莎修女不只是一位社会工作者而已，为了要服务最穷的人，她的修士修女们都要变成穷人，修士们连手表都不准戴，只有如此，被修士修女们服务的穷人才会感到有一些尊严。

在德蕾莎修女的垂死之家，病人有人照顾，即使最后去世，在离世以前，至少感到了人间的温暖。因为修士修女们都非常的和善，如果病人情形严重，一定有人握住他的手，以便让他感到人类对他的关怀和爱。其中有个老人，在搬来的那天傍晚即断了气，临死前，他拉着德蕾莎的手，用孟加拉语低声地说："我一生活得像条狗，而我现在死得像个人，谢谢了。"

是的，真正的善良的是回复人最初的尊严，给生命以尊严。1979年，诺贝尔委员会从包括美国总统卡特在内的56位候选人中，选出了特蕾莎，把诺贝尔和平奖授予了这位除了仁慈和善良以外一无所有的修女。授奖公报说："她的事业有一个重要的特点——尊重人的个性、尊重人的天赋价值。她个人成功地弥合了富国与穷国之间的鸿沟，她以尊严的观念在两者之间建设了一座桥梁。"

或许我们无法像特蕾莎修女一样为他人去奉献自己的一生，但是我们至少可以做到在同一台阶上的奉献。一个人只要怀圣人心，做平常事，这样他们的道德品质是足以被他人认可的，如此人人皆可称圣人了。

人人皆可为尧舜，人人皆可成圣贤，这是儒家价值观的普世情怀。圣人并不是生下来就成为圣人的，他们在初生之时也与普通人无异，他们也需要经过不断努力修行才能达到胜任的境地。事实上，凡人与圣人只是一念之差，只有一步之遥，只要迈出了修德的那一步，并坚持不懈地进行下去，终有一天能脱胎换骨，由凡入圣。也就是说，即使天生丽质，倘若不加以修炼最后也只能成为"凡夫俗子"。

【点睛之笔】

"高山仰止，景行行止，虽不能至，心向往之。"我们可以不是圣人，可以不是伟人，也可以不是英雄和智者，但心灵要努力追求他们的高度。

8. 不宜舞文弄墨

【原文】

门人在座，有动止甚矜持者。先生曰："人若矜持太过，终是有弊。"

曰："矜持太过，如何有弊？"

曰："人只有许多精神，若专在容貌上用功，则于中心照管不及者多矣。"

有太直率者。先生曰："如今讲此学，却外面全不检束，又分心与事为二矣。"

【译文】

在座的众弟子们里，有一个举止行动都十分地矜持的人。先生说："人如果太过矜持，始终也是一个弊端。"

黄直问："过于矜持，为什么会有弊端？"

先生说："人只有这么多的精力，如果专注在外在上用功，就往往照管不到内心了。"

门人中又有过于直率的人。先生说："现在在讲'致良知'的学说，而你在外形上全然不加检点，又是把心与事分而为二了。"

【原文】

门人作文送友行，问先生曰："作文字不免费思，作了后又一二日常记在怀。"

曰："文字思索亦无害，但作了常记在怀，则为文所累，心中有一物矣。此则未可也。"

又作诗送人。先生看诗毕，谓曰："凡作文字要随我分限所及。若说得太过了，亦非'修辞立诚'①矣。"

【注释】

①修辞立诚：意为修饰言辞以诚信为本。语出《周易·乾卦·文言》"修辞立其诚，所以居业也"。

【译文】

一个门生写了一篇文章给朋友送行，便问先生："写文章不免要花费心思，而且写完之后的一两天还时常把它记在心上。"

先生说："花费心思写文章并没有害处。但是你写完了之后还常记挂在心里，就被这文章牵累，在心里存了一件事情，这并不好。"

又有人写诗送人。先生看了诗之后评价说："凡是作诗写文章，要根据自己的才智尽力而为，如果说得太过，也就不是'修辞立诚'了。"

【经典导读】

王阳明的为文之道，意识不要为文所累，整天想着文字会耽误自己的修养功夫；一是不要脱离实际，自我吹嘘，那样就丧失了诚实的品质。这对于今天喜欢舞文弄墨的人来说也是有益的。

正所谓"生有涯，而知无涯"，知识的海洋浩瀚无际，唯有意识到未知面的广泛，才可能在知的领域有所进步。一旦存有自满之心，炫耀之意，便再无进取的可能了。总而言之，一个人有自满之心，喜欢舞文弄墨炫耀于人的人，注定难于成事。

柳公权自幼聪明好学，特别喜欢写字，到十四五岁便已写得一手好字，所见之人皆对他称赞不已。日子久了，他不自觉地有些飘飘然起来。

一天，他和几个伙伴玩耍，比赛谁的字写得好。柳公权写了一篇，心想：我肯定是第一了。脸上不自觉地露出了得意的神情。这时，来了一位卖豆腐的老汉，看出柳公权的傲气，决定给他泼点儿冷水。

他挨个看了一遍众人写的，说："你们的字都不怎么样。"柳公权听了很诧异，问道："那我的字怎么样？""你的字就像我担子里的豆腐，没筋没骨的。"老汉说。柳公权一听老汉的评价，不服气地说："我的字不好，那么请你写几个让我瞧瞧！"老汉笑道："我一个卖豆腐的，你跟我比有什么出息。城里有一个用脚写字的人，比你用手写的强几倍呢，如果不服气，你去瞧瞧吧。"

第二天，柳公权带着满肚子委屈和狐疑进城了，一打听就找到了老汉说的那个人：确实是一位已失去双臂的老人，正坐在地上用脚写字呢。只见地上铺着纸，他用左脚压着一边，用右脚的大拇指和二拇指夹住毛笔，运转脚腕，一行道劲的大字便出现在人们的眼前。众人一阵喝彩："好，好！"

柳公权看呆了，真是天外有天，人外有人啊！自己有完整的手臂，还赶不上人家用脚写的，自以为天下第一了，实在惭愧。想到这里，柳公权来到老人面前，双膝跪倒，说道："先生，请受徒儿一拜，请您教我写字吧。"无臂老人见他言辞恳切，心里一动，说道："你要实在想学，那么你就照着这首诗练下去吧。"说罢，老人又用脚铺开一张纸，挥毫写下一首诗："写尽八缸水，墨染涝池黑。博取众家长，始得龙凤飞。"

这首诗，是无臂老人一生练字的真实写照。那意思是说练字的辛苦，练字的工夫，用尽了八缸水，染黑了涝池水，博取众家之长，虚心学习，才有今天这苍劲有力的龙飞凤舞。

柳公权是个聪明人，早已领略了这诗中的寓意，他不但懂得了写字必须勤写勤练，虚心学习，更懂得了做人亦不能恃才傲物，否则将一事无成。

他怀着不可名状的感激之情，接过了老人的诗，急切又羞愧地回到了家。打这以后，他从不在人前炫耀自己，每日里挥毫泼墨，练笔不止，悉心研究揣摩名人字帖，最后终于练成流传千古的"柳体"。

一个人有一点能力，取得一些成绩和进步，产生一种满意和喜悦感，这是无可厚非的。但如果这种"满意"发展为"满足"，"喜悦"变为"狂妄"，舞文弄墨地炫耀自己，会让已经取得的成绩和进步出现问题，对于舞文弄墨的炫耀者来说，已有的成绩将不再是通向新胜利的阶梯和起点，而成为继续前进的包袱和绊脚石，那就会酿成悲剧。

人生中不会永远有人告诉我们其他人的实力和能力，很多人觉得自己志得意满，炫耀自己，不思进取。无论何时，舞文弄墨的炫耀都是一个极为危险的信号，它就像墨镜一样，使我们看不到别人的闪光点，自以为是，止步不前，它就像是一块绊脚石，挡在我们前进的路上，令我们无法接近真知。

【点睛之笔】

人生不宜舞文弄墨，虚怀若谷就好。

9. 心平气和能养生

【原文】

"文公'格物'之说，只是少头脑。如所谓'察之于念虑之微'，此一句不该与'求之文字之中'、'验之于事为之著'、'索之讲论之际'混作一例看，①是无轻重也。"

【注释】

① "所谓"四句：语出朱熹《大学或问》，这是朱熹格物学说包括的四个方面。

【译文】

先生说："朱熹先生'格物'的学说，只是缺乏一个主旨。正如他所说'察之于念虑之微'，这句不应该与'求之文字之中'、'验之于事为之著'、'索之讲论之际'混杂成一个例子来看待，这是不分轻重的表现！"

【原文】

问"有所忿懥"①一条。

先生曰："忿懥几件，人心怎能无得？只是不可'有所'耳。凡人忿懥，着了一分意思，便怒得过当，非廓然大公之体了。故有所忿懥，便不得其正也。如今于凡忿懥等件，只是个物来顺应，不要着一分意思，便心体廓然大公，得其本体之正了。且如出外见人相斗，其不是的，我心亦怒；然虽怒，却此心廓然，不曾动些子气。如今怒人亦得如此，方才是正。"

【注释】

①有所忿懥（zhì）：语出《大学》"身有所忿懥，则不得其正；有所恐惧，则不得其正；有所好乐，则不得其正；有所忧患，则不得其正"。

【译文】

有人向先生请教《大学》里"有所忿懥"这一句话。

先生说："忿懥的几种情绪，例如仇怒、恐惧、好乐、忧患，人心里怎么可能会没有呢？只是不应该有罢了。一个人觉得忿懥的时候，加上一份着意，就会忿懥得过度，这样就没有了心胸廓然大公的本体了。因此，当有忿懥的情绪的时候，心就不能达到中正。所以对于忿懥等几种情绪，只要顺其自然，不要过分在意，心体就自然能够廓然大公，从而达到中正平和。现在如果我外出看到别人在互相打斗，对于不对的那方，我心中也会很忿懥；然而我虽然感觉到忿懥，但我的心却是坦然的，不生过多的气。现在对别人生气时，也该这样，那才能中正平和。"

【经典导读】

在王阳明看来，圣人心怀大德，不用行动，就通晓事物；不用说话，就令人感觉亲切；不发怒，就显得威严庄重。其实，这就是廓然大公物来应，情顺万物而无情的观点。理学家们追求这样一种精神状态：大公无私，个人情感完全由事情物理决定，当喜则喜，当怒则怒，没有由于私己的原因而形成的喜怒哀乐。当然，这是一种极高的理想境界。

现代人养生也要做到当喜则喜、当怒则怒，但是不可过度，过度就会有损健康。

《内经》指出："怒伤肝，悲胜怒；喜伤心，恐胜喜；思伤脾，怒胜思；忧伤肺，喜胜忧；恐伤肺，怒胜恐。"

适当的喜，可以使人"气和志达，荣卫通利"，可以消除因忧思所造成的"气机结滞"。但狂喜过度，就会"暴喜伤阳，乐极生悲"。常常有人因为大喜若狂，冲昏头脑，酿成不良后果，甚至导致猝死。对于悲而言，有悲伤之事，如果大哭一场，就会发泄出来。但要是悲伤过度，就会造成生理功能紊乱，心跳不规则，严重者同样可以致病或昏厥。

所以人的心态情绪只有控制在正常的范围之内，才能稳定下来，保持平和。情绪过了头，心理会失衡，阴阳会失调，疾病便上身了。

人生在世就要时刻保持一颗心平气和的状态，这样能让自己不受百病的侵害，有益于自己的身体健康。"心平气和"的意思就是说生活中如果我们常常心态平和，气就顺畅无阻，人的身体自然也不会差，倘若做不到这一点，不能心平气和，人就容易生气上火，医学上说"气是百病之源"人一旦生了气就寝食难安，长期如此必然会对自己的身体造成伤害。

心态决定一切！而心平气和就是剂"良药"，心平气和之人一般很少有烦恼缠绕，那么，怎么才能做到心平气和呢？我们不妨学学古人，看看他们是怎样控制"七情"的。

（1）养生要"控怒"。

《黄帝内经·素问》说："百病生于气"、"怒则气上"。古往今来，很多长寿之人情绪养生的第一步就是要做到宽容大度，遇事不怒。

（2）养生要"戒躁"。

急躁可以导致愤怒、忧愁、悲哀。中医理论认为，一个人思想上安定祥和、没有贪欲，体内的真气就和顺，精神也内守而不耗散，外界的邪气不能侵犯人体。

当一个人焦躁时，心理失控，削弱了人体的免疫功能，疾病便"乘虚而入"。所以，身体弱、抵抗力差的人更应戒躁。

心情不好的时候，可以去淋浴，因为人在淋浴时会产生一种阴离子，好似炎夏在山泉边沐浴一样心旷神怡。

（3）养生要"克悲"。

中医的情绪养生告诉我们，若不懂得克悲和节哀，过度伤痛果真会使人早衰或者早逝。悲伤时，不要独自咽泪，应当学会寻求安慰来避免对身体的影响。

（4）养生要"消愁"。

古人曰："衣食足则形乐而外实，思虑多则志苦而内虚。"告诫人们遇到令人忧愁之事时，应当保持情绪的稳定，不要杞人忧天、操心过度，心胸要开阔。经常听听轻音乐，逛逛公园，转移思虑，忘却愁事；用开朗、乐观的态度消解哪怕积累了万古的愁怀。何以解忧，唯宽心也。

【点睛之笔】

喜不过望，哀不失形，纵浪大化中，不喜亦不惧。

10. 有爱 "桎梏" 也自在

【原文】

先生尝言："佛氏不着相^①，其实着了相。吾儒着相，其实不着相。"

请问。

曰："佛怕父子累，却逃了父子；怕君臣累，却逃了君臣；怕夫妇累，却逃了夫妇。都是为个君臣、父子、夫妇着了相，便须逃避。如吾儒，有个父子，还他以仁；有个君臣，还他以义；有个夫妇，还他以别。何曾着父子、君臣、夫妇的相？"

【注释】

①着相：执着于事物的外在形式。相，佛教名词，相对 "性" 而言。佛教把一切事物的外观、形象、状态称之为 "相"。

【译文】

先生曾说："佛家提倡不执着于'相'，而实际上却是执着于'相'的。而儒家虽然提倡执着于'相'，但实际上是不执着于'相'的。"

学生因此请教先生。

先生说："佛教恐怕为父子关系牵累，便逃离了父子亲情；害怕为君臣关系牵累，便逃脱了君臣道义；害怕为夫妻关系牵累，便逃脱了夫妻情分。这都是因为执着于君臣、父子、夫妻的'相'，才需要逃脱它们。而我们儒家学说，有正常的父子关系的，便顺势产生了仁爱之说；有正常的君臣关系的，就产生了忠义之说；有正常的夫妻关系的，便产生了礼节之说。像这样，又何曾执着过父子、君臣、夫妻的'相'呢？"

【经典导读】

佛家认为承认有，顺应世事便会著相，所以要讲究空，讲究出世，摆脱君臣父子夫妇之累，以求得解脱。王阳明则认为，逃入空恰恰证明你不会正确地对待 "有"，反而着了 "有" 的相。其实承认 "有"，在世上生活不一定著相，只要按规律办事，就能解脱自在。现实生活中，很多人都感到自己的父母不了解自己，并以不正确的爱的方式束缚了自己。其实，他们都忽略了，有父母之爱存在，即使无法随心所欲，这种束缚也是一种自在。

有爱在，"桎梏"也自在。我们常听到这样的抱怨："父母一点都不理解我"，"父母偏心"，"父母一天到晚唠叨个没完"，"我在父母眼里只是学习的工具，他们一点都不关心我"，"父母老管我，一点自由都没有"……

其实，天下的父母，对子女都是一片好心，但他们有时候也会办错事。但无论怎样你都该明白，父母最初的出发点都源于爱。有时，父母的爱对你来说就像一种"桎梏"，但你应该明白只有在这种爱的"桎梏"下，你才能自由自在的成长。

有一个女孩跟母亲吵架了，她一气之下，冲出了家门，走进茫茫的夜色中。漫无目的地走了一段路后，她发现走得匆忙，竟然一分钱都没带，连打电话的钱都没有！

夜色渐深，女孩饥肠辘辘的感觉越来越强，忽然一个小小的馄饨摊映入眼帘，一位老婆婆在摊前忙碌着。馄饨的香气扑鼻而来，她咽了一下口水，又看了一眼锅中翻滚的馄饨，慢慢转身离去。老婆婆早已注意到徘徊不定的女孩，她热情地问道："小姑娘，吃碗馄饨吧！"女孩转过身尴尬地摇了摇头，说："我忘记带钱了。"老婆婆笑了笑，说："没关系，我请你吃！"

片刻之后，老婆婆端来一碗馄饨和一碟小菜。女孩吃了几口，忍不住掉下了眼泪。"小姑娘，怎么了？"老婆婆关切地询问。"哦，没事，我只是感激！"女孩拂去脸上的泪花，"您跟我不曾认识，只不过偶然在路上看到我，就对我这么好，煮馄饨给我吃！但是……我妈，我跟她吵架了，她竟然把我赶出来，还说不让我再回去了……您是陌生人都对我这么好，我妈，竟然对我这么绝情！"

老婆婆听了，语重心长地劝她："你怎么会这样想呢！我只不过煮了一碗馄饨给你吃，你就这么感激我，而你妈给你煮了十多年的馄饨，从小到大照顾你，你怎么不感激她呢？为什么还要跟她吵架呢？"女孩听了这话，默默无语："是啊！一个陌生人为我煮了一碗馄饨，我尚且如此感激，而母亲辛苦把我养大，我为什么心中没有感激之情？为什么还要与母亲争执？"

女孩慢慢吃着馄饨，脑海中显现出儿时的一些画面。馄饨吃完了，她谢别了老人，朝家走去，当走到自家胡同口时，看到妈妈疲惫而又熟悉的身影正焦急地左右张望……看到女孩回来了，妈妈长舒了口气，说道："你让妈急死了！赶紧回家吧！饭菜都凉了！妈以后不再跟你吵架了，好吧？"此时，女孩的泪珠再次滑落。

很多人都想要自由，但自由是什么？是不被他人束缚、无拘无束的成长吗？其实自由并不仅仅是你能无拘无束地做自己喜欢的事，或者是挣脱外界的束缚。自由源自父母的爱，源自我们对父母依赖。只有正确认识这种爱和依赖，才能了解自由、获得自由。

在苏格兰的格拉斯哥，一个小女孩像今天的许多年轻人一样，厌倦了枯燥的家庭生活、父母的管制。于是，便离开了家，决心要做世界名人。可不久，在经历多次挫折后，她日渐沉沦，最后，只能走上街头，开始出卖肉体。许多年过去了，她的父亲死了，母亲也老了，可她仍过着醉生梦死的生活。

这期间，母女从没有什么联系。可当母亲听说女儿的下落后，就不辞辛苦地找遍全城的每个街区，每条街道。母亲每到一个收容所，都哀求道："请让我把这幅画贴在这儿，好吗？"画上是一位面带微笑、满头白发的母亲，下面有一行手写的字："我仍然爱着你……快回家！"

几个月后，没有什么变化。一天，女孩懒洋洋地晃进一家收容所，那儿，正等着她的是一份免费午餐。她排着队，心不在焉，双眼漫无目的地从告示栏里扫过。就在那一瞬，她看到一张熟悉的面孔："那会是我的母亲吗？"

她挤出人群，上前观看。不错！那就是她的母亲，底下有行字："我仍然爱着你……快回家！"她站在画前，泣不成声："这会是真的吗？"

这时，天已黑了下来，但她不顾一切地向家奔去。当她赶到家的时候，已经是凌晨了。站在门口，任性的女儿迟疑了一下，该不该进去？终于她敲响了门，奇怪！门自己开了，怎么没锁？！不好！一定有贼闯了进去。记挂着母亲的安危，她三步并作两步冲进卧室，却发现母亲正在安然地睡觉。她把母亲摇醒，喊道："是我！是我！女儿回来了！"

母亲不敢相信自己的眼睛。她擦干眼泪，一看果真是女儿。母女俩紧紧抱在一起，女儿问："门怎么没有锁？我还以为有贼闯了进来。"

母亲柔柔地说："自打你离家后，这扇门就再也没有上过锁。"

母爱是最伟大的，它没有任何附加条件。无论你是优秀还是普通，甚至是残疾，母亲是那个永远视你如宝贝的人，母亲是那个为你的一点点进步就无比自豪的人，母亲是那个能大度地原谅你的无知的人，母亲是那个永远不会抛弃你的人。

事实上，父母对我们的"桎梏"是爱的另一种表达方式。由于年龄和成长环境的差异，父母和子女对待事情的态度上往往会有很大的偏差。人无完人，父母也会犯错，有时父母也可能会把自己的观点强加于子女身上，要求子女完全服从自己，对子女生活的各个方面进行干预。这时的父母虽然欠于考虑子女的感受。然而，不论父母怎么做，他们的出发点都是为了子女好。所以，即使他们错了，作为子女也应该给予理解，不应一味抱怨，甚至怨恨，久而久之，你会发现有爱，桎梏也自在。

观看河水的流动、欣赏大地的丰美、感受天空的宽广，用一颗敏感的心对生命的伟大律动开放胸怀，这一切都需要自由，然而无可否认的是有爱才能有自由。只有那些了解并消除了内心依赖的人才明白爱的真谛，这样的人才能得到自由，也只有这些人才能带来一个新的文明，不同的世界。有母爱陪伴的人是幸福的，好好珍惜吧，不要等失去了才知道它的珍贵。趁着父母依然健在，常回家看看，陪父母说说话，给父母捶捶背，尽一尽孝心，享受人间最珍贵的天伦之乐吧。

【点睛之笔】

"慈母手中线，游子身上衣。临行密密缝，意恐迟迟归。"这首古诗写尽了母亲对子女的爱和牵挂，它告诉我们任何时候家都是你永远的栖息之港。

黄修易①录

1. 生命本无善恶

【原文】

黄修易问："心无恶念时，此心空空荡荡，不知亦须存个善念否？"

先生曰："既去恶念，便是善念，便复心之本体矣。譬如日光被云来遮蔽，云去光已复矣。若恶念既去，又要存个善念，即是日光之中添燃一灯。"

【注释】

①黄修易：字勉叔，王阳明弟子。余不详。

【译文】

黄修易问先生："心里没有恶念的时候，心里空荡荡的，不知道是否也需要存养一个善念呢？"

先生说："既然已经把恶念清除了，余下的便全是善念了，便恢复了心的本体了。就好比是太阳的光线被云遮蔽了，等云散去之后，太阳光便回来了。假若恶念已经去除了，又还要存一个善念在心里，那就是在太阳光下，又添了一盏灯。"

【经典导读】

对于王阳明来说，无恶就是善，所以既已无恶，便不需再多存多余的善念。其实，关于善恶，哪有人能分得清清楚楚呢？生命如何分得好歹善恶，就像田野里的花朵，枝枝朵朵都是一样的，何曾有什么好歹善恶的之分呢？其实，真正的智者不会以"我"的标准和偏见去要求万物，因此在他们的心中，万物平等，并没有高下之分，没有善恶美丑、高下贵贱的分别，因此荣枯都是一样的美好。

人性之初，本没有善恶之分的，本性是很难改变的，正所谓"江山易改，本性难移"。善恶只不过是在周边环境影响下依据本性而产生的，有善恶之分的不是本性而是习惯。本性是一种内在的东西，平时可能感觉不到它的存在，但它却在暗中操控着你。它决定着你的大部分习惯，决定着你的性格，甚至决定着你的人生。

有这样一个故事：

有一天，药山禅师在山上散步，看到了两棵树，一棵很茂盛，另一棵却已枯萎。

这时，药山禅师的两位徒弟道吾禅师和云岩禅师恰巧走过来，药山禅师就问他们："你们看哪一棵树好看？"

道吾禅师首先说道："茂盛的这棵好看！"药山禅师听后，点点头。

云岩禅师接着便说："我却觉得枯的那棵好！"药山禅师听后也点点头。

侍者不解地问药山禅师："师父，您都点头，到底哪一棵好看啊？"

药山禅师于是反问侍者说："那么，你认为哪一棵好看呢？"

侍者想了想，回答道："枝叶茂盛的那棵固然生气勃勃，枝叶稀疏的那棵也不失古意盎然。"

药山禅师听后微笑不语。

由此可见，真正的禅者不会以"我"的标准和偏见去要求万物，因此在他们的心中，万物平等，并没有高下之分，没有善恶美丑、高下贵贱的分别，因此荣枯一样美好。

一个年轻人听说大山里住着一个有高尚美德的大师，他下定决心去拜访他，想和他讨论关于美德的问题。

当年轻人找到禅师的同时，正巧一个强盗也找到了禅师，他跪在禅师面前说："禅师，我是个十恶不赦的罪犯，正因为如此，很多年以来我一直寝食难安，难以摆脱心魔的困扰，所以我才来找你，请你为我澄清心灵。"

可禅师对他说："你找我可能找错人了，我的罪孽可能比你的更深重。"

强盗说："我做过很多坏事。"

禅师说："我曾经做过的坏事肯定比你做的还要多。"

强盗又说："我杀过很多人，只要闭上眼睛我就能看见他们的鲜血。"

禅师也说："我也杀过很多人，我不用闭上眼睛就能看见他们的鲜血。"

强盗说："我做的一些事简直没有人性。"

禅师回答："我都不敢去想那些我以前做过的没人性的事。"

强盗听禅师这么说，便用一种鄙夷的眼神看了禅师一眼，说："既然你是这么一个人，为什么还在这里自称为禅师，还在这里骗人呢！"

于是他起身，一脸轻松地下山去了。

年轻人在旁边一直没有说话，等到那个强盗离开以后，他满脸疑惑地向禅师问道："你为什么要这样说？我知道你是一个品德深厚的人，一生中从未杀过生。你为什么要把自己说成是个十恶不赦的坏人呢？难道你没有从那个强盗的眼中看到他已经对你失去信任了吗？"

可禅师却说："他的确已经不信任我了，但是你难道没有从他的眼睛中看到他如释重负的感觉吗？还有什么比让他弃恶从善更好的呢？其实善恶就在他的一念之间。"

年轻人激动地说："我终于明白什么叫作美德了！"

乐道己善，何如乐道人善？就在此时，远处传来那个强盗欢乐的叫喊声："我以后再也不做坏人了！"这个声音响彻了整个山谷。

其实，生命没有善恶之分，善恶就在一念之间，不管你从前是做过多少坏事，只要有改过的意念，就在这一刻起，你就由恶转为善。禅师用他高尚的道德情操对强盗进行了间接的鼓励，使强盗弃恶从善，下定决心做一个好人、善人。

或许可以说，每个人的生命都出于偶然，各有各的光彩，当一朵又一朵的花儿在枝头绽放，谁也不知道它们的生命最终会走向哪个方向。譬如金钱本身何罪之有？难道仅仅因为有人用钱做坏事，就说它前世做了孽；而另一些钱有幸被人用来做了好事，就说它前生积了善缘？

事实上，世上许多事情本身是没有善恶的，造成或好或坏的影响取决于如何使用。所以，我们不能推卸这一责任，也不能肆意地使用所拥有的东西。每个人是自己命运的掌管者，人的生命本无善恶，亦无从谈论因果。生命从自然中来，到自然中去，享受生命的过程，不为所谓因果的说法所累，活得真实洒脱，才能快乐地在阳光雨露的世界中翩然走过。

【点睛之笔】

生命本来无所谓善恶，生命就是那个样子。

2. 急于求成者自食恶果

【原文】

问："近来用功，亦颇觉妄念不生，但腔子里黑窣窣的，不知如何打得光明？"

先生曰："初下手用功，如何腔子里便得光明？譬如奔流浊水，才贮在缸里，初然虽定，也只是昏浊的。须俟澄定既久，自然渣滓尽去，复得清来。汝只要在良知上用功。良知存久，黑窣窣自能光明矣。今便要责效，却是助长，不成功夫。"

【译文】

黄修易问先生："我近来用功，也还会感觉到不再有妄念产生，但内心深处还是一团漆黑，不知道要如何才能让它得到光明？"

先生回答说："最初用功的时候，心里怎么可能立即得到光明？譬如奔腾的浊水，才刚刚存进水缸里，虽然已经开始了沉淀，但仍旧是浑浊的。必须等到沉淀的时间长了，渣滓才能自然清除，再次变得清澈。你只需在良知上用功。良知存养的时间久了，自然漆黑的心会得以光明。现在就要去立马让它变清澈，就是拔苗助长，不能当作是功夫。"

【经典导读】

王阳明在贵阳时提出了"无事时存养"的主张，其目的是用以加强内心修养而体认天理和良知。他主张通过"静坐思虑"，在无事时将好名、好色、好货等私欲杂念，逐渐地克服掉，使心恢复到如水如镜、洁净晶莹的本体。他认为在修养问题上实实在在下功夫最重要，下了功夫，效果自然会随之而来。但令人心痛的是，在这个越来越崇拜物质的年代，很多人变得急功近利和急于求成，他们的心灵被物质所左右，致使心灵世界犹如干涸的沙漠。事实上，急于求成，结果往往会适得其反。

急于求成的结果就是欲速则不达。大凡急功近利者，都不可能成就大事业。因为他本来就没有什么长远追求，没有成就什么事业的大志向，他的全部精力、全部时间和全部生命都无形地消耗在短期行为当中，消耗在他虚浮浅薄的劳作之中了。相反，大凡成大事者，都不会太在意眼前的利益，或者暂时的损失，他们一步一个脚印地稳步前进，最后收获的自然是最大的利益。

任何一种本领的获得都要经过艰苦的磨炼。正如古语所说："宝剑锋从磨砺出，梅花香自苦寒来。"许多成功的事业都必须有一个痛苦挣扎、奋斗的过程，正是这个过程将你锻炼得无比强大并成熟起来。一口是永远吃不成一个胖子的，急于求成的结果，只能适得其反，结果反而功亏一篑，落得一个拔苗助长的笑话。因此，我们无论做什么事情都要脚踏实地，一步一个脚印，才能逐步走向成功的终点。

现代社会中，每个人都在为自己的梦想而努力奋斗，当然，这个过程是长期的且枯燥的，是需要一步一步地坚实踏出，没有所谓的捷径。虽然在实现梦想的过程中，会面临着很多的诱惑，出现很多所谓的捷径，但是你并能靠着这些去实现梦想，只能让你距离自己的梦想越来越远。真正实现梦想的过程是一个不断沉淀，不断积累，然后厚积薄发的过程。这个过程，容不下三心二意，容不下朝秦暮楚，只有敢于"独上高楼，望尽天涯路"甘于寂寞的心，沉浸在自己的梦想实现过程中，并为之有"衣带渐宽终不悔，为伊消得人憔悴"的努力，才能够收获"那人却在灯火阑珊处"的美景。

有这样一个故事：

有一个农夫挑着一担橘子进城去卖。天色已晚，城门马上就要关了，而他还有一千米的路程。这时迎面走来一个僧人，他焦急地赶上前去问道："小和尚，请问前面城门关了吗？"

"还没有。"

僧人看了看他担中满满的橘子，问道，"你赶路进城卖橘子吗？"

"是啊，不知道还来不来得及。"

僧人说："你如果慢慢地走，也许还来得及。"

农夫以为僧人故意和自己开玩笑，不满地嘀咕了两声，又匆忙上路了。他心中焦急，索性小跑起来，但还没跑出两步，脚下一滑，满筐橘子滚了一地。

僧人赶过来，一边帮他捡橘子，一边说："你看，不如脚步放稳一些吧？"

由此可见，农夫急于求成，一味求快，结果却恰恰相反，不但耽误了时间，而且给自己造成更多的负担。其实，工作亦是如此，积极与速度并非同义词，速度与效率也往往不成正比，与其在手忙脚乱中浪费时间，不如张弛有度，井然有序地设计好每一步要踏出的距离，也许你会收获到意想不到的效果。

古时候，有一个年轻人外出寻宝，在经历了千辛万苦后，他终于在热带雨林中找到了两棵世界上稀有的树木。因为这种树木的树心散发着浓郁的香味，即使把它放入水中，它也会不浮反沉。这令年轻人非常兴奋，于是就拖着这两棵珍贵的树到集市上去卖。然而，整整一个上午过去了，别人的生意都很好，但年轻人的这两棵树却无人问津。就在年轻人苦恼的时候，他看到旁边卖炭的人生意很好，于是灵机一动，就把自己的树也烧成了木炭。结果这个年轻人很快就将木炭卖光了。他揣着钱袋，回家高兴地把此事告诉了他的父亲。

当父亲听说情况后却连声惋惜，他为自己的孩子急于求成的心态感到十分遗憾，他对孩子说："你所找到的正是世上最珍贵的沉香树啊，从它上面切一小块磨成碎末，价钱也顶过你卖一年的木炭了。"听到父亲所说的，年轻人感到十分后悔，但也追悔莫及，只恨自己有眼无珠，白白糟蹋了珍贵的宝物。

不只古时候的人在犯这样的错误，在现实生活中，这种急功近利的人也大有人在，他们来也匆匆，去也匆匆，以至于在他们的人生履历上除了一个逗号，就是句号了。可见，急于求成，心态浮躁，会把最简单、最熟悉的小事都办糟，何况富有挑战性的大事呢？

庄子说："虚静恬淡，寂寞无为者，天地之平，而道德之至也。"是的，持重守静乃是抑制轻率躁动的根本。浮躁太甚，会扰乱我们的心境，蒙蔽我们的理智，所谓"言轻则招扰，行轻则招辜，貌轻则招辱，好轻则招淫"，轻忽浮躁是为人之忌。要想成就一番功业，还是该戒骄戒躁，脚踏实地，扎扎实实地积累与突破，这样才能在人生路上走得稳，并且走得远。

真正成大事的人要有一份定力，遇事要能临危不乱、镇定自如，这也是一种智慧的胸襟。孔子曰："无欲速，无见小利。欲速，则不达，见小利，则大事不成。"的确，人做事的时候眼光要远一点，不仅要看到近期的得失，还要看到长远的影响。目光太短浅，有时是要命的缺点。只有凡事不急于求成，才能真正有所成就。

【点睛之笔】

对于"一万年太久，只争朝夕"的人来说，最容易犯的毛病就是"欲速则不达"。

3. 日久方识人心

【原文】

先生曰："吾教人致良知在'格物'上用功，却是有根本的学问。日长进一日，愈久愈觉精明。世儒教人事事物物上去寻讨，却是无根本的学问。方其壮时，虽暂能外面修饰，不见有过，老则精神衰迈，终须放倒。譬如无根之树，移栽水边，虽暂时鲜好，终久要憔悴。"

【译文】

先生说："我教学生致良知，是要在格物上用功，它才是有根基的学问。天天有所进步，时间越长就越会觉得精细聪明。后世儒生们则教别人在万事万物上去寻找，那就是没有根基的学问了。当他还少壮时，虽然能够暂时在外在上修饰一下，不让过失显现。到了老年，精力就会衰竭，最终支撑不住。就像是没有根的大树，把它移栽到水边，虽然暂时看起来生机勃勃，但最终会变得憔悴的。"

【经典导读】

王阳明的宗旨是，要人改造自己的思想意识。在他看来不在内心解决问题，只是夸夸其谈地讲道理，年轻的时候也许能够把外表装扮的冠冕堂皇，但到了老年，精神不济，装不下去了，就会堕落。同样的道理，要想看清一个人就要实际去观察，经得起时间考验的人才值得信任，正所谓"路遥知马力，日久见人心。"

古语说："岁寒知松柏，患难见真情"，真正的朋友经得住时间的考验。真正的朋友能让你永远都有一种坚实的依靠，他们不仅愿意与你同尝甘甜，而且能够和你共担苦难，甚至以生命来践行对你的承诺。

有一天，有两位朋友在沙漠中迷失了方向，面临死亡。这时天神出现了："我的孩子，前面一棵树上有两个果子，吃下大的那个，就能抗拒死亡，走出沙漠，而小的那个，只能令你苟延残喘，最终还会极痛苦地死去。"

两个朋友向前走了一段路，果然发现了一棵树，也发现了树上的两个果子。可是，他们谁也不去碰那个会给一个人带来生命之光的果子。夜深了，两个好朋友深情地凝望着对方，他们都相信，这是他们的最后一晚。

当太阳从沙漠的一端再次升起的时候，其中一个朋友醒过来，他发现，朋友走了，而树上只剩下了一个干干巴巴的小果子。他失望了，不是因为死亡，而是因为朋友的背叛。他悲愤地吃下了这个果子，继续向前方走去。大约走了半个多小时，他看见了倒在地上的朋友，这时朋友已经停止了呼吸，可是他的手里紧紧握着一个更小的果子。

从以上的故事我们领悟到，对待朋友，不要被表面现象所迷惑，你所看到的不一定是真实的，只有经得住时间考验的真情才算真正的友谊。日久见人心，如果你草率地妄下结论，只会给自己带来悔恨。故事中的主人公就是只看到了表象，不相信他的朋友，结果只能是追悔莫及。

宋朝的时候，有一个叫路遥的人，他是南京绅士，富甲一方并且为人还很大度，乐善好施。而马力是开封府尹包拯麾下马汉的侄子，是个穷困潦倒的书生，他原本想赶考，顺道投靠叔叔马汉，可是到南京时身上的钱都用完了，更不幸的是还身患重病，只好困在一家客栈里。

马力听说路遥喜欢乐于助人，于是就向路遥去求助。到路府后，他并没有提到自己的叔叔马汉，但是路遥仍然热情接待，为他请医治病还腾出房屋让马力读书。

路遥非常赏识马力的才学，二人就此义结金兰。等到马力恢复健康后，路遥赠送他二百两纹银助他上东京（今开封）赶考，功夫不负苦心人，最终马力一举考上，但从此路、马也失去了联系。

多年后，路遥家中失火，家道中落无以为生，无奈之下，只有撇下妻子到开封投靠义弟马力，一路行乞到达开封。谁知到马府后正巧马力不在家中，家人也没有接待路遥。路遥以为马力不念旧情，就一气之下拂袖而去。马力回家听家人说后，知是当年恩人来过，一面痛斥家人无礼，一面派家丁日久快马追赶路遥。追上路遥后说明原因，这才化解了两人之间的误会。

后来马力将路遥一家也接到了开封。

江山易改，禀性难移，一个人的个性可以表现在他生活的各个方面，想伪装是很难的，是不会长久的。大凡一个遵守礼法的人，由于他的内心毫无邪念，所以言行显得善良，每个人都觉得他和蔼可亲。由于心地善良，不论处在任何时候，都能散发出一种安详之气；反之一个生性残暴的人，不论处于何时，总会令人感到一种恐怖之气。因为这种人时时想着算计别人，占有其他。可见一个人是善是恶，能从他的言谈举止中察觉，即使在笑中也显出各自的心性。路遥知马力，日久见人心，我们在为人处世中，在工作中必须善于识人才对。

日久才能见人心，时间是检验一个人最好的方法。看人要长远，我们不应轻易地认为已经了解某个人，很多时候很多人都有不为人知的另一面，有些骗子好几年都不会露出他们的马脚。当然这并不是让我们处处怀疑他人，而是要我们在繁杂的世间在真诚待人的同时还要抱有一颗警惕心！

【点睛之笔】

看人要长远，不要轻易地认为已经了解某个人，你需要给别人一些时间来表演，给自己一些时间来观察。

4. 目标引领人生

【原文】

问"志于道"①一章。

先生曰："只'志于道'一句，便含下面数句功夫，自住不得。譬如做此屋，'志于道'是念念要去择地鸠②材，经营成个区宅。'据德'却是经画已成，有可据矣。'依仁'却是常常住在区宅内，更不离去。'游艺'却是加些画采，美此区宅。艺者，理之所宜者也。如诵诗、读书、弹琴、习射之类，皆所以调习此心，使之熟于道也。苟不'志道'而'游艺'，却如无状小子，不先去置造区宅，只管要去买画挂，做门面，不知将挂在何处？"

【注释】

①志于道：见《论语·述而》"子曰：'志于道，据于德，依于仁，游于艺'"。

②鸠：鸠集，聚集。

【译文】

有人就《论语》里"志于道"一章向先生请教。

先生说："仅仅'志于道'这一句话，就已经包括了以下很多句的功夫，不能仅仅停留在志道上。譬如要建房屋，'志于道'仅仅是心心念念地去选择地基和材料，将房子建成；'据于德'便是规划已成的房屋，让它可以居住；'依于仁'就是常常住在房屋里，不再离开；'游于艺'就是在房屋里添加一些彩饰，让它变美。'艺'就是理最恰当的地方。比如诵诗、读书、弹琴、习射等等，都是为了调习自己的心，让它精熟'道'。如果不先'志于道'，就去'游于艺'，就会像一个糊里糊涂的小伙子，不先建造起房屋，便只管去买画和装饰来做门面，不知他究竟要把画挂在什么地方？"

【经典导读】

王阳明以形象的比喻阐述了身心修养的本体与功夫的论点。他认为学以立志是首要条件。有了这条件，其他的都会随之而来；如果没有这条件，拥有其他的也都没有意义。是的，一个人要想获得成功就要锁定他的志向往前走，否则就有可能在社会的丛林中迷失了自我。

哲学家尼采曾经说过："一个人知道自己为了什么而活,他就能够忍受任何一种生活!"换句话说,只要明白自己为何有此一生,确立了自己所要完成的目标,那么眼前的苦难又算得了什么呢?

人的一生,要想走向成功,必须有自己的目标,如果没有目标,便犹如大海上没有舵的帆船或是看不到灯塔的航船,就会在暴风雨里茫然不知所措,以致迷失方向。无论怎样奋力航行,终究无法到达彼岸,甚至船破舟沉。现在有的人一生忙碌,但一事无成,便是因为没有目标,导致人生的航船迷失了方向。

现代社会充满了竞争,今天你跑得快一点,明天我赚得多一点,后天他比我们都更有效率一些……当我们的一切被超越对手,被竞争的成败标准限定的同时,我们也在实现人生价值的过程中迷失了奋斗的目标——我们为了谁而拼命?为自己,还是为了超越对手的成功规格?若只是为了超越对手,那么总有一天我们也会被身后的对手超越。

博恩·崔西说:"成功就是目标的实现,其他都是这句话的注解。"有梦想,有目标的人就好像在茫茫大海上有罗盘的船只,有明确的方向。我们每个人都渴望成功,都渴望实现自由,都渴望能干自己想干的事,去自己想去的地方,然而要成功就要达到自己设定的目标或是完成自己的愿望,而没有目标的人就好像没有罗盘的船只,不知道前进的方向;而没有方向的船只只能跟随着有方向的船只走。现实中那些有人生大格局的成功人士不是成功了才设定目标,而是设定了目标才成功。

他是将中国功夫传播到全世界第一人,他是打入好莱坞的首位华人,他革命性地推动了世界武术和功夫电影的发展,他将"Kung Fu"一词写入了英语词典。他就是李小龙,他不仅是中国的骄傲,更是世界人民的偶像。

1940年11月,一个男孩儿在美国旧金山市出生了,他的名字叫布鲁斯·李,他的父亲是演员,他从小就有跑龙套的机会,于是产生了做一名演员的梦想。由于身体虚弱,父亲让他习武强身。1961年,他考入华盛顿州立大学主修哲学,后来,他像所有正常人一样结婚生子,但在他内心深处,时刻也不曾放弃当一名演员的梦想。

有一次,在他思考自己的未来时,当演员的梦想在他心中不停地涌动着,于是他在一张便笺上写下了自己的人生目标:"我,布鲁斯·李,将会成为全美国最高薪酬的超级巨星。作为回报,我将奉献出最激动人心、最具震撼力的演出。从1970年开始,我将会赢得世界性声誉;到1980年,我将会拥有

1000万美元的财富，那时候我及家人将会过上愉快、和谐、幸福的生活。"写完后，他把这张便笺收了起来。那时候，他的生活正穷困潦倒，不难想象，如果这张便笺被别人看到，会引来多少嘲笑，然而，他却把这些话深深铭刻在心底。

为实现梦想，他克服了无数常人难以想象的困难。比如，他曾因脊背神经受伤，在床上躺了4个月，但后来奇迹般地站了起来。1971年，命运女神眷顾了这个为了梦想不懈努力的男子。他主演的《猛龙过江》等几部电影都刷新香港票房纪录。1972年，他主演了香港嘉禾公司与美国华纳公司合作的《龙争虎斗》，这部电影使他成为一名国际巨星——被誉为"功夫之王"。1998年，美国《时代》周刊评选"20世纪英雄偶像"，他是唯一入选的华人。

他就是李小龙——一个"最被欧洲人认识的亚洲人"，一个迄今为止在世界上享誉最高的华人明星。1973年7月，事业刚步入巅峰的他因病身亡。在美国加州举行的"李小龙遗物拍卖会"上，这张便笺被一位收藏家以2.9万美元的高价买走，同时，2000份获准合法复印的副本也当即被抢购一空。

光阴流转，李小龙现在仍然作为一位功夫明星留在许多男孩的心中。哈佛大学的一位心理学教授曾经借来他儿子的那份李小龙便笺的副本，向他的学生诉说梦想的重要性，并真诚地告诉他们：赶快写下你们的梦想吧！从现在开始，将你的梦想写下来，因为梦想是你生活路上的一盏灯，为你指明方向，激励你不断前进，从而收获一个丰硕的人生。

太多的幻想，往往使人不知如何选择。当你还在举棋不定时，别人或许已经到达目的地了。给自己选定一个梦想，让它为自己的生命掌舵，人生也会因此而出现另一番全新的景象。正如柏杨先生所言："出发点不同，产生追求目标的不同。追求目标不同，人生价值标准也跟着不同。"

人生的精彩源自梦想的精彩，目标的高度决定成就的高度。每个人都是自己命运的设计师，做自己的主人，人生的所有法则都将变得简单，孤独将不再孤独，贫穷将不再贫穷，脆弱将不再脆弱。没有目标的人生就像没有方向的航船，只能在海上漫无目地漂泊。因此，要想掌握自己的人生，就先要明确你的目标，找到努力的方向，再立即采取行动，不断努力提高自己的能力，促进自己的成长，只有这样，才能获得完满的人生。

【点睛之笔】

托尔斯泰也曾说："人生目标是指路明灯。没有人生目标，就没有坚定的方向；而没有方向，就没有生活。我们这个伟大的时代，就建立在每个人都有天真的梦之上。"

5. 追求高尚的修养

【原文】

问："读书所以调摄此心，不可缺的。但读之之时，一种科目意思牵引而来。不知何以免此？"

先生曰："只要良知真切，虽做举业，不为心累。纵有累，亦易觉克之而已。且如读书时，良知知得强记之心不是，即克去之；有欲速之心不是，即克去之；有夸多斗靡之心不是，即克去之。如此亦只是终日与圣贤印对，是个纯乎天理之心。任他读书，亦只是调摄此心而已，何累之有？"

曰："虽蒙开示，奈资质庸下，实难免累。窃闻穷通有命，上智之人，恐不屑此。不屑为声利牵缠，甘心为此，徒自苦耳。欲屏弃之，又制于亲，不能舍去，奈何？"

先生曰："此事归辞于亲者多矣。其实只是无志。志立得时，良知千事万事只是一事。读书作文，安能累人？人自累于得失耳！"因叹曰："此学不明，不知此处担搁了几多英雄汉！"

【译文】

有人问先生："读书是为了调习自己的心，它必不可缺。但是，读书的时候有一种科举的思虑会随之而来。不知道怎么才能避免它？"

先生说："只要良知是真切的，即便是为了科举考试，也不会成为心的拖累。就是成了拖累，也容易发觉并且克服它。比如在读书的时候，良知知道有了强记之心是不对的，便会立刻把它克服；求速的心情也知道是不对的，也马上把它克服；有自夸争强好胜的心，也知道是不对的，也克服掉。这样的话，成天与圣贤们的心相互印证，就是一颗纯然合乎天理的心。任凭他读书，也都只不过在调习自己的心罢了，怎会有拖累呢？"

有人问先生："承蒙您开导，但是无奈我天资平庸，实在很难避免这种拖累。我听说'穷通有命'。聪明的人大概会对此表示不屑，但是我为名利所牵累，甘心情愿这样，也能是独自苦恼罢了。如果想要抛弃科举，却又受制于父母，无能割舍。这到底该怎么办呢？"

先生说："把这种事归咎到父母身上的人很多啊。而实际上只是因为自己没有志向。志向确立了的时候，千事万事，只是良知一件事。读书写文章，怎么会拖累人呢？只是人们为自己的得失所拖累罢了。"先生因此感叹道："良知之学不昌明于天下，不知道还要耽误多少英雄在这里！"

【经典导读】

在王阳明看来，修养就是"致良知"，"致良知"贯穿于人的活动之中。为人处事是"致良知"，学习是"致良知"，连科举应试时也是"致良知"，事物虽有万千之繁复，"致良知"却只有明明白白，实实在在的一个。所以，修养是人生活动的主宰，而不是负担。

人生在世间，犹如时时刻刻处于荆棘丛林之中一样，处处暗藏危险或者诱惑。只有不动妄心，不存妄想，心如止水，才能使自己的行动无偏颇，从而有效地规避风险。人生是一个为了提高身心修养而得到的期限，是为了修炼灵魂而得到的场所。可以这样说，人类活着的意义和人生的价值就是提高身心修养，锤炼灵魂，使自己的灵魂比起刚出生时变得更美好才不枉此生。

然而，生活在这个充满纷乱的社会中，难免被世俗所累，很多时候，我们都在乐此不疲地追逐着金钱、地位、名利这些自己认为重要的东西。忽然有一天，你会发现，就是因为这些东西使你心力交瘁。回过头来，才发现脱下物质的外衣，自己却是一个心灵的贫瘠者。

古人云："无欲则刚。"这其实是一种境界，更是一种修养。人没有太多的欲望，就会活得简单、洒脱、自由。于是，在滚滚红尘中，不如怀一颗平和的心，抵挡各种诱惑；做一件平常事，放弃无谓的执着；当一个平凡人，简简单单地生活，做最真实的自己。只有真心追求良知的人，才能领悟人生的真谛。陶渊明就是真心追求自身的道德修养，才有了不为五斗米折腰的气节。

陶渊明是东晋后期的大诗人、文学家，公元405年秋，他为了养家糊口，来到离家乡不远的彭泽当县令。这年冬天，郡的太守派出一名督邮，到彭泽县来督察。督邮，品位很低，却有些权势，在太守面前说话好坏就凭他那张嘴。这次派来的督邮，是个粗俗而又傲慢的人，他一到彭泽的旅舍，就差县吏去叫县令来见他。陶渊明平时蔑视功名富贵，不肯趋炎附势，对这种假借上司名义发号施令的人很瞧不起，但也不得不去见一见，于是他马上动身。

不料县吏拦住陶渊明说："大人，参见督邮要穿官服，并且束上大带，不然有失体统，督邮要乘机大做文章，会对大人您不利的！"

这一下，陶渊明再也忍受不下去了。他长叹一声，道："我不能为五斗米向乡里小人折腰！"

说完，索性取出官印，把它封好，并且马上写了一封辞职信，随即离开只当了八十多天县令的彭泽。

尽管生活贫困，但他始终不愿再为官受禄。他的一生，充满了对人生真谛的渴望与追求。

可见，陶渊明虽然家境贫困，但他生性淡泊，有着崇高的气节。他关心百姓疾苦，有着"猛志逸四海，骞翮思远翥"的志向，更是勉励后人的精神。他能够永远保持善良纯真的本性，不为世上任何名利浮华所改变，可谓是杰出的贤者。

有人说：人类是很聪明的，但又是很愚蠢的。在面对利益诱惑时又往往不理性。有时，对于个人利益的获取抱有太多不正当的念头，最终毁了大好前程；有时明知是圈套，却因为抵御不住诱惑而落入陷阱。

在人生的道路上，许多人由于太看重个人的利益而被妄念所控制。想一想，世界上有多少人为了钱财，夫妻离异、兄弟反目；有多少人为了升官发财，朋友相残，同事相害；又有多少人为了贪欲而被厄运的玻璃瓶捉住呢？因此，人仅有聪明是不够的，还需要用理智驾驭自己的贪欲，应该学会抛却妄念，提高内心的层次，学会正确处理遇到的事情。

不管是高高在上的大人物，还是默默无闻的小人物，都应该学会抛却妄念，磨砺灵魂，努力地生活。当面对死亡的时候，你可以确定自己不是一个精神的贫瘠者，这样的人生才是真正幸福的。正如歌德所说："只有使自己的心神解脱一切烦恼妄念，才能获得精神上的真正快乐。"

每一个人刚走上社会时，都是有着崇高的理想和抱负，然而有一些人遭受多次挫折，经历艰难困苦之后，一颗原本质朴的心就变了：原本爽直的人变得吞吞吐吐，心灵歪曲，理想破灭，最后变得窝囊。社会与环境并不足以影响人，每一个人都要有独立的修养，不受外界环境影响，永远保持一颗光明磊落、纯洁质朴的心，真实地面对自己的心，这才是做人的最高修养。

【点睛之笔】

不戚戚于贫贱，不汲汲于富贵。

6. 严格要求自己

【原文】

问："'生之谓性'①，告子亦说得是，孟子如何非之?"

先生曰："固是性，但告子认得一边去了，不晓得头脑。若晓得头脑，如此说亦是。孟子亦曰：'形色，天性也。'②这也是指气说。"

又曰："凡人信口说，任意行，皆说'此是依我心性出来'，此是所谓生之谓性。然却要有过差。若晓得头脑，依吾良知上说出来，行将去，便自是停当。然良知亦只是这口说，这身行。岂能外得气，别有个去行去说？故曰：'论性不论气不备，论气不论性不明。'③气亦性也，性亦气也，但须认得头脑是当。"

【注释】

①"生之谓性"一句：事见《孟子·告子上》"告子曰：'生之谓性。'孟子曰：'生之谓性也，犹白之谓白与?'曰：'然。''白羽之白也，犹白雪之白，白雪之白犹白玉之白与?'曰：'然。''然则犬之性犹牛之性，牛之性犹人之性与?'"这是孟子与告子关于"性"的著名论辩之一。

②形色，天性也：语出《孟子·尽心上》。

③"论性"二句：语出《河南程氏遗书》卷六。意为只讲性不讲气，不完整；只讲气不讲性，不明晰。

【译文】

有人问："'生之谓性'，告子说的这句话也算不得错了，为什么孟子却要否定呢?"

先生说："天性固然是与生俱来的，只是告子的认识有些偏颇，他只知道把它看成是性，却不明白这其中的主旨所在。如果明白了主旨，这样说也不能算错。孟子也曾说'形色，天性也'。这也是针对气说的。"

先生又说："一般人信口雌黄，恣意行动，都说这是依据自己的心性来的，这就是所谓的'生之谓性'。但这样是会出差错的。如果懂得了主旨，凭借着良知去说去做，自然就会正确。但良知也只体现在自己用嘴说，自己身体力行。怎能离开气，另外再有一个东西去说去做呢? 所以伊川先生说：'论

性不论气不备，论气不论性不明。'气就是性，性也就是气。只是首先必须妥
当地认清主旨。"

【经典导读】

自古至今的宇宙中"无非一气而已"，气是运动的，其形态有往来、阖
辟、升降。万物的变化和人类社会的成败得失、兴衰治乱，都是气的运动的
结果。国有国运，人有命运，而运在气中，无气则不能运。气从性生，无性
则气不生。气显现于形色，实则是心性中气的使然。

王阳明认为即使"生之谓性"，也不能胡言乱语，肆意恣情，而应在良知
的主宰下，正确地去说去做。一个人要想成功，除了别人的监督之外，更重
要的是自我管理。别人的监督可以发现自己发现不了的事情，自己的管理就
是自律。自律是自己管理自己、自己尊重自己、自己塑造自己。

生活中，每个人都不能太过放纵自己，面对社会的各种诱惑，要学会严
格要求自己。一个真正的达观者，敢于无情地批判自己的错误和观点，敢于
严格要求自己，敢于面对生活的各种挑战。真正严于律己者，一定是重于责
己而宽以待人。重于责己者，虽然是细疵微瑕，也要昭彰于天下。正因为其
敢于严厉解剖自己，勇于承担责任，不饰非，不诿过，才获得人们永久的钦
佩与景仰。格雷就是一个严于律己的好警察，他的律己行为值得我们钦佩和
提倡。

格雷，是一名资深的警察，在美国警界服务了 30 多年。在日内瓦举行的
一次国际退役警员协会周年大会上，他荣获"世界最诚实警察"的美誉。

在他的警察生涯中，从来没有为自己谋过私，"诚实的格雷"在警界拥有
非常大的名望。

有一次，他到夏威夷风景如画的海边度假，发现自己在限速 20 公里区域
内以时速 26 公里驾驶之后，给自己开了一张违例驾驶传票。他这样说道：
"由于当时见不到其他警员在场，无人抄牌，而最简单的办法莫过于把车停在
路旁，走下车来，写一张传票给自己。"

在驶进市区后，他就直奔当地交通局去报告了这件事。主管违例驾车案
件的法官起初大感意外，继而大受感动，他说："我当了多年法官，从未遇到
过这样的案件。"但在格雷的感召下，他还是秉公执法，判罚格雷 25 英镑。

格雷的这种自我管理意识是始终如一的。无论是在工作上，还是生活上，
他都是一个严于律己的人。有一次，他的母亲在公园散步时擅自摘取花朵，
作为帽饰，当他发现后毫不留情地把母亲拘控。不过，罚款定了以后，他立

刻替母亲交付那笔罚款。他解释说："她是我母亲，我爱她，但她犯了法，我有责任像拘控任何犯法的人一样拘控她……"

格雷拥有极强的自我管理意识，时刻认真地严格要求自我，实在是让人心生敬佩。要知道，懂得严于律己的人，不仅是一个成熟的人，也是一个对自己负责任的人。

严于律己，不向各种诱惑和劣性妥协，终于走上成功之路的例子在体育界也比比皆是。

杰瑞·莱斯，这位公认的美式足球前卫接球员的最佳代表，家喻户晓的美式足球明星，他的成功有目共睹。

熟知他的人，都知道他是个天生的运动员。他天赋异禀，是每一位足球教练梦寐以求的前锋球员。获选进入美式足球名人榜的明星教练比尔·华西发出这样的赞叹："在我所认识的人当中，杰瑞·莱斯的体能是最棒的！"但是仅凭着天赋并不足以铸就其传奇，杰瑞·莱斯的成功有着一个更重要的原因，那就是严于律己、不断挑战和战胜自我。

当杰瑞·莱斯还在高中校队的时候，每次练习之前，摩尔高中球队教练查尔斯·戴维斯都规定球员以蛙跳的方式，弹跳蹦向一座40码高的山丘，来回20趟后才能休息。密西西比的天气非常炎热并且潮湿，莱斯在完成第11趟之后就感到吃不消想要打算放弃，当他打算偷偷溜回球员休息室时，他意识到自己不能就此放弃，半途而废，不能被自己的惰性打败，于是他掉过头来回到练习场完成了教练规定的训练任务。

成为职业球员后，他每天坚持训练，当其他球员享受假期时，他却坚持每天早上七点起来训练直到中午。

美国职业足球联盟明星凯文·史密斯评价他说："他的确天赋过人，然而他的努力更是凌驾于他人之上，这正是好球员与传奇性球员的分野。"

可见，人最大的胜利就是战胜自我，即使在独处、无人时，也能坚持自律、自制，不随意放纵自己，从而养成良好的习惯、坚持正确的道路，必将收获精彩的人生。

我们都知道，每个人最大的敌人就是自己，只有战胜自己才能战胜一切。但是，想要打败"自己"这个敌人又谈何容易。毕竟人是血肉之躯，欲望扎根在人的本性之中；人一旦疏于自律，心中就会涌起无穷的欲望，而过度的欲望只会让人陷入烦恼的泥沼当中，欲望无穷，烦恼不尽。在这个物欲横流的社会中，如果每个人都能克制自己过度的、不该有的欲望，那么一切纷争和问题都将迎刃而解。

在生活和工作中，但凡在事业上颇有成就的人都是对自己要求非常严格、而不用别人来强迫或督促的人。所以，一个人要想达到事业的顶峰，就必须提升自己的自我管理意识，严格要求自己。不管我们做的是多么普通、多么枯燥的工作，都要自我管理、自我激励，只有这样，我们才有机会成为管理者或老板；也才有机会成为那些勇于负责、令人信任的人。

【点睛之笔】

面对社会生活的多样化，如果不能掌控自己的生活，就会被他人控制。人如果战胜了自己，不论是工作还是生活都将一帆风顺。

7. 用沉默来对抗诽谤

【原文】

又曰："诸君功夫，最不可助长。上智绝少，学者无超入圣人之理。一起一伏，一进一退，自是功夫节次。不可以我前日用得功夫了，今却不济，便要矫强做出一个没破绽的模样。这便是助长，连前些子功夫都坏了。此非小过。譬如行路的人遭一蹶跌，起来便走，不要欺人做那不曾跌倒的样子出来。诸君只要常常怀个'遁世无闷，不见是而无闷'之心，依此良知忍耐做去，不管人非笑，不管人毁谤，不管人荣辱，任他功夫有进有退，我只是这致良知的主宰不息，久久自然有得力处。一切外事亦自能不动。"

又曰："人若着实用功，随人毁谤，随人欺慢，处处得益，处处是进德之资。若不用功，只是魔也，终被累倒。"

【译文】

先生又说："诸君下工夫，千万不可拔苗助长。有着上等智慧的人是很少的，一般的学者们没有道理能够直接进入圣人的境界。一起一伏，一进一退，都是下工夫的秩序。不能够因为我前些天用了工夫，而今天没有起到作用，便硬要逞强，装出一副没有破绽的模样。这就是'助长'，连前面下的工夫也都会被搞坏的。这并非小的过失。就好比人在走路，摔了一跤起来再走，也用不着骗人，做出一副没有跌倒过的样子来。各位只要常常怀着'遁世无闷，不见是而无闷'的心，遵从良知，坚持做下去，无论别人是非难还是讥笑，诽谤还是诋毁，不管别人荣耀或是侮辱，任凭别人功夫的进退，我只需坚持不断地致良知，久而久之，自然会感觉到有力。任何外在的事物，也自然能够做到不为所动。"

又说："人如果切切实实地用功，任凭别人诋毁诽谤、欺负轻慢，处处都能得益，处处都是推进品德修养的动力。若不用功，别人的诽谤和侮辱就会有如魔鬼，最终会被它累垮。"

【经典导读】

王阳明认为功夫有进退，这是正常的，不要自欺欺人，假装一直在进步。外部的不利因素，如别人的毁谤、欺慢不可避免的。这一切如能正确对待，加强修养，都能够成为自己进步的条件；如果不这样磨炼自己，那么它们就全部是"魔"，自己便会败在它的脚下。

古人说："行高于人，众必非之"。赞誉和诋毁总是相伴而生的。当一个人取得很高荣誉的时候，有人会赞誉他的功绩，也会有一些不明真相或者带着某种目的人去诋毁他的声名。

赞誉也好，诋毁也罢，都要坦然接受。微微一笑，揭过所有对自己的评价，沿着自己选好的道路，继续前行。若是因为别人的赞誉或诋毁而陷入苦恼，摇摆不定，所谓的成就也会被别人的声音淹没。在诽谤中，只有始终坚持自己的信念，才能将自己一生的活动进行下去。狄仁杰就是懂得其中的道理，用沉默对抗诽谤，为自己化险为夷。

武则天称帝后，任命狄仁杰为宰相。有一天，武则天问狄仁杰说："你以前任职于汝南，有极佳的表现，也深受百姓欢迎。但却有一些人总是诽谤诬陷你，你想知道详情吗?"狄仁杰立即告罪道："陛下如认为那些诽谤诬陷是我的过失，我当恭听改之；若陛下认为并非我的过失，那是臣之大幸。至于到底是谁在诽谤诬陷，如何诽谤，我都不想知道。"武则天听后感到非常高兴，于是便推崇狄仁杰为仁师长者。

狄仁杰在面对他人诽谤的时候，能够用沉默对抗，就此也得到了武则天的钦佩，实在是智者的选择。不仅我们的古人如此，就连国外大师卡耐基也不例外。

成功学大师戴尔·卡耐基刚开始创业事业的时候，经常在全国各地巡回演讲，举办一些成人教育班和座谈会。在某次的活动里，有一位纽约《太阳报》的记者，他在报道中毫不留情地攻击卡耐基和他所热爱的工作。对此，卡耐基非常生气，他说："这不只是一桶泼在头上的冷水，而且简直是一桶恶臭难当的馊水。"

卡耐基看完报纸后，越想越恼火。这些文字不仅侮辱了他的人格、理想，而且还有他全心全意专注的事业。气急败坏之下，卡耐基马上打电话给《太阳报》执行委员会的主席，要求刊登一篇声明，以澄清真相。是可忍，孰不可忍？卡耐基当时只有一个念头，就是一定要让犯错的人受到应有的惩罚。

几年之后，卡耐基的事业规模越来越庞大，他不禁为自己当时的幼稚行为感到惭愧。因为，他直到这时才体会到，当时气冲冲地发表自己的文章，想要借此昭告天下、澄清事实，但是实际上，看那份报纸的人也许当中只有1/10会看到那篇文章；看到那篇文章的人里面可能有1/2会把它当成一件微不足道的小事，而真正注意到这篇文章的人里面，又有1/2会在几个礼拜之后，把这件事忘得一干二净，如此一来，刊登这篇文章有什么作用呢？

经过一番思考，卡耐基的处世态度更为成熟，他明白了这样一个道理：在你的能力范围内，尽可能做你应该做的事，然后把你的伞收起来，免得任意批评你的雨水顺着脖子向背后流去。当你不停地充实自己，那些攻击你的人就会自动闭上嘴巴了。

从卡耐基的经历，我们领悟到，人生难免遇到或遭到流言蜚语，受人诽谤。与其和人无休止地争论，不如用沉默来代替，用时间的力量不断充实自己，相信用不了多久，那些流言蜚语就会不攻自破。

制造流言蜚语，对你侮辱诽谤的人无非是你的对立者，他们的目的就是要你流泪，要你痛苦，要你生气，那我们何必真的流泪、痛苦和生气呢？那就真的掉进了他们的陷阱了，中了他们的奸计了。更重要的是，谣言往往是越解释越多，越解释便越复杂，所以干脆不去解释。既然是谣言，便站不住脚，你不用解释，他便自己瓦解了。沉默就是对他们最大的轻蔑。

人活在世界上，最不能避免的是什么？当然就是流言蜚语和侮辱诽谤，哪怕是你无意的言语，都会被人拿来反复地咀嚼，再谨慎小心的人也不可能让所有人都满意，这一点是确定的，流言蜚语、侮辱诽谤也是不能避免的，是客观事实，那就不能回避这个矛盾，而要沉默去面对这一切。

宠辱不惊，对外界的毁誉、对于人生起伏都怀一颗平常心，便是一种圣人境界。在我们的现实生活中，做好自己、看淡外界是非，可以帮助我们在飞速变化的时代保持一颗平常心。对别人的赞誉，少受几分，心境就不会飘飘然；对别人的批评，多些反省，我们就不会耿耿于怀。同样的道理，遇到人生的嘉奖，不要得意忘形，遇到生活的坎坷，不要妄自菲薄，既然我们已经尽力而为了，就不要强迫自己符合外界的框架。这样去做，我们就可以避免在得意时，生出失意之悲，在苦心时，丧失生活的乐趣。

【点睛之笔】

面对他人的诽谤，最好的解决办法是持有一种不辩的态度。沉默往往比主动攻击、千言万语更有用，更能增强对别人的影响力。我们要做的就是埋头苦干，不断地充实自己，以强大的自我对抗外界的诽谤、误解、不信任。

8. 感受大自然的美好

【原文】

先生一日出游禹穴①，顾田间禾曰："能几何时，又如此长了！"

范兆期②在旁曰："此只是有根。学问能自植根，亦不患无长。"

先生曰："人孰无根，良知即是天植灵根，自生生不息。但着了私累，把此根戕贼蔽塞，不得发生耳。"

【注释】

①禹穴：即禹陵。在浙江绍兴稽山门外，传为夏禹的陵墓，为浙东著名胜迹。

②范兆期：即范引年，字兆期，号半野，王阳明的学生。

【译文】

有一天先生到禹穴游览，望着田间的禾苗，说："才多长时间，又长了这许多。"

范兆期在旁边说："这是因为禾苗有根。做学问如果能自己种下根柢，也不会担心他们不成长。"

先生说："谁没有根呢？良知便是上天种下的灵根，自然能够生生不息。只是为私欲所牵累，将这个灵根破坏堵塞了，不能够生长出来罢了。"

【经典导读】

王阳明师生除正式上课外，还经常通过一些有趣的活动譬如郊游探讨学问。在郊游中，他们因观赏景物生出种种联想，对学理有了更深刻的理解。

而且由于畅所欲言，教学相长，师生皆有收获。

林语堂先生曾经说："当一个人的感官被充分唤醒，不是因为美食和醇酒，也不是因为烟草的佳味，而是因为自然本身。"在生活中，自然对于我们，也有某种难以割舍的情感诉求。那些凝聚了花开花落、云起云飞的瞬间，都是自然界最美最真的展现，久居城市的人，是永远无法体会到的。因此，要时常到自然中去，哪怕是在不甚茂密的树林漫步几分钟，也会被满眼的绿色感染。那时候，即使是一片悄然飘落的枫叶，也会勾起生命最初的感动。

一对年轻夫妇在繁闹的都市居住。时间一长，觉得生活就像部运转的机器，虽然总是在忙忙碌碌地转着，但太千篇一律了，即使是那些花样繁多的休闲娱乐项目，也像是麦当劳、肯德基等那些快餐一样，只能满足一时的胃口，过后很少会有余香留下。于是他们决定去乡下放松放松。他们开车南行，到了一处幽静的丘陵地带，看见小山旁有个木屋，木屋前坐了一个独居的隐士。那个年轻的丈夫就问隐士："你住在这样人烟稀少的地方，不觉得孤单吗？"

隐士说："你说孤单？不！绝不孤单！我凝望那边的青山时，青山给我一股力量。我凝望山谷，每一片叶子都包藏着生命的秘密。我望着蓝色的天，看见云彩变幻成永恒的城堡。我听到溪水潺潺，好像向我的心灵细诉。我的狗把头靠在我的膝上，从它的眼中我看到忠诚和信任。我休憩的时候，虫鸣鸟啼，为我演奏悦耳的音乐。我读书的时候，花香叶翠，抚平我浮躁的心境；屋后的菜园里种着我最喜欢吃的菜，丰收的时节，我还能和松鼠一起摘到最新鲜的水果……这么多同伴，孤独从何而来？"

年轻的夫妇听完隐士的话，顿时豁然开朗。

每天生活在喧嚣的城市里，呼吸不到最新鲜的空气；日夜工作在有压力的环境中，看不到让人心情舒朗的风景；经常周旋在不同的人际关系里，感受不到自然最淳朴最温情的一面。生活在现代的都市之中，我们也很容易被种种人造之美所遮蔽，所迷惑。要想远离烦恼的困扰，重新寻回纯真美好的心灵胜境，你就需要拥抱大自然，亲近大自然。比如说：你可以选择每天清晨或傍晚外出散步，尽情享受户外的美景与新鲜空气，因为它们会提升我们的心灵美感！迈出你的第一步之前，请深吸一口新鲜空气，激发活力，然后欣赏今天的天气，无论它是阴是晴、是寒还是暑。

一位探险家曾经写道：

有个夏日的午后，我和妻子到一个森林里，优哉游哉地度过一段愉快的时光。我们在风景优美的摩哼谷湖边山上的一座小木屋里休息，那座小木屋坐落在美国最美的自然公园里，而且是位于人迹罕至的半山腰上，四周非常宁静，除了大自然的声音外，再也没有别的噪音了。这个自然公园的面积足有七千五百英亩，中央有一潭宽阔深邃的湖水，像一块蓝宝石般横躺在森林中央，摩哼谷的原意是"空中之湖"。穿过密密麻麻的森林，就会走到一个雄大的山林凸出之处，几万年以前，地球表壳发生过一次大震动，那时，地心中抛出了这些断崖。沿着丘陵之间，有一道大溪谷，那种雄壮豪迈的气势，美得令人不敢逼视。这森林、山峰及溪谷，充满着一股宁谧祥和的氛围，确实是个陶冶身心的好地方，更是逃避混乱世界的最佳处所。

我们去郊游的这个下午，炙热的阳光普照着大地，金黄色的光芒自叶缝间泻下来，有如万丈金丝。然而，正当我们其乐融融之际，突然下了一阵雨，雨势有如万马奔腾，顷刻之间，我们全淋得跟落汤鸡一样，如果是别人，或许要觉得有些扫兴、生气，可是，我们毫不介意。森林里的雨水是很干净的，而且那雨点打在脸上，别有一番凉快新鲜的滋味！

我们静听着宁静森林里的声音，这句话或许有些矛盾，事实却是如此。刚踏入森林里时，我们不免震慑于那份寂静，可是，渐渐地，便又发现森林并非绝对静寂，反而是热闹非凡的，其中暗藏着许多活动，那份忙碌绝对不亚于人类社会的忙碌。可是，大自然的活动虽然众多，却绝不致发出高频率的噪音来，那些吹过树梢的微风之歌、小鸟的甜美歌喉和整片森林"居民"的大合唱……他们竟然无缘一见，忽略了这些美妙的天然音乐，就这么走了。

这个美好的下午，大自然将一只叫做"宁静"的手，轻轻覆在我们头上，医治了我们的心病，我们确实感觉到，心理的紧张逐渐消退了，取而代之的是一份祥和，和对整个自然界生命力的喜悦。

自然可以开启人的心灵、陶冶人的情操，人久居闹市，实际上活得很累，一切的荣华富贵和名声赞誉都是表面的东西。月明风清时，人立于月下，就会突然觉得自己生活得很可笑、很荒唐。整日费尽心思与人争斗，为身份地位而不耻说那些不愿说的话，何必这样难为自己呢？

此时，放下来，走出去，到自然的怀抱中沐浴春风，攀登高山，放歌旷野，你会舒服许多，人生便也多了些别样的意义。大自然不仅具有无穷无尽的美，而且大自然也是人类的知心朋友。置身于大自然当中，默默地享受，静静地倾听，心尤为的愉快，哪还有什么孤独，空虚。大自然具有无穷无尽的美，大自然也是人类的知心朋友，在你失意烦躁时，只要你走进自然，感受它优美的风景，你的心很快就会轻松起来，并获得无限的美的享受。

处于自然当中的人，就如同风景画中的人物，得以用更宽广的角度看自己，并调整看事情的角度。于是问题似乎显得比较简单，或觉昨天的事不过是幻象罢了。奇妙之事继续发生：我们花越多时间在大自然美景中，就有越多的焦虑消失掉。

"落霞与孤鹜齐飞，秋水共长天一色"，大自然是神奇的博大的，在自然的面前我们是真实的没有伪装的，展现在彼此面前的都是最真最善最和谐的一面。让我们走进大自然，去聆听自然界中的"交响乐"，去感受风、感受雨、感受河流冰封的静默与春暖花开的碧波荡漾、感受柳绿花红，感受落叶铺满山……感受大自然中美好的一切，让我们在四季的轮回里荡涤心境，放飞心情！

【点睛之笔】

沈从文曾说："生命另一种形式的表现，即人与自然的契合。"的确，多亲近大自然吧，去感悟人生的美好，将生活的烦恼都抛洒开去，你的人生将会因此更加美好！

9. 正视自己的过错

【原文】

一友常易动气责人，先生警之曰："学须反己。若徒责人，只见得人不是，不见自己非。若能反己，方见自己有许多未尽处，奚暇责人？舜能化得象的傲，其机括只是不见象的不是。若舜只要正他的奸恶，就见得象的不是矣。象是傲人，必不肯相下，如何感化得他？"

是友感悔。

曰："你今后只不要去论人之是非。凡当责辩人时，就把做一件大己私克去，方可。"

先生曰："凡朋友问难，纵有浅近粗疏，或露才扬己，皆是病发。当因其病而药之可也。不可便怀鄙薄之心，非君子与人为善之心矣。"

【译文】

一个朋友常常容易生气、责备别人。先生警告他说："学习必须能够反省自己。如果光是责备别人，只能看见别人的不对，而看不到自己的错误。如果能反身自省，就能看到自己很多不完善的地方，哪还有空闲功夫来责怪其他人？舜能够化解象的傲慢，主要在于他没有去发现象不对的地方。如果舜仅仅去纠正象的奸恶，就发现他的不对之处了。象又是一个傲慢的人，肯定不愿听信他的。这样怎么可能感化他呢？”

这个朋友便感到了后悔。

先生说："你今后只别再去谈论别人的是非。但凡你正在责备别人的时候，就把它当作自己的一大私欲加以克治。"

先生说："朋友们在一起辩论时，难免有深有浅、有粗有细，或者有人急于露才、自我颂扬等等，都是毛病发作。当时便顺势对症下药是可以的，只是不可怀有鄙薄的心，否则的话就不是君子'与人为善'的心了。"

【经典导读】

在这里阳明谈到的"反己"，就是指自我反省，遇到问题能多从自己身上找原因，多做自我批评。但对于许多人来说，要做到这一点非常困难。只有圣贤方才甘心为之，所以王阳明反复予以强调。反己对他人有利，对团体有利，对国家有利，最终对自己也是有利的，作为现代人就应该具有这种精神。

反省是不断地认识自我、发展自我、完善自我和实现自我价值的基本方法。懂得反省的人敢于正视自己的错误，从而让自己取得更大的进步。古人云："金无足赤，人无完人。"任何人都需要纠正自己的缺点，进而加以改正，不断克服自己的不足。如果一个人能够客观地正视自己的错误，不仅有利于修养品德，而且又是不断进步的重要途径。

松下幸之助被誉为日本的"经营之神"，作为一个优秀的企业管理者，他能取得巨大的成功，跟他的敢于正视自己的错误是分不开的。

在松下电器创立50周年纪念日上的讲话中说："我们已经走过了250年计划的五分之一，现在彻底回顾并检讨这50年，我认为我们过去走的路没有错，是成功的，而各位也非常热心和努力。

"可是详细研究这50年的内容时，似乎存在着失败，即使不能算是失败，似乎也有考虑不充分之处，有做得并不十分完善之处，以及疏忽大意的地方。在今后的年代里，就要消灭那些错误，即使是只能往前推进一步也好，希望大家能和我一同在这有意义的一天里，深深反省。"

"我发觉，不论国家或个人，没有反省就没有进步。同样的道理，没有反省的公司，也会停滞不前。从这个意义上说，进步是从反省中诞生的。不能因为业绩上升，就认定昨天和以前的做法是对的。一定要知道，今天的做法并不能得到满分。一定还有值得改进的地方，然后每个人都以 100 分为目标去努力。即使做不到，也要经常保持这种反省的态度。我认为我们今后会有大发展，不过希望各位能认清这一点，即是否成功，完全系于这一年的反省上面！"

在日常工作中，松下也经常反省自己。

因自己的工作职责问题，一位下属负责的一笔贷款难以收回，松下幸之助因此勃然大怒，在公司大会上狠狠地批评了这位下属。批评完这位下属后，松下为自己的批评感到忐忑不安，因为那笔贷款单上自己也签了字。既然自己也应负一定的责任，那么就不应该这么严厉地批评下属了。想通之后，他马上打电话给那位下属，诚恳地道歉。恰巧那天下属乔迁新居，松下幸之助得知后便立即登门祝贺，还亲自为下属搬家具，忙得满头大汗，而且事情并未就此结束。一年后的这一天，这位下属收到了松下的一张明信片，上面留下了一行亲笔字："让我们忘掉这可恶的一天吧，重新迎接新一天的到来！"看到松下的亲笔信，这位下属感动得热泪盈眶。

可见，能够做到时时审视自己的人，一般很少犯错，因为他们会时时分析自己的优点和缺点，跳出自己的局限来重新观看、审察自己的所作所为是否正确，从而为以后的行动打下基础。

可见，一个人之所以能够不断地进步，在于他能够不断地自我反省，找到自己的缺点或者做得不好的地方，然后不断改正，以追求完美的态度去做事，从而取得一个又一个的成功。人生天地间，浮浮沉沉、起起落落是常有的事情，这就要求我们必须随时自我反省，修正自己的错误，扬长避短。

鲁迅说："真的猛士，敢于直面惨淡的人生，敢于正视淋漓的鲜血。"不过，社会上总有这么一些人，他们有了病就往医院跑，但是有了错误却选择逃避，不敢正视自己的错误。这些人实在是胆小的懦者。人们往往会对这种人嗤之以鼻，不屑与之为伍，最终不能正视自己过错的人也只能落得孤家寡人一个。因为连自己的错误都不敢改正的人，还指望他们能干成什么大事呢？因此，要想成就一番事业，实现自己的人生目标，就要敢于正视自己的不足，勇改正自己的错误，不断完善自己的道德品质和人格魅力。

【点睛之笔】

勇于正视自己的错误，实际上是道德品质的修炼，是道德情操的升华，是人格魅力的完善。一个不会自我反省的人永远也长不大。

10. 不虚假才快乐

【原文】

问："《易》，朱子主卜筮，程《传》主理，何如？"

先生曰："卜筮是理，理亦是卜筮。天下之理孰有大于卜筮者乎？只为后世将卜筮专主在占卦上看了，所以看得卜筮似小艺。不知今之师友问答，博学、审问、慎思、明辨、笃行之类，皆是卜筮。卜筮者，不过求决狐疑，神明吾心而已。《易》是问诸天；人有疑，自信不及，故以《易》问天；谓人心尚有所涉，惟天不容伪耳。"

【译文】

有人问先生："《易经》一书，朱熹先生认为它重在卜筮，而伊川先生则认为它重在阐明天理。究竟该如何看待呢？"

先生回答说："卜筮就是理，理也就是卜筮。天下的理，哪会有比卜筮更大的呢？只是因为后代学者把卜筮算作了占卦，因此把卜筮当成了雕虫小技。他们却不知道，现在师生、朋友的问答，博学、审问、慎思、明辨、笃行等等，都是卜筮。卜筮，不过是解决疑问，使自己的心变得神明而已。《易经》是向上天请示，人们有了疑问，不足够自信，便用《易经》来问上天。人心依然还有偏私，只有上天容不得虚假。"

【经典导读】

王阳明喜欢圆融，喜欢把不同的东西融合为一。在他看来，古人每办一件事，总要先去求龟占卜，其最初的目的就是为了确立一个共识，一种公理，就像做买卖的凭借于秤而求得真实不虚假一样。

做人也是如此，只有真实不虚假才能获得内心的快乐，浓妆艳抹的风姿虽然能够在第一时间吸引住别人的目光，但洗尽铅华后的本色才更加持久。因此，一个人在这个社会中生存，不要总希冀自己能够"瞒天过海"，还是以真示人，但求无违我心为妙。

也许只有在一个人安静的时候，人们才会把虚伪的面具摘下，审视一下真实的自己，抑或在自己的内心深处还保留着最真实的形象。然而，做一个真实的自己，谈何容易？所以，很多人觉得做真实的自己越来越难，甚至成为一种遥不可及的奢望。于是，很多人的生活在虚假的表象之上变得模糊不清、混乱不堪，似乎过着虚伪痛苦的生活。

还有一些人总认为，做真实的自己是与这个社会格格不入的。很多时候，我们需要伪装自己，能做真实的自我。因为我们每个人都希望能够在这个社会中有一番作为，赢得别人的尊重，所以，我们必须伪装自己，将自己无限拔高，以便能够压倒周围所有的人。可是这种虚假真的能够让自己脱颖而出吗？当我们不加节制地装饰自己的时候，就会与真实的自己相背离，这样的名不副实恰恰会让自己遭到唾弃。而且伪装得久了，慢慢就会连自己最本真的面目都给埋没了，最后就会成为一个虚假的人。

有这样一个故事：

东晋时，王家是大家族，社会地位很高。因此，当时的太尉郗鉴就想在王家挑选女婿。郗鉴的女儿才貌双全，郗鉴视她如掌上明珠，这么一个宝贝女儿，一定要找个门当户对的人家。

郗鉴觉得与王家的情谊深厚，又同朝为官，听说他家不仅子嗣甚多，而且个个都才貌俱佳。有一天，早朝后，郗鉴就把自己择婿的想法告诉了王丞相。

王丞相说："那好啊，我家里子嗣很多，您到我家里随意挑选吧！如果您相中了，不管是谁，我都会同意的。"

听了王丞相的话，郗鉴非常高兴。于是就命心腹管家带上重礼来到王丞相家。王府子弟听说郗太尉派人选女婿，他们都仔细打扮一番出来相见。管家寻来觅去，发现少了一人。王府管家便领着郗府管家来到东跨院的书房里，一进去，人们都惊呆了。一个袒腹的青年人仰卧在靠东墙的床上，似乎对太尉觅婿一事无动于衷，这让许多人都困惑不解。

郗府管家把情况如实向郗鉴报告说："王家的少爷个个都好，他们听到了相公要挑选女婿的消息以后，个个都打扮得齐齐整整，个个循规蹈矩，唯有东床上有位公子，袒腹躺着若无其事。"

郗鉴说："那个人就是我所要的好女婿！"于是马上派人再去打听，原来那人就是王羲之。郗鉴来到王府，见到王羲之既豁达又文雅，才貌双全，当场下了聘礼，择为快婿。

王羲之并不因有人来挑选女婿就刻意打扮自己，这就是显其真。其真是真实坦荡不虚伪，如出水芙蓉，天然去雕饰，大有古之贤士逍遥自在之感。

很多失败者之所以会失败，是因为他们对自身的宝藏视而不见，反而拼命地去羡慕别人，模仿别人。殊不知，成功的真谛就在于坚持自我。

其实，一个人活着的意义就是他存在的价值。记住你就是你，不要勉强的去学别人。要欣赏自己，发挥自己的特长，只有觉得自己有用，你才会快乐。无论什么时候都要确定你的选择，然后要勇往直前，常对自己笑一笑，你平凡的人生才会充满着不平凡。欣赏自己，多一份自信，就会有多有一份希望。

做人永远要做最真实的自己，不要总是效仿别人，必须懂得坚持自我。很多失败者之所以会失败，是因为他们对自身的宝藏视而不见，反而拼命地去羡慕别人，模仿别人。殊不知，成功的真谛就就在于坚持自我。

生活中，很多时候，迫于世俗的种种压力，真实的自我往往裹着厚厚的外衣，让人无法看到真正的面目。然而世上最累人的事，莫过于虚伪地过日子。这种虚假的生活只会让你越来越丧失最本真，最真实的自我。

做最真实的自我，不在于我们改变世界，而在于我们坚守的信念。我们认定自己是什么人，结果我们将变成那样的人。如果我们一味追求虚浮，活在虚假中，对我们的内心来说也是一种煎熬。所以，与其痛苦活着，倒不如换一种生活方式来释放自己，活的真实一点，多为自己的生命去考虑，这样我们的生活才会更充实，更从容。

【点睛之笔】

因为真实与谎言的最终结果，必然是"真实归于真实，谎言归于谎言"。

黄省曾①录

1. 适时收放，分寸做事

【原文】

黄勉之问："'无适也，无莫也，义之与比。'②事事要如此否？"

先生曰："固是事事要如此，须是识得个头脑乃可。义即是良知，晓得良知是个头脑，方无执着。且如受人馈送，也有今日当受的，他日不当受的。也有今日不当受的，他日当受的。你若执着了今日当受的，便一切受去。执着了今日不当受的，便一切不受去。便是适莫。便不是良知的本体。如何唤得做义？"

【注释】

①黄省曾：字勉之，号五岳，江苏苏州人，王阳明的学生，著有《会稽问道录》。

②"无适也"三句：语出《论语·里仁》。无适，无可；无莫，无不可。

【译文】

黄省曾问先生："《论语》里说'无适也，无莫也，义之与比'，是不是事事都要这样呢？"

先生说："当然，只是需要懂得它的主旨才行。义，就是良知。明白良知是个主旨，才能不会有所执着。就像接受别人的馈赠，有当天应该接受而换个时间却不应接受的；也有今天不应该接受而换个时间却又可以接受的。如果你执着于今天可以接受的便一切都接受了，或者执着于今天不该接受的便一切都不接受，就成了'适'，成了'莫'，就不再是良知的本体了。这怎么能叫作'义'呢？"

【经典导读】

人类的行为应该遵守道德标准，但是这个标准并非固定不变的。所以人在行动的时候需要变通地运用已有标准，或者适时地创建新标准。王阳明认为，这种变通与创新的能力不是依靠背诵古书、考证文义产生的，它来自人的良知。只有发挥良知的创造性，我们才能做到"义之与比"，适时收放。

鲁国有一条法律，鲁国人在国外沦为奴隶，有人能把他们赎出来的，可以到国库中报销赎金。有一次，孔子的弟子子贡（端木赐）在国外赎了一个鲁国人，回国后谢绝收下国家赔偿金。孔子说："赐呀，你采取的不是好办法。从今以后，鲁国人就不肯再替沦为奴隶的本国同胞赎身了。你如果收回国家的补偿金，并不会损害你行为的价值。而你不肯拿回你抵付的钱，别人就不肯再赎人了。"子路救起一名落水者，那人感谢他，送了他一头牛，子路收下了。孔子说："这下子鲁国人一定愿意救落水者了。"

在这个故事中孔子告诉了我们关于树立社会榜样的标准，好事也要好做。过于矜持或过于直率都有失偏颇，只有收放自如才能不失偏颇。鲁国制定这个法令的初衷是尽可能多地解救鲁国人，让国民得实惠，国家报销是符合一般人的正常道德情操水平的，因为大多数人都有同情心，也愿意出力解救他们，但为奴隶赎身需要大笔金钱，这对绝大多数人来讲，是一笔不小的经济负担。要自己出，很多人不免有些为难，心有余而力不足，所以才要政府出钱报销，解决了人们既同情又犯难的矛盾。

在这种两难的局面下，很多人会在有压力的情况下对卖身为奴的鲁国人视而不见，因为不做总比做了反而招来道德谴责要好得多。大多人面对难题时总是绕着走的，既没有损失钱财，也不会让其他人指责自己。这样一来，最后鲁国的法令就得不到实际的执行，法令设立的初衷与目的都失去了，而那些沦为奴婢的鲁国人就还得继续生活在水深火热之中。所以子贡的行为看似高尚，实则损害了国民的法令尊严，破坏了大家的共同约定，起了反作用。

其实这样的例子现在也非常常见，很多人出于善意的心去做事，但没有考虑接受的对象，以及周围人的感受，人的心理是很复杂的，有时理解一个人比给他直接的物质帮助更为有用，做好事也要做好才行，注意做事的分寸。

现代社会，无论公与私，人们都面临着花样繁多的应酬。应酬，是一门人情练达的学问，同时也是加强沟通、密切关系的桥梁。因此在社交应酬中收放自如，把握好分寸就显得尤为重要。交际应酬，免不了要喝酒。但是很多时候酒喝多了，无法把握分寸，言多必失。

有些人一端上酒杯，就忘乎所以。这就告诫我们酒还是少喝为妙。把握喝酒的分寸才能让自己在酒桌上说话行事有分寸并游刃有余，既不会伤害他人，更能保护自己。

生活在现实社会中，很多人无法正确做事，很多时候他们想的很好，但做起来造成的结果反而朝着与自己预想相反的方向发展。这是因为他们不懂得适时地收放，没有把握做事的分寸造成的。总而言之，为人处世，必须把握做事的分寸，懂得适时地收放，这样的人生才更精彩。

【点睛之笔】

讲求道德不能过迂，须知好事也要好做，收放自如，才能享受怡然自得的生活。

2. "思无邪"的智慧

【原文】

问："'思无邪'①一言，如何便盖得三百篇之义？"

先生曰："岂特三百篇？六经只此一言，便可该贯，以至穷古今天下圣贤的话，'思无邪'一言，也可该贯。此外便有何说？此是一了百当的功夫。"

【注释】

①思无邪：语出《论语·为政》："子曰：'《诗》三百，一言以蔽之，曰：思无邪。'"意为思想纯正无邪念。

【译文】

问："'思无邪'三个字，怎么就能够概括《诗经》三百篇的含义呢？"

先生说："岂止是这《诗经》三百篇？六经也只需这一句话，就能够概括贯穿了，甚至古今天下所有圣贤的话，这句话也能够穷尽。此外，还有什么可说的呢？这是个一了百当的功夫。"

【原文】

问"道心"、"人心"。

先生曰："'率性之为道'，便是'道心'。但着些人的意思在，便是'人心'。'道心'本是无声无臭，故曰'微'。依着'人心'行去，便有许多不安稳处，故曰'惟危'。"

【译文】

有人向先生请教"道心"和"人心"。

先生说："'率性之谓道'，就是'道心'。但只要有些许私欲在其中，就是'人心'了。'道心'本来是无声无味的，所以说'惟微'；按照'人心'去行动，就有了许多不安稳的地方，因此说'惟危'。"

【经典导读】

王阳明肯定思无邪的重要，认为有了动机的无邪才能有行为的无邪。在王阳明看来，一个人只有在自己的灵魂上狠批自己的"私"念，让自己有一颗"纯"心，这样才能产生出崇高的、无限的道德力量。基于此，王阳明才把"思无邪"看得比什么都重要，认为包括"诗三百"在内的整个"六经"，以至所有古今天下圣贤的言论主张，都可以用"思无邪"予以概括、总结。道学家对于《尚书·大禹谟》的"道心惟微，人心惟危。惟精惟一，允执厥中"非常重视，以为是古代圣王提出的修身纲要，称之为"十六字心传"。王阳明谓本心即道心，本心杂以"人伪"为人心，他以本心之得失来分道心人心，也只愿求得人的纯心。

包拯在朝廷为人刚毅，贵戚宦官为之收敛，接触过包拯的人都很怕他。就连儿童妇女也知道他的大名，喊他为"包待制"。京城里流行着这样的歌谣："关节不到，有阎王爷包老。"当时的制度规定，凡是告状不得直接到官署庭下。而包拯却打开官府正门，使告状的人能够直接到他面前陈述冤情，使胥吏不敢欺骗长官。

包拯在三司任职时，凡是各库的供上物品，以前都向外地的州郡摊派，老百姓负担很重、深受困扰。包拯特地设置榷场进行公平买卖，百姓得以免遭困扰。

包拯性格严厉正直，对官吏苛刻之风十分厌恶，致力于敦厚宽容之政。虽然嫉恶如仇，但没有不以忠厚宽恕之道推行政务的，不随意附和别人，装腔作势地取悦别人，平时没有私人的书信往来，亲旧故友的消息都断绝了。虽然官位很高，但吃饭穿衣和日常用品都跟做平民时一样。

包拯曾经说："后世子孙做官，有犯贪污之罪的，不得踏进家门，死后不得葬入大墓；不遵从我的志向的，就不是我的子孙。"

一颗无邪的心是这个世界的原始本色，没有一点功利色彩。就像自然界百花齐放，百鸟争唱，风吹树动，虫儿轻鸣那样毫不掺假。"思无邪"源自内心的召唤，是人之所以为人的本质使然，不需要任何特别的理由。

然而生活在世俗纷扰的世界里，尔虞我诈让我们多了一些虚伪，勾心斗角让我们多了一些狡诈，世态炎凉让我们多了一些冷漠……走过的岁月愈多，累积的足印愈深，愈想抓住回眸的无邪。于是，我们从心底渴望回归，回归生活的原始本色。

其实，你成为什么样的人最终还是要看你自己。社会与环境都不足彻底改变一个人，只要我们坚定为人，修养自己的独特造诣，那么在任何复杂的情况下，都可以永远保持无邪之思。

我们无法选择自己的人生，但每个人都可以努力提高自己的道德修养，提高对外界污染的抵抗力，减少外界环境对自己的不良影响，不受外界环境污染，这样便能永远保持光明磊落、坦白纯洁。简单思考，简单生活即谓之"思无邪"。因为保持着自己的无邪之思，才可以使生命永葆青春健康。

【点睛之笔】

保持思想的纯净与天然，在质朴中处世，在质朴中做人，人生就可以简单而快乐。

3. 说话的艺术

【原文】

问："'中人以下，不可以语上'①，愚人与之语上尚且不进，况不与之语可乎？"

先生曰："不是圣人终不与语，圣人的心忧不得人人都做圣人；只是人的资质不同，施教不可躐等，中人以下的人，便与他说性、说命，他也不省得，也须慢慢琢磨他起来。"

【注释】

① "中人"二句：语出《论语·雍也》"子曰：'中人以上，可以语上也；中人以下，不可以语上也。'"

【译文】

有人问先生："孔子说'中人以下，不可以语上'。愚笨的人，给他讲解高深的道理，尚且不会有所进步，更何况不给他说这些道理呢？"

先生说："并非圣人们不愿给他们讲解。圣人只担心不能让人人都成为圣人。只是各人的资质会有所不同，不得不因材施教。天资在中等以下的人，即便是给他讲解'性'、'命'的学说，他也未必能够明白。所以需要慢慢地开导启发他。"

【经典导读】

在王阳明心中，众人与圣人虽然在天资上存在很大差别，但在具有良知，可以为善这点上是一样的，人与人之间没有绝对的界限，所以他对《论语》这句话做了具有平等意义的解释。阳明先生认为，给人讲学问，让人明道理，要看这个人的"天资"，即"中人不可语上"。其实，王阳明这句话也说明了对什么样的人就该说什么样的话的道理。说话要根据一个人的实际情况，不要说他人听不懂的话。

每个人都拥有自己与众不同的性情，其接受他人言辞表达的内容和方式更是因人而异，因此说话符合接受对象的脾气性格，才有可能产生"共鸣"的效果。在与他人交流时，也要注意因人而异，讲究"求神看佛，说话看人"。

说话交流总是双向的，不论是在公共场合发表演讲，还是和别人随意交谈，除了说话人以外，还有说话的对象，即听说话的人。为此，我们一定要看清对象，从对象的不同特点出发，采取不同的交流方式，从而创造一种和谐、融洽的气氛。

《红楼梦》里林黛玉抛父进京城，小心翼翼初登荣国府的时候，王熙凤的几段话就展现了她"会说话"的超凡才能。先是人未到话先到："我来迟了，不曾迎接远客！"尚未出场，就给人以热情似火的感觉。随后拉过黛玉的手，上下细细打量了一回，仍送至贾母身边坐下，笑着说："天下竟有这样标致的人物，我今儿算见了！况且这通身的气派，竟不像老祖宗的外孙女儿，竟是个嫡亲的孙女儿，怨不得老祖宗天天口头心头一时不忘。只可怜我这妹妹这样命苦，怎么姑妈偏就去世了！"一席话，既让老祖宗悲中含喜，心里舒坦，又叫林妹妹情动于衷，感激涕零。而当贾母半嗔半怪说不该再让她伤心时，王熙凤话头一转，又说："正是呢！我一见了妹妹，一心都在她身上了，又是喜欢，又是伤心，竟忘了老祖宗。该打，该打！"至此，她把初次见到林妹妹应有的悲喜爱怜的情绪，抒发得淋漓尽致。

听话对象的不同体现在多个方面，包括地域、民族、性别、性格、年龄、阅历、职业、文化、修养等诸多方面。同样一句话，有的人能够听得懂，也有人干脆听不懂。有的人可能只听明白了本意，也有人可能听出了弦外之音；表达出的同一个意思，有人会认为是表扬，也有人会感到是在贬低自己。因此，对说话者来说，要想达到某种表达效果或让听话人正确地接受你要传达的意思，就必须区分接受对象，对什么样的人就说什么样的话。

说话是一种做人的艺术。大家不妨从下面几点多做一点工作。

（1）要多从一个人的言行举止等方面观察他的性格。

要想说服一个人，就必须先了解一个人，只有了解了他，才能够说出他容易接受的话。其实了解一个人有很多途径，可以先通过熟知他的人，先了解一下他的性格特征，或者通过自己的观察，来了解他。总之，只有先仔细地了解一个人，才能够做到"见到什么人说什么话"。

（2）分清人物关系。

置身一个环境，必先搞清人和人的关系，搞清身边每个人的所好与所忌，搞清这个人喜欢听什么、厌恶听什么，高兴听什么就说什么，不要说讨人嫌的话。

（3）开拓自己的知识面。

只有拓宽自己的知识面才能够和各种人都有话可说，才能够说出对方爱听的话。

与他人谈话，能够面对不同的人说不同的话，是很重要的。一个人要想使自己说出的话引起对方的重视或取得对方的认可，必须把握好说话的分寸。只有根据不同的说话对象，说出他们爱听的话，才能够真正地打动人心。

【点睛之笔】

在日常生活中，与他人交流时，一定要注意说话对象的身份。

4. 读书不能死记硬背

【原文】

一友问："读书不记得如何？"

先生曰："只要晓得，如何要记得？要晓得已是落第二义了，只要明得自家本体。若徒要记得，便不晓得；若徒要晓得，便明不得自家的本体。"

【译文】

一个朋友问先生："书读完了之后都记不住，怎么办？"

先生说:"只需理解明白就可以了,为什么一定要记得呢?而理解明白都已经是落到第二要义上了,只要使自己的本体光明就可以了。如果光是记得,未必就能明白;如果只要求明白,未必就能使自己的本体光明。"

【经典导读】

记得就是能够背诵出文章的字句段落,晓得即是理解文章的内涵文义,明得是体认了自家本体,也就是对事情本身有了自己的亲身体验。这是做学问的三种不同的精神状态,但是记得不一定晓得,晓得不一定明得,明得的必定晓得,只要能够明得不必死记就能自然而然的晓得、记得。在王阳明看来,读书需要的是这三种状态的结合,做学问重在理解,千万不能死记硬背。

在学习上,死记硬背是一种低效的方法。死记硬背犹如拿同一种东西不断撞击自己的大脑,长此以往,只能让自己的大脑"不堪重负"。

卡腾波恩先生是美国资深的新闻评论家,在哈佛大学当学生时,曾参加过一项演讲竞赛。他选了一则短篇故事,题为《先生们,国王》。他把这篇故事逐字背诵,并预讲了许多次。但在比赛那天,他说出了题目之后,脑子里便一片空白,什么也说不出来了。他顿时不知所措,但在绝望之中,他索性用自己的话叙述故事。当评审把第一名奖章颁给他的时候,他惊讶万分。

从那天起,卡腾波恩先生便没有再背诵过一篇讲稿,通常他只做些笔记,然后自然地对听众说话,绝不用讲稿,这是他取得广播事业成功的秘诀所在。

写出讲稿并背诵记忆,不但浪费时间和精力,而且容易招致失败。人在一生中说话都是自然的,一般不用费心细想言辞。我们随时都在思考着,等到思想明澈时,言语就会如同我们呼吸的空气一样,不知不觉地自然流出。

苏霍姆林斯基多次谈到死记硬背的危害:

死记硬背一贯是有害的,而在少年期和青年期则尤其不可容忍。在这些年龄期,死记硬背会造成一种幼稚病——它会使成年人停留在幼稚阶段,使他们智力迟钝,阻碍才能和爱好的形成。死记硬背的产儿,也是它的最不吉利的产物之一,就是书呆子气。就其实质来说,这就是把教小孩子时特用的那些方法和方式,搬用到少年和青年的身上来。这样做的结果,就是青少年的智慧尚处于幼稚阶段,却又企图让他们掌握严肃的科学知识。这样就使知识脱离生活实践,使智力活动和社会活动的领域受到局限。

产生这一重大祸害的主要原因之一,就是少年和男女青年使用着跟小孩子同样的方法来获取知识:他们把教科书里的教材一块儿一块儿地背诵下来,为的是以后又把自己的知识一块儿一块儿地"倒出来"给教师看,得到一个分数。这种随意识记的"肥大症",简直是要把人变成傻瓜。

事实上,死记硬背更很容易遗忘,其实,在读书学习的过程中,最好的方法是将自己的生活和经历融入所读内容之中。在自己的生活背景中,搜寻有意义、有人生内涵的经验,然后,把从这些经验中汲取的思想、概念等汇集在一起,并据此深思你所读的内容。因为自己的生活经验,并不需要背诵,就可以轻松记住。这也就是所谓的"明得"了。

【点睛之笔】

一个真正懂得读书的人,要能读到心领神会的境界,才不会陷入只背诵词章文句而不明书中真理的境地。

5. 逝者如斯,珍惜时间

【原文】

问:"'逝者如斯'①是说自家心性活泼泼地否?"

先生曰:"然。须要时时用致良知的功夫,方才活泼泼地,方才与他川水一般;若须臾间断,便与天地不相似。此是学问极至处,圣人也只如此。"

【注释】

①逝者如斯:语出《论语·子罕》"子在川上,曰:'逝者如斯夫!不舍昼夜。'"

【译文】

有人问:"孔子说'逝者如斯',是不是在指自己的心性,活泼泼的?"

先生说:"是这样的。必须时时刻刻都在用致良知的功夫,才能让心性活泼泼的,才能让它和流水一般。如果有片刻的间断,就和天地不相符了。这是做学问最高的境界,圣人也只能做到这样。"

【经典导读】

王阳明与朱子一样,认为天地是永不停息的,道体是永不停息的,人应该与天道一致,修养功夫永不停息。这是道德意义上的天人合一。

两千多年前,先圣孔子在河边说道:"逝者如斯夫,不舍昼夜。"逝水是不会有重归的,时间也不会重返,所以若想在每一天都获得充盈的快乐,就要有意识地珍惜从自己手指间溜过的每一秒钟。

有人说鲁迅是天才，可鲁迅自己却说："哪里有什么天才，我是把别人喝咖啡的时间用在写作上罢了。"他还说："时间就像海绵中的水一样，要是你愿挤，总是有的。"是的，鲁迅先生从来没有浪费过时间。他晚年身体有病，可还在为《死魂灵》一书翻译。病逝前三天，他还在翻译苏联小说，生命垂危时还坚持写日记。鲁迅的一生是珍惜时间的一生。

古书《淮南子》有云："圣人不贵尺之璧，而重寸之阴。"历数古今中外一切有大建树者，无一不惜时如金。

珍惜时间的人，都是会挤时间的。宋朝有一个大文学家叫欧阳修，写一手很好的文章。他很会挤时间写文章，他说："余（我）平生所作文章，多在三上，乃马上、枕上、厕上也。"

法国作家巴尔扎克也是珍惜时间的典范，把所有的时间都用在了写作上。他的创作时间表是："从午夜到中午工作，就是说，在圈椅里坐 12 个小时，努力修改和创作。然后从中午到四点校对校样，五点钟用餐，五点半才上床休息，而到午夜又起床工作。"他把全部精力用在了工作上，成为名副其实的"工作狂"。巴尔扎克的写作速度很快，每三天他的墨水瓶要重新装满一次，并且得用掉 10 个笔头。他创作出像《欧也妮·葛朗台》、《高老头》等 90 多部中长篇小说，成为一位多产作家，在世界上享有盛誉。他之所以著作等身，与他珍惜时间、勤奋写作是分不开的。

有些人认为人生苦短，需及时行乐，这其实是一种十分错误的价值观。把时间都留给嬉戏的人，其一生犹如寄生虫一般，浑浑噩噩；而懂得珍惜时间，把时间用在工作和学习中，让生命的分分秒秒都在充实，都在发光发热。

生老病死是自然规律，惜时如金是千百年来古人的明训。曹操叹"人生几何""譬如朝露，去日苦多"。人生七十古来稀，人的一生太短了，短暂的一生是像庄子那般有"梦为蝶，蝶为梦"的感伤不息呢？还是"人生得意须尽欢，莫使金樽空对月"的豪情呢？人要珍惜人生之乐，但"不可虚度"的标准在于要用有限的生命投入到干一番利国利民的事业中去，只有在为国为民的服务中才会更觉人生之乐，体会到生命的价值。

新年的夜晚，一位老人伫立在窗前。他悲戚地举目遥望苍天，繁星宛若玉色的百合漂浮在澄静的湖面上。老人又低头看看地面，几个比他自己更加无望的生命正走向它们的归宿——坟墓。

老人在通往那个地方的路上，也已经消磨掉 60 个寒暑了。在那旅途中，他除有过失望和懊悔之外，再也没有得到任何别的东西。他老态龙钟，头脑空虚，心绪忧郁。

年轻时代的情景浮现在老人眼前，他回想起那庄严的时刻，父亲将他置于两条道路的入口——一条路通往阳光灿烂的升平世界，田野里丰收在望，柔和悦耳的歌声四方回荡；另一条路却将行人引入漆黑的无底深渊，从那里流出来的是毒液而不是泉水，蟒蛇到处蠕动，吐着舌箭。

老人仰望夜空，苦恼地失声喊道："时间回来吧！把我重新放回人生的入口吧，我会选择一条正路的！"可是，他自己的黄金时代早已一去不复返了。

他看见天空中一颗流星陨落下来，消失在黑暗之中，那是他自身的象征，徒然的懊丧像一支利箭射穿了老人的心脏。他记起了早年和自己一同踏入生活的伙伴们，他们走的是高尚、勤奋的道路，在这新年的夜晚，载誉而归，无比快乐。

远山的钟声鸣响了，钟声使他回忆起儿时双亲对他这浪子的疼爱。他想起了困惑时父母的教诲，想起了父母为他的幸福所进行的祈祷，强烈的羞愧和悲伤使他不敢再多看一眼父亲居留的天堂。老人的眼睛黯然失神，泪珠儿潸然坠下，他绝望地大声呼唤："回来，我的青春！回来呀！"

老人的青春真的回来了。原来，刚才那些只不过是他在新年夜晚打盹时做的一个梦。尽管他确实犯过一些错误，眼下却还年轻。他虔诚地感谢上天，时光仍然是属于他自己的。他还没有坠入漆黑的深渊，尽可以自由地踏上那条正路，进入福地洞天，丰硕的庄稼在那里的阳光下起伏翻浪。

不要以为自己还年轻就可以浪费光阴，不要以为寻求自由就是随心所欲，这是非常危险的。如果这样，等你有一天突然醒悟，会发现自己虚度了太多，失去了太多，到时后悔为时晚矣。

生命的入口只有一个，进入也只能进入一次，而且时间短暂。为了活出生命的价值不能不知道拥有生命的乐趣，也不能够不时常担忧是否会虚度一生。

其实，我们可以在很多方面发掘生活的乐趣，也可以在很多方面多加些努力来避免虚度。人活着就是一种莫大的幸福，学会珍惜才不会让生命贬值。所以，工作、学习时，就抓紧时间、提高效率，趁自己还年轻时把人生的基础夯实；闲暇时，珍惜和家人、朋友相处的时间，并尽力维护彼此之间的感情，人生的乐趣才不至于被荒废；一个人时，或置身自然，或静思关心，用自然之灵气养身，用自省之智慧养心。"有生之乐"和"虚生之忧"就会共同推进最多不过百年的人生进程。

所谓"一寸光阴一寸金、寸金难买寸光阴"，时间就如同奔腾向东的流水一般，无论花多大的力气，它都会一如既往地消失于世人的指缝之间，永远不可能流回到过去。生命的时钟每分每秒都在不停地滴滴答答地走着，从不会因任何人任何事停留。逝者如斯，只有对时间吝啬的人，时间才会对他慷慨。珍惜时间才能在有限时间内成就无限的事业。莫等闲，白了少年头。我们要抓住今天，珍惜时间，燃烧生命，我们才有可能收获成功的果实，生命也会因此变得更有价值。

【点睛之笔】

日日是好日，每一日、每一分都理应珍惜。须知：一寸光阴一寸金，寸金难买寸光阴！

6. 生命诚可贵，道义价更高

【原文】

问"志士仁人"①章。

先生曰："只为世上人都把生身命子看得来太重，不问当死不当死，定要宛转委曲保全，以此把天理却丢去了，忍心害理，何者不为。若违了天理，便与禽兽无异，便偷生在世上百千年，也不过做了千百年的禽兽。学者要于此等处看得明白；比干、龙逢，②只为也看得分明，所以能成就得他的仁。"

【注释】

①志士仁人：语出《论语·卫灵公》"子曰：'志士仁人，无求生以害仁，有杀身以成仁。'"

②比干：殷纣王叔父。因向纣王进谏，被剖心而死。龙逢，夏末大臣，因多次直谏，被桀囚禁杀死。

【译文】

有人向先生请教《论语》里"志士仁人"那一章。

先生说："就是因为世人都把自己的命看得太重了，不问当时是不是应当献出生命，只管委曲求全，为此，能把天理都丢弃了。忍心伤害天理，还有什么做不出来？如果违背了天理，那他就如同禽兽了，苟且偷生在世上千百年，也只不过是做了千百年的禽兽。学者们在这个地方要看得明白。比干、龙逢等，都只是因为他们看得分明了，才能够成就他们的仁。"

【原文】

问："叔孙武叔毁仲尼①，大圣人如何犹不免于毁谤？"

先生曰："毁谤自外来的，虽圣人如何免得？人只贵于自修，若自己实实落落是个圣贤，纵然人都毁他，也说他不着；却若浮云掩日，如何损得日的光明。若自己是个象恭色庄、不坚不介的，纵然没一个人说他，他的恶慝②终须一日发露。所以孟子说'有求全之毁，有不虞之誉'③。毁誉在外的，安能避得，只要自修何如尔。"

【注释】

①叔孙武叔毁仲尼：事见《论语·子张》"叔孙武叔语大夫于朝曰：'子贡贤于仲尼。'"叔孙武叔，名州仇，鲁大夫。

②慝：邪恶。

③有求全之毁，有不虞之誉：语出《孟子·离娄上》"有不虞之誉，有求全之毁"。虞，预料。

【译文】

有人问先生："《论语》里有'叔孙武叔毁仲尼'的记载，为什么大圣人也避免不了被诽谤？"

先生说："诋毁、诽谤是外来的东西，虽然是圣人，也不能够避免。人贵在自我修养，假若自己确确实实是个圣贤之人，纵然别人都来诋毁他，也不会对他有影响。正如浮云遮蔽太阳，它们怎么可能对太阳的光明有所损害呢？假如他自己只是一个表面端庄，而内心却软弱的人，即使一个说他的人都没有，他的丑恶，总有一天也会表露出来的。所以孟子说'有求全之毁，有不虞之誉'。毁誉是外来的，怎么能避免？只要有自我修养，毁誉又能怎么样呢？"

【经典导读】

人生在世大都贵生轻死，人一旦上了年纪对于"死"字更是讳忌莫深，俗话说"好死不如赖活着"就是这个道理。在王阳明看来，人与动物的重要区别在于，前者能把道德价值放在生命之上。在维护正义反对邪恶的斗争中，人往往会处在一种极端的境遇，面临生死的考验。阳明告诫人们，在这样的关头一定要看得明白，杀身成仁的是真正的人，违反天理苟且偷生的就是禽兽。苟活是毫无意义的，即使活上千百年，也不过是做了千百年的禽兽。

志士仁人，就是指那些杀身成仁，舍生取义的人。他们宁愿牺牲自己的生命，以成就自己的仁德；宁愿舍弃自己的生命也要维护正义，他们以天下为己任、担当道义、无所畏惧。中国历史上这样的英雄有很多，文天祥就是其中之一。

文天祥本来是个文官，可为了反抗蒙古人的入侵，保卫家国，他勇敢地走上了战场。那时蒙古派出大军，要消灭南宋，文天祥听到消息后，拿出自己的家产，招募起三万壮士，组成义军，抗元救国。有人说："蒙古大军人那么多，你只有这些人，不是虎羊相拼吗？"文天祥则说："国家有难而无人解救是令我心痛的事。我力量虽然单薄，但也要为国尽力！"

后来，南宋的统治者投降了蒙古军，文天祥仍然坚持抗战。他对大家说："救国如救父母。父母有病，即使难以医治，儿子还是要全力抢救啊！"不久，他兵败被俘，坚决不肯投降，还写下了有名的诗句："人生自古谁无死，留取丹心照汗青。"表明自己坚持民族气节至死不变的决心。他拒绝了蒙古人的多次劝降，最终舍身报国，慷慨就义。

文天祥以身殉国，用自己的一片丹心照耀着历史的汗青。从此，中国历史上多了一位可以将道义看得比生命还重的英雄。要想活得有意义、有价值，就要向文天祥学习，活出骨气，人生才能精彩。

人为什么活着，这样生活有什么意义。人从出生到死亡，时间飞流而逝，所有的努力、所有的追求、所有的积累其意义何在？生命需要有所归依，而道义就是生命最好的皈依所在。人的生命来自于道义，是道义推动人来到这个世界上，人的一切努力和奋斗也因"道义"的存在而有了终极的意义。由此，我们便可以摆脱空虚感，使生命充实起来。

孟子说："富贵不能淫，贫贱不能移，威武不能屈，此之谓大丈夫。"这个铿锵磅礴的句子，成为许多英雄豪杰、志士仁人的座右铭。因为这句话是充满正义和仁义道德的正气与骨气的最好证明。

生命诚可贵，道义价更高。真正的大丈夫能做到以"仁义"为先，是一个注重道义的人，他们胸膛挺立，正直无私，无愧人生的底色，具有顶天立地的骨气。正是：玉可碎，而不可以改其坚；兰可移，而不可以减其馨。

【点睛之笔】

时时处处以激浊扬清、弘扬正气为己任，使正气日盛，邪气渐消，引领整个社会不断走向正义和文明，这才是君子之道。

7. 出世入世之心

【原文】

刘君亮①要在山中静坐。

先生曰："汝若以厌外物之心去求之静，是反养成一个骄惰之气了；汝若不厌外物，复于静处涵养，却好。"

【注释】

①刘君亮：字元道，王阳明的学生。

【译文】

刘君亮想要到山里去静坐。

先生说他道："如果你是用厌烦外物的心，去山里求得宁静，反倒会养成一个骄纵懒惰的脾气；如果你不是因为厌烦外物，再到静处去修养自己，却是很好的。"

【经典导读】

静有两种，一种是作为生活原则的静，此种静厌烦外物追求出世，学习这种静就会养成骄惰之气，既傲视世俗又怠惰无能。另一种是作为修养方法的静，目的不是出世，而是去掉浮躁，以便更好地提高道德水平，完成自己的社会使命。在王阳明看来，人们应该培养的应是第二种静，对于当今社会的浮躁之人来说，第二种静也许是一剂良药。它告诉人们学会以出世之心做入之事。

"以出世之精神，做入世之事业"或许是对庄子这段话的最佳诠释。一个真正修道有悟的人，可以不出差错地做到身在世俗之中，心在世俗之外，他们可以从容淡定的以世俗的方式处理世俗之事，但他们的心又从来不会被世俗之心所困扰。正所谓"俗人昭昭，我独昏昏，俗人察察，我独闷闷，猎兮其若海，飂兮若无止。"意思是说：人的外表"和光同尘"，混混沌沌，然而内心清明洒脱，遗世独立；他不以聪明才智高人一等，反而以平凡庸陋、毫无出奇的姿态示人，他的行为虽是入世的，但心境是出世的，对于个人利益不斤斤计较；他有着如海胸襟，容纳百川，境界高远，仿佛清风徐吹，回荡于山谷中的天籁之音。这就是以出世之心做入世之人的高超境界。

有这样一个有趣的故事：一个和尚因为耐不住佛家的寂寞就还俗下山了。不到一个月，因为耐不得尘世的口舌，又上山了。不到一个月，又耐不住青灯枯佛的孤寂再度离去。如此三番，寺中禅师对他说："你干脆不必信佛，脱去袈裟；也不必认真去做俗人，就在庙宇和尘世之间的凉亭那里设一个去处，卖茶如何？"于是这个还俗的和尚就讨了一个媳妇，支起了一个茶亭。

许多人都如同这个心绪矛盾之人，在入世与出世之间徘徊不决，于是就选择了在二者的中间做个半路之人。其实这恰好是没有定力者的唯一选择，既然两种极端的境界我们都无法顺利的达到，选择做一个"中间人"未尝不是一种折中的选择。

中国古代历史上，有许多人在出世入世之间做出了自己的最佳诠释，他们演绎了一段段出世心境入世行的佳话。唐朝的李泌便是其中之一，他以自己睿智的处世态度充分显现了"当仕则仕，当隐则隐，无为之为，无可无不可"的高超智慧。

李泌曾写过一阕《长歌行》，将内心对名利功绩的感受描绘得淋漓尽致。"天覆吾，地载吾，天地生吾有意无。不然绝粒升天衢，不然鸣珂游帝都。焉能不贵复不去，空作昂藏一丈夫。一丈夫兮一丈夫，千生气志是良图。请君看取百年事，业就扁舟泛五湖。"

李泌一生中多次因各种原因离开朝廷这个权力中心。玄宗天宝年间，当时隐居南岳嵩山的李泌上书玄宗，议论时政，颇受重视，遭到杨国忠的嫉恨，毁谤李泌以《感遇诗》讽喻朝政，李泌被送往蕲春郡安置，他索性"潜遁名山，以习隐自适"。自从肃宗灵武即位起，李泌就一直在肃宗身边，为平叛出谋划策，虽未身担要职，却"权逾宰相"，招来了权臣崔圆、李辅国的猜忌。收复京师后，为了躲避随时都可能发生的灾祸，也由于平叛大局已定，李泌便功成身退，进衡山修道。代宗刚一即位，便强行将李泌召至京师，任命他为翰林学士，使其破戒入俗，李泌顺其自然，当时的权相元载将其视作朝中潜在的威胁，寻找名目再次将李泌逐出朝廷。后来，元载被诛，李泌又被召回，却再一次受到权臣常衮的排斥，再次离京。建中年间，泾原兵变，身处危难的德宗又把李泌招至身边。

李泌把握了出世入世之道，顺应外物，其行入世，其心出世，所以社稷有难时，义不容辞，将出世视为理所当然；国难平定后，全身而退，没有丝毫留恋。李泌恰当的处世方法和豁达的心态是他屡蹶屡起的重要原因。

人生就像天气一样变幻莫测，有晴有雨，有风有雾。无论谁的人生，都不可能一帆风顺，况且，一帆风顺的人生，就像是没有颜色的画面，苍白枯燥。儒家讲求"用之则行，舍之则藏"，"行"则建功立业，"藏"则修身养性，出世入世都充实而平静。李泌所处的时代，战乱频仍，朝廷内外倾轧混乱，若要明哲保身，必须避免卷入争权夺利之中。

人生无非是做人与做事，我们应以出世之心低调做人，不事张扬，谦卑忍让，淡泊名利，保持平常心；当然我们也需要一颗入世之心，高调做事，积极进取，追求卓越，保持上进心，赢取人生所需。因为，以出世之心低调做人，以入世之心高调做事，才是做人做事之最高境界。

【点睛之笔】

身做入世事，心在尘缘外。

8. 活出自我风格

【原文】

王汝中①、省曾侍坐。

先生握扇命曰："你们用扇。"

省曾起对曰："不敢。"

先生曰："圣人之学不是这等捆缚苦楚的。不是装做道学的模样。"

汝中曰："观'仲尼与曾点言志'一章略见。"

先生曰："然。以此章观之，圣人何等宽洪包含气象。且为师者问志于群弟子，三子皆整顿以对，至于曾点，飘飘然不看那三子在眼，自去鼓起瑟来，何等狂态！及至言志，又不对师之问目，都是狂言。设在伊川，或斥骂起来了。圣人乃复称许他，何等气象！圣人教人，不是个束缚他通做一般，只如狂者便从狂处成就他，狷者便从狷处成就他，人之才气如何同得。"

【注释】

①王汝中：王畿（1498～1583），字汝中，别号龙溪，山阴（今浙江绍兴）人，王阳明的学生。官至南京兵部郎中，讲学四十余年，传播王学，著作有《龙溪集》。

【译文】

王汝中与省曾在先生旁边侍坐。

先生手拿扇子递过来，说："你们用扇子吧。"

省曾连忙起身回答："不敢当。"

先生说："圣人的学问，并不是像你这样拘束痛苦的，也不是装出一副道学的模样。"

王汝中说："我看《论语》'仲尼与曾点言志'一节，能够大致看得出这种礼节。"

先生说："是呢，从这一章可以看出来，圣人是何等宽宏大度！当老师的人向学生提问他们的志向，前三个人都恭敬地做出了回答，可是曾点，他却悠悠然不把那三位同学放在眼里，独自弹瑟，何等狂放！等到他谈到自己的志向时，又不直接回答先生的问题，说的都是狂言。如果换作是在伊川先生的身边，恐怕早就责骂起来了。孔子却居然还赞许了他，这又是怎样的风度啊！孔子教育学生，不是死守一个模式，而是对狂放的人，便从狂放这一点上来打造他；洒脱的人，便从洒脱这一点来造就他。人的才能气质，怎么会相同呢？"

【经典导读】

圣人教育人历来主张"有教无类"。在孔子的学生中，子路本是卞地的平民，子贡本是卫国的商人，颜涿原来是个大盗，颛孙师是个马伶，但孔子对他们进行教诲，使他们都成了显赫的士人。阳明先生在这里提出的不仅仅是教学方法问题，更是如何对待个性的问题。阳明与程颐不同，主张不要束缚个性，而要张扬个性，成就个性。

人生的洒脱和飘逸，在于能痛快淋漓地活在自我的个性天地中。我们固然要虚怀若谷地悦纳别人的忠告，以别人的成功榜样来激励自我发展，但我们完全没必要一味地称羡他人的成功模式或幸福生活，我们要成为自己。

阿西莫夫，是一位一生创作了470部著作，享誉世界的科普作家。1958年，他毅然告别了讲台和实验室，"做我能做得最好的事情，而不一定是最好的事情"，这是他放弃教授职位的理由。有人说阿西莫夫"自我膨胀得像纽约帝国大厦"，他只按照自己的方式做事而"毫不谦虚"，对此，他说"除非有人能证明我说的仿佛很自负的事情不属实，否则我就拒绝接受所谓自负的指责"。而事实上"阿西莫夫的狂妄自大"，带着直入人心的纯真和坦诚，具有巨大的令人信服的力量。

人类是群居的，因为群居可以增进交流，可以促进成长，可以杜绝偏颇，可以减少危险，得到彼此的帮助，从而提高综合素质，抵御各种大的风险……然而正因为大家都习惯于在人群之中混杂，许许多多的生命因此而被淹没了，因为个体的平凡，因为盲目的追随，因为简单的思考，因为缺乏独立的人格，因为在群体的嘈杂里迷失了自我。这个世界因为共性而和谐，却因为个性而生动。如果所有的生命都千篇一律的是一副面孔，所有的生命都万众一心是一个声音，所有的生命都众志成城是一个思想，那么，生活的单一怎样才能看到五颜六色的美丽？每一个时代都有个性张扬的光彩闪耀，如果生命是独特的，我们就应该让自己独特地活着。

生命的独特，个性的张扬，需要智慧，需要勇气，需要信念，需要优秀的灵魂。色彩多样的个性，才会创造出色彩缤纷的世界；正是多样的个性色彩才有你我之间的差别。因此我们需要个性的张扬，我们呼唤个性的张扬。因为个性有大海的浩瀚深邃，因为个性有山峰的高耸坚挺，因为个性有笛声的委婉悠扬。

彰显自我，突出特征，才能让社会更加焕发生机，才能让世界得到进步的动力，才能让你我不被浮躁的声音完全吞噬，才能让明天的太阳因为多彩的生命而倍加辉煌。

【点睛之笔】

自然界的一草一木，一鸟一兽，一山一水都在尽显自己的本性。大自然给我们的启示就是：张扬个性，展现自我！

9. 与其博不如精

【原文】

先生语陆元静曰："元静少年亦要解《五经》，志亦好博。但圣人教人，只怕人不简易，他说的皆是简易之规，以今人好博之心观之，却似圣人教人差了。"

先生曰："孔子无不知而作；颜子有不善未尝不知：此是圣学真血脉路。"

【译文】

先生对陆元静评价说："元静年轻时，也想注解《五经》，志向也在博学。但是，圣人教人，只怕人不简易。他说的也都是简易的办法。但是用现在的人喜好博学的心来看，好像圣人教育的方法错了。"

先生说："孔子不会写他不知道的事，颜回则对于过错没有不知道的，这就是圣学的真正脉络。"

【经典导读】

王阳明认为一个人博学未必不好，但如果好博求博，目的就是炫耀给别人看，那么动机先已错了。其实涉猎广泛本身并没有错，但若因广泛涉猎而至样样都浅薄，却是一种本末倒置了。与其如此，倒不如抓几条最基本的道德原则，坚持不懈，终身行之。这对于提高人生境界、成就事业都将大有帮助。

现在社会上有这样两种人：一种是"通才"，他们一般什么都懂，但什么都不精；另一种是专才，他们对自己的专业相当精通，但对于其他方面的知识则不甚了解。社会需要通才，因为要想在社会生存必须要广泛掌握一些知识；但社会更需要专才，专才的一技之长不仅能让自己安身立命，而且还能在需要的行业上大放异彩。在专才与通才之间，阳明先生选择的就是专才。

事实上，你只有业有所精、技有所长，使自己在某一领域中有过人之处，你才能获得更多成功的机会。否则，自认为是多才多艺，实则是样样不精，就像下面的"通才鼯鼠"一样。

鼯鼠掌握了五种技能：飞翔、游泳、攀树、掘洞和奔跑，它为此感到非常自豪：在动物界里，没有谁能像我这样多才多艺了。雄鹰飞得高，但它不会游泳、掘洞、攀树、奔跑；老虎跑的快，但它不会飞翔、攀树、掘洞；海豚是游泳能手，但它不会其他四种技能。鼯鼠把自己和各种动物都比了个遍，越比越觉得自己的本领高，越比越觉得自己很了不起。在它看来，老虎当兽中之王，雄鹰为鸟中之王，都是徒有虚名，真正的动物首领，非它莫属。

人们还是把它和老鼠并列，将它与弱小动物排在一起，归为松鼠科。鼯鼠为此愤愤不平：胡闹、胡闹！老鼠、松鼠算什么东西？我可是动物中的通才、全才啊！

有一天，鼯鼠正在向几只老鼠炫耀自己的五种技能时，突然，一只老虎出现在它面前："小兄弟，你在说什么？"鼯鼠吓得魂飞魄散，撒腿就跑。但是，它用尽力气跑了半天，老虎几步就追上来了。没办法，它慌忙爬上一棵树，这时，一只金钱豹又蹿过来，三下两下就蹿上了树顶。情急之中，鼯鼠张开四肢飞到空中。但是，它的"翅膀"并不能像鸟一样扇动，只能滑翔。一只雄鹰轻轻扇动两下翅膀，眼看就要抓住它。无路可走，鼯鼠"扑通"一声钻进水里。它想喘口气，一只水獭已箭一般地向它扑来。鼯鼠狼狈地爬上岸，伸出利爪掘洞藏身。水獭跟踪来，没费吹灰之力，就扒开它的洞穴，把它抓在手中。

"兄弟，我想领教领教，你还有什么招数吗？"水獭讥讽地问。鼯鼠浑身像筛糠一样颤抖不止，后悔地说："原以为学会很多本领就可以成为强者，没想到，还是输给了行家。"

这个故事告诉我们渴望掌握多种本领的愿望是好的，但是只求学不求精，就会出现"样样通，样样松"的情况。如果学东西学得不够精，比上不足，比下有余，在外行面前还能要一下威风，但遇到了真正的行家里手，就会露出破绽。正如鼯鼠虽然掌握五种本领，可是到最后还是输给了行家。

现实生活中，许多知识涉猎广博的人，对各个领域都只是浅尝辄止，最后也只能平平庸庸、默默无闻地度过自己的一生。当今社会是一个竞争的社会，要在这个环境中立足、发展，你就必须要有至少一样技能拿得出手。也就是说人生在世，安身立命，你必须要有一技之长。不学无术、得过且过，没有掌握半点拿得出手的本事肯定不行；虽好学肯干，但目标分散，博而不专，这样虽然让自己具有了较多的本领，但每一样本领都不突出，没有一样可以拿得出手，也是无法在社会上立足的。

与其博不如精告诉我们对于每一件事、每一种学问都浅尝辄止，不能学精学透，是无法开启自己的人生成功之门的。人的精力是有限的，能成为全面发展的突出人才的还是少数。如果精力分散，到头来只会两手空空。同样的道理，如果我们做一件事时，只满足于学得皮毛、流于卖弄，同样不会成为这位某个领域的精英。所以，如果我们想去做成一件事情，就必须将自己仅有的时间和精力集中地投入到这件事情中去，并专注于此。人，一旦进入专注状态，整个大脑就围绕一个兴奋点活动，一切干扰统统不排自除，除了自己所醉心的事业，生死荣辱，一切皆忘。

【点睛之笔】

综观世间学有专长之人，都是由于其对某一领域有所偏好，专注于心，穷根究底，终于"守得云开见月明"，学有所成。